치유상담전문가 손매남 박사의

뇌, 치유를 말하다

초판 발행 2017년 8월 18일
초판 인쇄 2017년 8월 14일

글 쓴 이 손 매 남
펴 낸 이 최 영 민
펴 낸 곳 북앤로드
인 쇄 처 미래피앤피

주 소 경기도 파주시 신촌2로 24
전 화 031-8071-0088
팩 스 031-942-6088
이 메 일 pnpbook@naver.com

출판 등록 2015년 3월 27일
등록 번호 제406-2015-31호

ISBN 979-11-87244-12-7 13180

이 도서의 국립중앙도서관 출판예정도서목록은 서지정보유통지원시스템 홈페이지(http://seoji.nl.go.kr)와 국가자료공동목록시스템(http://www.nl.go.kr/kolisnet)에서 이용하실 수 있습니다. (CIP제어번호 : CIP2017019864)

* 북앤로드는 피앤피북의 임프린트 명입니다.

치유상담전문가 **손매남** 박사의

뇌, 치유를 말하다

손매남 저

추천사

성경은 과학서가 아닙니다. 성경은 그 자체로서 권위를 갖고 있습니다. 기독교에서 성경을 해석하는 일은 오래 전부터 끊임없이 해 온 당연한 일이지만, 현대 과학의 발견을 통해 성경을 이해하는 일에도 결코 소홀히 해서는 안 됩니다. 왜냐하면 발견된 진리(*과학*)의 일반 계시도 하나님의 주관이시기 때문입니다.

이번 손매남 박사가 펴낸《뇌, 치유를 말하다》는 성경을 뇌 과학으로 조명하여 영혼을 치유하는 상담 메시지로서, 참으로 기독교에서 아직 아무도 해오지 못한 보배로운 일이 아닐 수 없습니다.

현대 뇌 과학의 발전에 힘입어 성경을 새롭게 우리 삶에 치유와 상담학적으로 적용하면서, 성경의 권위와 위대함을 알리는 손매남 박사의 치유상담의 메시지는 세계적인 영향력을 과시할 유일하고도 독보적이며 값진 작업이라 극찬하지 않을 수 없습니다.

이 책을 읽다보면 뇌 과학에 문외한이라도 수많은 정보를 공급 받을 수 있으므로, 치유와 상담으로 이어지는 뇌 치유상담의 전문가적인 필독서가 될 것이라고 믿습니다. 또한 목회자 뿐 아니라 일반 평신도와 치유 상담사역에 종사하는 모든 분들에게 아주 유익한 지침서가 될 것이라고 확신합니다.

이 책을 읽는 독자들에게 희망과 치유를 공유하는 기쁨과 행복이 한없이 넘치기를 간절히 소망합니다.

2017. 8.

미국 코헨대학교 설립 총장

Dr. Paul Kang Ph.D.

PROLOGUE

치유의 근본은 하나님입니다. 하나님께서 성경을 통한 계시된 진리, 즉 특별 계시와 과학을 통해 발견된 진리, 즉 일반 계시를 주셨습니다. 그래서 성경은 말합니다.

"이는 만물이 주에게서 나오고, 주로 말미암고, 주에게로 돌아감이라 *(롬 11:36)*"

심리학*(신경심리학, 생물심리학, 인지심리학)*이나 생물학*(신경생물학, 세포생물학, 분자생물학)*, 그리고 의학*(신경과학, 신경해부학, 신경의학)* 등의 뇌 과학을 통해 발견된 진리는 눈부신 발전을 거듭하고 있습니다. 이제 성경을 뇌 과학적으로 접근하여 뇌 치유의 과학적 메시지가 필요한 시대에 이른 것입니다.

뇌는 모든 사고와 정서 그리고 기억과 행동의 하드웨어입니다. 정신적, 정서적으로 문제가 있는 사람들은 사고장애, 정서장애, 기억장애, 행동장애 등 여러 가지 모습이 나타나는데, 그것이 모두 뇌의 문제 때문입니다. 그러므로 성경을 뇌 과학적 방법이나 상담심리학적 방법으로 조명하고 해석하여 상담과 치유에 적용하는 것은 당연한 일입니다.

뇌는 환경의 자극에 변화하는 유연성을 지니고 있는데, 이를 신경가소성이라고 부릅니다. 뇌는 이런 원리에 의해서 계속 조직되어 가며,

이를 뇌의 조형이라 합니다.

뇌를 새롭게 조형하는 위대한 주체는 하나님의 말씀이며, 이 말씀으로 뇌를 좋은 방향으로 조형하여 건강한 삶을 살 수 있습니다. "하나님의 말씀은 살았고, 운동력이 있어 좌우에 날선 어떤 검보다도 예리하여 혼과 영과 및 관절과 골수(히 4:12)"까지 변화시켜서 조형시킵니다.

뇌를 새롭게 조형하는 일은 우리가 갖고 있는 사고(생각)에 따라 변화됩니다. 긍정적인 사고로 살면 뇌는 긍정적으로 조형되고, 부정적인 사고로 살면 부정적인 뇌로 조형됩니다. 그래서 성경에서 이렇게 증거하고 있습니다.

"대저 그 마음의 생각이 어떠하면 그 위인도 그러한즉(잠 23:7)"

우리가 알고 있는 질병의 75~98%가 사고방식에 의해 발생된다고 합니다. 그만큼 우리의 사고는 중요합니다. 그러므로 긍정적인 사고로 변화시키는 치유의 근본적인 심리적 방법인 인지행동치료(CTB)가 유용하게 적용되고 있는 것입니다.

또한 믿음의 기도는 뇌를 새롭게 조형합니다. "너희 믿음대로 되라(마 9:29)", 또 "믿음의 기도는 병든 자를 구원하리니(약 5:15)"라고 하였습니다. 믿고 기도하면 뇌가 그대로 된다는 뜻입니다. 이처럼 뇌는 새롭게 조형됩니다. 믿고 기도하면 행복물질인 세로토닌이 뇌에서 분비되고 사랑의 호르몬인 옥시토신까지 분비되어서 행복한 삶을 누리도록 뇌를 조형합니다.

사랑은 기독교의 핵심입니다. "온전한 사랑이 불안을 내어쫓는다*(요1서4:18)*"라고 하셨습니다. 사랑이 신생 뉴런을 만들고, 쾌감물질인 도파민을 생성하여 뇌를 새롭게 조형하는 것입니다. 이처럼 말씀이나 믿음의 기도, 긍정적 사고와 사랑은 결국 뇌를 새롭게 조형하기 때문에 치유의 원동력이 됩니다.

《뇌, 치유를 말하다》는 생명을 살리는 하나님의 말씀을 중심으로 하여 뇌 과학과 상담심리학을 통합하고 뇌치유상담학적으로 성경을 강해하여 치유에 이르도록 구성하였습니다.

이 책의 특징은 다음과 같습니다.

- 성경 본문 중심으로 접근한 상담과 치유*(치유상담)*의 메시지를 담고 있습니다.
- 성경 본문을 뇌 과학과 치유상담학적으로 접근한 뇌치유상담의 메시지를 담고 있습니다.
- 목회자들이 성경 본문 중심의 치유와 강해설교에 그대로 사용할 수 있도록 구성되어 있습니다.

- 평신도와 일반인들은 뇌 과학적 정보를 성경과 함께 풍요롭게 공급받을 수 있습니다.
- 성경은 주로 개혁성경을 참고하였습니다.

지난 《뇌를 알면 행복이 보인다》와 뇌 과학 입문서인 《뇌, 정신건강을 말하다》에 이어, 그동안의 칼럼과 메시지로 전한 자료를 정리하여 이번에 《뇌, 치유를 말하다》를 펴내게 되었습니다. 특히 영혼 사랑, 영혼 치유를 지향하는 상담목사로 구성된 '창조하는교회'에서 전한 메시지를 한 권의 책으로 엮었습니다.

이 책의 출간을 위해 힘써주신 '창조하는교회'와 북앤로드의 대표님과 임직원들께 감사를 드리며, 원고 정리와 교정에도 수고한 편집부 직원들께도 깊은 감사를 드립니다.

이 책을 읽는 독자들에게 치유와 주의 은혜가 넘치기를 소망합니다.

2017.8.

한국상담개발원에서 손 매 남

CONTENTS

PART. 04 온전한 사랑으로 승화시키는 삶

PART. 05 우울증의 늪에서 나를 구원하소서

PART. 06 너희 믿음대로 되라

Part

01

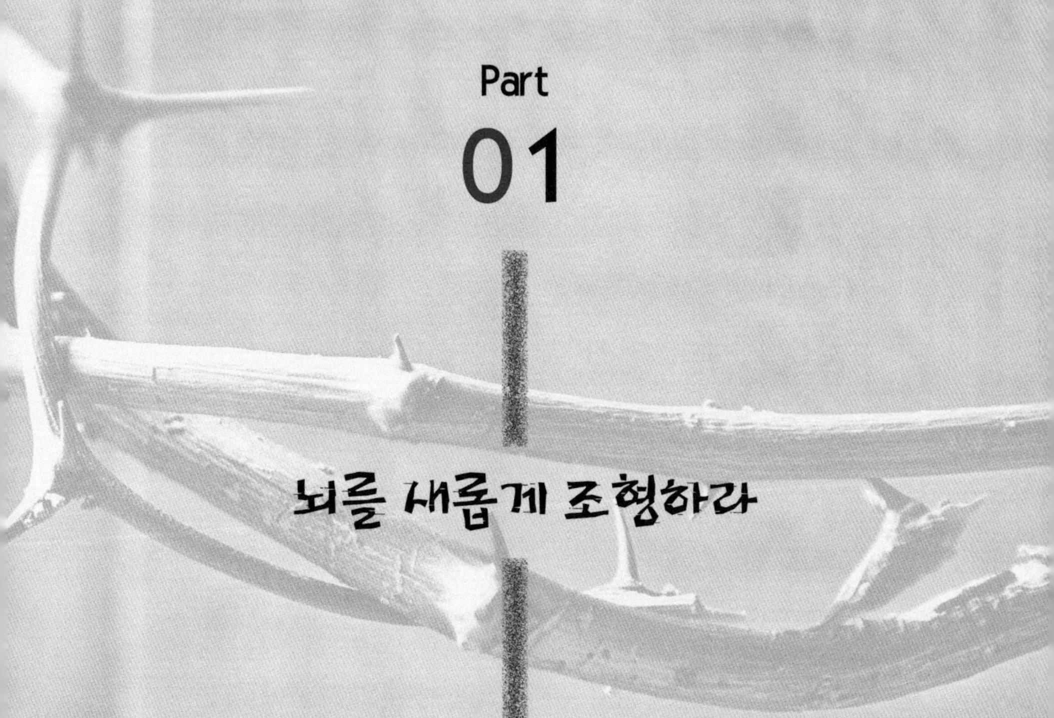

뇌를 새롭게 조형하라

새 일을 통한 축복

18 너희는 이전 일을 기억하지 말며 옛적 일을 생각하지 말라. 19 보
라 새 일을 행하리니 이제 나타낼 것이라. 너희가 그것을 알지 못하겠
느냐 정녕히 내가 광야에 길과 사막에 강을 내리니. 20 장차 들짐승 곧
승냥이와 타조도 나를 존경할 것은 내가 광야에 물들을, 사막에 강들을
내어 내 백성, 나의 택한 자로 마시게 할 것임이라. 21 이 백성은 내가
나를 위하여 지었나니 나의 찬송을 부르게 하려 함이니라. *(이사야 43장
18-21절)*

18 "Forget the former things; do not dwell on the past. 19
See, I am doing a new thing! Now it springs up; do you not
perceive it? I am making a way in the desert and streams in
the wasteland.

20 The wild animals honor me, the jackals and the owls,
because I provide water in the desert and streams in the
wasteland, to give drink to my people, my chosen, 21 the
people I formed for myself that they may proclaim my
praise.

오랜기간 상담해오면서 내담자들의 공통적인 특징이 하나 있다면 과거로부터 자유함을 얻지 못해, 새 일을 행할 수 없어 불행을 겪으며 살아가고 있다는 점입니다.

어떤 죄수가 있었습니다. 그는 어린 시절 부모님으로부터 "넌 바보야! 넌 미련해"라는 말을 듣고 살아 왔습니다. 그래서 나는 바보니까 아무것도 할 수 없다고 생각한 나머지 그는 비행 학생으로 학교생활을 하다가 청년기에는 사람에게 큰 상해를 끼치고 결국 교도소 생활을 하게 되었습니다. 그러던 어느날 상담소에 들러 상담을 받으니, "당신은 IQ가 참 높군요."라는 말을 난생 처음 듣게 되었습니다. 그 순간부터 그는 용기를 내어 형기를 마칠 때까지 새로운 기술(일)을 배우게 되었습니다. 그는 교도소에서야 비로소 어린 시절 받은 언어학대라는 과거의 상처로부터 벗어나 자유함을 찾아 새 일(기술)을 갖게 되었으며, 새로운 인생을 설계하게 되었습니다.

앞의 성경 본문은 예전 일을 기억하지 말고, 생각하지 말라고 이스라엘 백성에게 권면하고 있습니다. 그들은 애굽 생활 속에서 집단 탈출하여 홍해를 건넌 기적을 체험하였습니다. 그리고 광야 40년 속에서 애굽 생활의 과거 기억을 떠올리며 불평, 불만을 하기도 하였습니다. 그들은 가나안 입성을 위해 수많은 장애를 겪은 것도 기억하고 있습니다. 지금은 바벨론 포로생활 속에 고통을 당하고 있지만 하나님께서는 과거를 기억하지 말고 생각하지도 말라면서 새 일을 주겠다고 약속하고 있습니다.

과거의 어떤 것보다 더 크고 놀라운 구원의 약속이요. 예전과는 전혀 다른 방법으로 새 일을 통한 하나님의 축복을 주시기 위한 위로의 말씀입니다.

새 일을 위해 과거로부터 자유로워야 합니다

18 "너희는 이전 일을 기억하지 말며 옛적 일을 생각하지 말라."

◆ '기억하지 말라'의 의미

기억하지 말라는 말씀은 여러 가지로 해석할 수 있으며, 기억을 회상하지 말라는 뜻이 담겨져 있습니다. 경험을 반복해서 계속 기억하면 강화됩니다. 그래서 사고나 상처를 자꾸 회상하게 되면 외상 후 스트레스가 됩니다. 또 망각이나 분리의 의미도 있으며 기억상실의 의미도 있습니다.

기억상실은 일종의 병이지만, 특별히 유아기의 기억상실증은 자연스러운 현상입니다. 이는 기억을 분류하고 저장하는 변연계의 해마가 아직 기능하기에는 미숙하기 때문입니다.

[겔 16:43]에 "네가 어렸을 때를 기억하지 아니하고"라고 하였습니다. 이는 어린 시절에 받은 분리나 학대, 무관심, 방임 등의 애착외상은 자칫 삶을 불행하게 할 수 있습니다. 어렸을 때의 충격적 경험은 편도체에 저장되기 때문에 오래 기억될 수 있습니다. 이처럼 어린 시절의 경험이 무의식적으로 떠올라 새 일을 위한 축복을 상실케 할 수 있습니다. 따라서 어린 시절의 경험도 잊으라고 말씀하고 있습니다. "기억하지 말라"는 말씀의 진정한 의미는 과거의 기억에서 자유함을 가지라는 것입니

다. 과거 기억이 어떤 것이든, 행복하든, 불행하든, 외상으로 나타나든, 그것으로부터 자유로워야 하며, 과거에 머무르거나 매이지 말고 과거가 현실을 지배해서는 안된다는 뜻입니다.

◆ 과거를 기억하는 것은 뇌의 기능

기억하는 것은 뇌의 기능이며, 망각하는 것도 모두 뇌의 기능입니다. 기억을 분류하고 저장하는 뇌의 부위는 측두엽의 변연계*(Limbic system)*입니다. 이 부위에는 해마와 편도체가 있어서 기억에 중요한 역할을 담당합니다.

해마는 기억 내용을 저장하고 어떤 것을 저장할지를 담당하기 때문에 뇌에서 해마는 아주 중요한 역할을 합니다. 기억상실증은 바로 해마의 기능이며, 치매도 해마에 문제가 생겨서 발생합니다.

편도체는 기쁨이나 슬픔, 분노, 놀람, 불쾌, 혐오, 공포와 같은 기초 정서를 담당합니다. 그곳을 정서 센터 또는 공포 센터라고 부릅니다. 여기에서 장기기억과 긴밀하게 협력하여 일을 합니다.

또한 정서적 기억을 저장하기 때문에 학대를 당했다든지, 사랑하는 사람이 죽었다든지 등 부정적 감정을 기억하고 복권에 당첨되었다든지, 1등으로 합격했다든지의 긍정적 경험도 저장됩니다. 편도체가 평온해야 행복감을 느낍니다.

◆ 기억에는 크게 3가지가 있습니다

작업기억과 외현기억과 암묵기억입니다.

작업기억은 일상생활을 하면서 먹는 것, 슈퍼에서 계산하는 것, 오늘 들었던 설교말씀을 기억하는 것으로, 전두엽에서 담당합니다. 단기기억은 두정엽에서 기능합니다.

외현기억은 사실기억*(진술기억)*으로 장기기억에 속합니다. 외현기억은 사건이나 사실을 머리로 하는 기억입니다. 이스라엘 백성이 애굽생활을 했던 것이나 광야 40년을 기억하는 것은 장기기억이며, 측두엽의 기능으로 전두엽에서도 기억에 가담합니다.

암묵기억은 절차기억이라고도 해서 기술이나 습관 등 몸으로 기억하는 것입니다. 수영이나 운동, 피아노 치는 법 등이 여기에 속합니다. 이외에도 운동기억이 있는데, 기저핵이 핵심적인 부위이며 소뇌에 저장되기도 합니다. 이처럼 기억에 따라 뇌가 작동하는 부위가 다를 수 있습니다. 그러므로 이스라엘 백성들의 과거 경험으로부터 자유함을 얻어야 새 일을 통한 축복을 받을 수 있습니다.

새 일을 통한 축복의 원리가 있습니다

18 "너희는 이전 일을 기억하지 말며 옛적 일은 생각하지 말라." 19 "보라 내가 새 일을 행하리니 이제 나타낼 것이라. 너희가 그것을 알지 못하겠느냐. 정녕히 내가 광야에 길과 사막에 강을 내리니."

◆ 새 일은 광야에 길을 내어주시는 축복입니다

본문 19절에 "내가 새 일을 행하리니 이제 나타낼 것이라. 너희가 그것 알지 못하겠느냐. 정녕히 내가 광야에 길을 내어 주신다."고 하였습니다.

· 광야는 사람이 살지 않는 땅입니다. *(렘 2:6)*

· 광야는 크고 두려운 땅입니다. *(신 1:19)*

· 광야는 황폐한 곳입니다. *(렘 22:6)*

광야에는 아무것도 없습니다. 물도 없습니다. 행복도 없습니다. 참 안식도 없습니다. 참 희망도 없습니다. 생명도 없습니다. 광야는 고통스러운 곳입니다. 이스라엘 백성들은 광야에서 40년간 기나긴 방황과 고난을 당하였습니다.

광야를 인생에 비유하면 길도 없고 꿈도 없고 참 희망도 없는 곳에 목표로 향해 가는 길을 방해하는 요소입니다. 광야는 우리가 통과해야 할 광활하고 황폐한 땅입니다. 우리가 바로 나아가야 할 길, 우리가 바로 소원하는 그 길, 우리가 바로 희망하는 그 길, 이런 길을 내어주시겠다는 약속입니다. 우리는 광야 같은 인생을 살아가고 있으니, 우리에게 희망의 길을 인도하시겠다는 말씀입니다.

앞이 보이지 않는 광활하고 황폐한 광야를 통과할 때, 꿈을 주시고 축복을 주시며 그 길을 우리 모두에게 주실 것입니다. 인생을 살아가는 데 수많은 장애가 있을지라도….

진리의 길*(시 25:10)*이요, 부요한 길*(시 63:11)*이요, 공의로운 길*(잠 2:8)*이요, 생명의 길*(잠 2:19)*이요, 평강의 길*(잠 3:17)*을 내어 주신다는 축복의 말씀입니다. 길이요. 진리되신 예수님이 축복하신다는 말씀입니다. 그래서 [요 14:6]에 예수님께서 "내가 곧 길이요, 진리요, 생명이니" 라고 한 것입니다.

◆ **새 일은 사막에 강을 내어주시는 축복입니다**

본문 19절에 "내가 새 일을 행하리니 정녕 사막에 강을 내어" 주신다고 하였습니다.

강은 "나하르"*(히)*로 강*(River)*이나 시냇물*(Stream)*을 가리키는 말입니다. 황무지를 곧 사막*(겔 29:10)*이라고 말하기도 하고 광야를 곧 사막*(렘 2:6)*이라고 표현하기도 합니다. 이스라엘 백성은 사막과 같은 바벨론의 포로로 살고 있지만 귀환시키겠다는 말씀입니다. 고레스 왕을 통한 이스라엘의 구원을 약속하신 말씀입니다.

강물은 돈이 없는 자도 마실 수 있습니다. 강물은 특권층이 아니어도 마실 수 있습니다. 강물을 마시는 것은 영원한 생수를 마실 수 있다는 말씀입니다. 궁극적으로 생수되시는 예수님을 통해 축복하신다는 의미입니다.

사막에 강을 내어주시는 것은 바벨론에서의 포로생활에서 해방되는 기쁨 뿐만 아니라 장차 나타나실 그리스도를 통한 모든 사람이 구원받게 된다는 깊은 의미가 있습니다.

과거로부터의 자유는 새 일을 통해 축복을 주시기 위한 시금석입니다. 과거의 일이나 고난만을 생각하고 과거에 매여 있으면 하나님이 새 일을 주시지 않습니다. 과거에서 해방된 자유를 누린 자만이 주님이 주시려는 새 일을 통해 축복을 받을 수 있습니다.

유대인들이 바벨론 포로로 잡혀 고난의 상황에만 머물러 있으면 아무런 의미가 없습니다. 고난의 상황에서 벗어나 자유함을 느낄 때, 새 일을 주시는 축복을 경험하게 합니다.

과거의 고난이 뇌 속에 저장되어 장기기억이 될지라도, 죄악의 과거로부터 자유함을 누리시길 바랍니다. 아픔(외상)의 과거에서 자유함을 누리시길 바랍니다. 고통의 과거에서 자유함을 누리시길 바랍니다. 구속의 과거에서 자유함을 누리시길 바랍니다. 무시당함의 과거에서 자유함을 누리시길 바랍니다. 억울함과 분함의 과거에서 자유함을 누리시길 바랍니다. 우울과 불안의 과거에서 자유함을 누리시길 바랍니다.

인생을 살아가는 데 사막과 같은 장애가 있을지라도 목마를 때, 갈증을 해소해주는 생수되신 예수님이 우리를 축복하십니다.

◆ **새 일은 생명을 보존하는 축복입니다**

[창 19:17]에는 롯의 가족을 향해 "…도망하여 생명을 보존하라, 돌아보거나 들에 머물거나 하지 말고 산으로 도망하여 멸망함을 면하라."고 하였습니다.

20 "내 생명이 보존되리라." 22 "그리로 속히 도망하라. 네가 거기(소알)에 이르기까지는 내가 아무일도 행할 수 없노라 하였더라."고 하였습니다.

롯의 가족을 죄악에서 구원하시고 멸망 가운데 구원하시기 위해 하나님께서는 빨리 그 곳을 피하여 도망가라고 하였습니다. 절대 금기사항으로 뒤를 돌아보지 말라고 했습니다. 즉 과거에 연연하지 말고 과거로부터 빨리 빠져나오리는 의미입니다. 그러나 롯의 아내는 결국 뒤를 돌아보아 소금기둥이 되어버렸습니다(창 14:26). 그리고 소돔과 고모라는 유황과 불이 비같이 내려 멸망했습니다. 롯의 아내는 과거를 돌아보고 멸망당한 유일한 사람이 되었습니다.

과거는 장기기억 속에 머물러 회상될 수 있습니다. 그러나 하나님께서는 우리를 선택하여 축복하기 위해 기다리고 있습니다. 더 나은 축복을 주시기 위해 과거로부터 떠나 자유함을 누려야 합니다.

롯의 가족을 구원하기 위해 그들이 도망하여 소알에 이르기까지는 아무런 일을 하지 않았습니다. 롯과 그 가족이 빨리 도망하기를 원한 것은, 그들의 생명을 보존하시기 위함이었습니다. 그럼에도 불구하고 롯의 아내는 과거의 삶에 미련을 두고 뒤를 돌아보다가 결국 소금기둥이 되어 비참한 생을 맞이하였습니다.

하나님께서는 오늘도 과거로부터 자유함을 누리는 지점까지 기다리고 있습니다. 우리를 선택하여 사랑하시고 축복을 주시기 위해 기다리고 있습니다.

과거로부터의 자유함은 생명을 보존하기 위한 것으로, '생명'이란 단어는 히브리어로 '네페쉬'입니다. 이는 영혼, 생명, 목숨이라는 뜻입니다. 이 내용이 사용된 부분은 [시 23:3]입니다.

영혼은 네페쉬이며 헬라어로는 프시케인데, 소생한다, 회복한다, 치유한다는 뜻의 헬라어 '이아트레이나'가 소생한다는 뜻으로도 사용되었습니다. 영혼을 뜻하는 프시케는 소생*(이아트레이나)*의 합성어로 psychiatry*(정신의 의학)*이라는 단어입니다. 다시 말해, 정신을 치유한다, 정신을 회복한다, 영혼을 치유한다는 의미입니다.

[잠 14:10]에서는 네페쉬를 자기*(oneself)*라고 하였습니다. 최근 뇌과학자인 뉴욕대학교의 르둘 교수는 뇌의 시냅스*(Synapse)*가 바로 자기라고 말했습니다. 그러므로 네페쉬는 바로 뇌라는 것입니다. 또한 '보존

하다'는 단어는 히브리어로 '하냐'인데 살다, 생존하다, 소생하다, 살려준다, 고침을 받다, 건강을 회복하다는 뜻입니다. 결국 '생명을 보존한다'는 말은 영혼을 소생케 한다(시 23:3)와 똑같은 의미로, 그것을 '정신치료'라고 말합니다.

우리 교회가 지향하는 '영혼치유'입니다. 그러므로 새 일은 생명보존의 축복입니다. 그것은 곧 정신의 치유요, 영혼의 회복이요, 뇌 기능의 소생입니다.

새 일을 통해 하나님께 영광을 돌려야 합니다

21이 백성은 나를 위하여 지었나니 나의 찬송을 부르게 하려 함이니라.

◆ 새 일을 통해 피조물이 하나님을 존경합니다

본문 20절에 "장차 들짐승 곧 승냥이와 타조도 나를 존경할 것은 내가 광야에 물을, 사막에 강들을 내었다"고 하였습니다.

황폐한 광야에서는 아무것도 살아갈 수 없습니다. 식물도 동물도 살아갈 수 없습니다. 그러나 광야에 길을 내어 물을 주시고 사막에 강을 내어주시니 모든 동식물이 살아갑니다. 피조세계가 결국 하나님을 존경합니다.

하나님이 창조하신 피조세계를 다시 재창조하시어, 피조세계가 결국 하나님을 존경하게 되며, 우리에게 광야의 길을 내어주시고 사막에 물을 내어주시는 일은, 피조세계가 복을 받아 하나님께 영광을 올리기 위함입니다.

◆ **새 일을 통해 하나님의 백성 모두가 공유합니다**

본문 20절 하반절에 "…내 백성, 나의 택한 자로 마시게 할 것이라." 고 하였습니다.

하나님은 자신의 백성을 향하여 "너는 내 것이다."라고 하였습니다. 우리는 하나님의 소유라는 말입니다. 하나님이 새 길을 우리에게 주어서 헤아릴 수 없는 복을 받게 해 주셨습니다. 우리 모두가 함께 공유하는 축복을 내리는 것입니다. 나만의 축복이 아니라 우리 모두의 축복입니다. 또한 목마른 자가 없게 됩니다. 생수되신 예수님이 공급하시기 때문입니다. 광야도 황폐할 필요가 없습니다. 진리요, 풍성케 하는 길 되신 예수님이 있기 때문입니다. 그래서 하나님의 백성은 새 일할 축복을 함께 공유해야 합니다. 죽을 수밖에 없는 영혼을 사랑하시는 생명되신 예수님이 있기 때문입니다.

◆ **새 일은 하나님께 영광을 돌리는 축복입니다**

본문 21절에 "…이 백성은 내가 나를 위하여 지었나니 나의 찬송을 부르게 하려 함이니라."라고 하였습니다.

광야에서 목표를 향해 가기 위해 길을 내어 주시고, 사막에서는 목마른 자에게 시냇물을 주시며, 생명을 보존하기 위해 영혼의 축복을 주시는 것은 결국 하나님께 영광을 돌리기 위함입니다. 황폐한 광야에 내어 주시는 길은 곧 그것이 평강의 길이요. 부요의 길이요. 진리의 길 되시는 예수님의 축복입니다. 사막에서 시내가 흘러 동산 같게 하는 것도 생수되신 예수님이 주신 축복입니다. 멸망 가운데서도 생명을 보존케 하는 것도 생명되신 예수님이 주신 축복입니다.

새 일은 구원 사역입니다. 새 일을 주시는 분도 하나님이십니다. 우리는 하나님의 것이며, 하나님의 소유입니다. 내가 새 일을 행하는 것은 하나님이 허락하신 것으로, 그 새 일을 통해 받는 축복도 하나님이 허락하신 것입니다. 따라서 내가 받은 축복은 나를 위함이 아니라, 하나님을 위함인 줄 믿으십시오. 왜냐하면 나는 주님의 것이요, 새 일을 허락하셔서 주님이 주신 축복된 삶을 누리고 살기 때문입니다. 그래서 주님을 찬송하고 영광을 돌려며 살아야 합니다.

세상을 살아가는 데는 항상 앞길에 장애가 있기 마련입니다.

이스라엘 백성의 가나안 입성을 향한 길은 험난했습니다. 광야나 사막이 그들의 장애를 표현하는 요소들입니다.

그러나 그때마다 더 큰 기적을 통해 그들을 구원하였습니다. 따라서 항상 앞을 향해 전진하는 이들은, 예전 일을 기억하거나 생각하지도 말고 과거로부터 자유함을 얻어 새 일을 통한 축복을 누립니다.

새 일은 더 크고 놀라운 구원입니다. 구원은 영적인 구원*(salvation, 눅 1:6, 행 4:12, 미 1:21)*도 있시만, 위험*(Danger, 시 105:10, 대상 39:9, 욥 5:4, 눅 1:7)*과 죽음*(행 27:34, 히11:7)*으로부터의 구출*(deliverance)*도 있습니다. 그보다 더 중요한 구원은 치유*(healing, 마 9:21,22 ,막 5:23, 눅 7:50)*입니다.

구원은 곧 영적 상담이요, 위기 상담이며 치유 상담입니다. 하나님의 구원의 역사는 영적 구원을 기반으로 움직입니다. 살아가면서 어떤 장애를 만나던지 우리를 바른 길로 인도하시는 진리되신 예수님이 있습니다. 목마를 때 갈등을 채워주시는 생수되신 예수님이 있습니다. 죄악 가운데 우리를 구원해주시는 생명되신 예수님이 있습니다. 생명의 보존은 곧 정신 치유요, 영혼의 회복이요, 뇌 기능의 소생입니다.
새 일을 우리에게 주시기 위함은 예전보다 더 큰 보호와 치유의 길을 주시며 또 다른 방식으로 축복하시고자 합니다.

우리의 앞길을 바른 길로 인도하시는 진리되신 주님이 우리를 보호하십니다. 우리가 목마르거나 생리적 욕구를 생수되신 주님이 채워 주십니다. 정신적 아픔을 당할 때, 생명되신 주님이 치유해 주십니다.
새 일은 예전에 받지 못했던 크고 놀라운 기적을 이루는 구원의 축복입니다.
새 일은 우리의 삶의 터전을 풍성케 인도하시는 축복입니다.
새 일은 우리의 가정과 직장, 사업 그리고 우리의 경제생활을 보호해 주시는 축복입니다.
새 일은 우리의 믿음과 영혼, 지성과 영성을 듬뿍 채워주시는 축복입니다.
새 일은 우리의 진로와 소망과 꿈을 이루는 축복입니다.
새 일은 우리의 생명과 정신을 소생시켜 주는 축복입니다.
새 일은 우리의 생리적 욕구까지 채워주는 축복입니다.
새 일을 통한 축복은 과거로부터 자유함을 얻은 자마다 누리는 축복이요, 삶을 풍성하게 보호해 주시는 축복이요, 영혼을 강건케 해주시는 축복입니다. 온전히 하나님께 영광을 돌리는 축복입니다.

새 일을 통한 새 역사를 이루는 축복받는 한 해가 되시기 바랍니다.

성경 속의 거울신경

내가 이같이 쓴 것은 내가 갈 때에 마땅히 나를 기쁘게 할 자부터 도리어 근심을 얻을까 염려함이요, 또 너희 무리를 대하여 나의 기쁨이 너희 무리의 기쁨인 줄 확신함이로라. *(고린도후서 2장 3절)*

이로 인하여 우리가 위로를 받았고 우리의 받은 위로 위에 디도의 기쁨으로 우리가 더욱 많이 기뻐함은 그의 마음이 너희 무리를 인하여 안심함을 얻었음이니라. *(고린도후서 7장 13절)*

자녀들이 잘못하면 부모님들은 으레 자신이 잘못 키워서 그랬으니 용서해 달라고 합니다. KAL기 대표의 첫째 딸인 부사장이 일으킨 일명 '땅콩 회항' 사건을 두고 회장인 아버지가 여섯 번이나 고개를 숙이고 국민 앞에 사과했습니다. 이것도 뇌과학으로 본다면 그럴 만한 이유가 있습니다.

뇌에는 거울신경이 있습니다. 이것은 부모의 행동을 자녀가 모방하는 것으로, 부모의 잘못된 행동도 자녀는 모방합니다. 그로 인해 자녀는 위와 같은 일탈 행동을 할 수 밖에 없습니다.

한편 회장이 갖고 있는 특권*(힘)*을 딸이 누리고 사는 갑*(甲)*의 횡포를 심리학에서는 병적 동일시라고 합니다. 일종의 방어심리도 갑이 가지고 있는 힘을 딸이 나누어 갖게 되는데, 이때 뇌의 거울신경은 똑같이 작용합니다.

거울신경(*Mirror Neuron*)은 20세기 신경과학의 가장 획기적인 발견이라 할 수 있습니다. 1990년도 중반, 이탈리아의 지아코모 리졸리티와 그의 연구진은, 원숭이들이 포도를 먹을 때 그것을 보고 있던 다른 원숭이들이 포도 먹는 모습을 볼 때와 똑같은 신경이 점화된다는 사실을 발견하였습니다. 이를 거울신경 또는 공감신경이라 합니다.

거울신경은 다른 사람의 행동을 관찰하고 있을 때 마치 관찰자 자신이 스스로 그 행동을 하는 것처럼 느끼는 것입니다. 또한 다른 사람이 수행하는 동작을 이해하고, 모방하는 데에도 관여합니다.

거울신경세포는 대뇌피질에 위치하는데, 전두엽의 운동피질 아래쪽과 두정엽의 아래쪽, 그리고 측두엽 앞쪽에 자리잡고 있습니다. 이곳에서는 타인의 행동뿐만 아니라 감정을 이해하는 데에도 거울신경이 기반을 이루고 있으며, 행위의 관찰과 모방도 거울신경이 연결되어 있습니다.

거울신경은 모방을 통해 활성됩니다

본문 3절에 "나의 기쁨이 너희 무리의 기쁨인 줄 확신함이로라"라고 하였습니다. 또한 [고후 7:13]에는 "디도의 기쁨으로 우리가 더욱 많이 기뻐"한다고 하였습니다.

왜냐하면 기쁨을 모방하면 기뻐지는 원리입니다. 뇌과학에서 거울신경을 밝혀냈는데, 모방을 하면 그 신경이 활성됩니다. 그래서 [빌 4:9]에는 "너희는 내게 배우고 받고 듣고 본 바를 행하라. 그리하면 평강의 하나님이 너희와 함께 계시리라"고 말씀하십니다.

대뇌피질에 있는 거울신경세포들이 누군가 말하거나 행동하는 것을 바라보면서 활성되어 관찰대상을 똑같이 모방합니다. 신체의 모든 부위의 움직임에 거울신경이 반응합니다. 이 거울신경은 무의식적이고 내적으로 행동과 감정을 모방함으로써 다른 사람의 느낌이나 행위를 암시적으로 파악합니다.

거울신경은 행동의 모방과 관련되어 있을 뿐 아니라 행동의 의도를 이해하는 데에도 연관되어 있습니다. 예를 들어 친구가 전화로 통화하며 행복한 표정을 짓는다고 할 때, 나는 친구의 표정을 반사하여 똑같은 미소를 짓고 똑같은 운동반응을 보입니다. 그리고 전화로 말을 다 듣지 않아도 친구의 감정을 이해합니다.

우리는 타인의 표정이나 자세, 말의 억양과 강세, 심지어는 말하는 방식이나 사용하는 단어까지 무의식적으로 흉내냅니다. 아기가 태어난 지 일주일이 되면 거울신경세포는 그 기능을 수행하기 시작하여 유아기 때는 아주 활발한 활동을 합니다. 그래서 유아기는 모방의 전성기입니다.

거울신경세포는 모방을 통해 활성됩니다. 거울신경은 의사소통 체계의 필수적 신경이며 브로드만 영역 44번, 즉 브로카 영역의 발화 산출에 결정적 역할을 합니다.

특히 언어발달의 결정적 시기는 4세 이후부터인데, 이때 언어 모방을 통하여 언어가 발달하는 것은 거울신경세포의 활동때문입니다. 부모가 아이에게 '엄마, 아빠'라는 단어를 가르칠 때, 아이의 거울신경세포는 활성화됩니다. 거울신경세포가 활성화될수록 아이는 많은 단어를 익힐 수 있으며, 인간으로서의 기능을 갖추는 데 중요한 역할을 담당합니다. 거울신경은 의사소통 체계에서 필수적입니다.

엄마, 아빠가 웃어주고, 자신을 돌봐주는 것을 바라보면서 아이의 거울신경세포는 활성되고, 이를 통해 학습할 말과 행동을 뇌 세포가 기억합니다. 이러한 과정은 마치 거울을 보면서 행동을 익히는 놀이처럼 보입니다. 태어난 지 얼마 안 되어 거울신경세포를 통해 행동을 모방하는 행위는 사회적 관계의 첫 시작이요, 최초의 인간관계라 할 수 있습니다.

거울신경은 동일시를 통해 활성됩니다

본문 3절에 "나의 기쁨은 너희 무리의 기쁨인줄 확신하노라"라고, [고후 7:13]에 "디도의 기쁨으로 우리가 더욱 많이 기뻐"한다고 하신 말씀은 곧 기쁨을 동일시하면 기쁨이 나에게 그대로 찾아온다는 것입니다. 그것은 뇌에 거울신경이 있어 동일시할 때 활성화되기 때문입니다.

청소년 때는 시각을 통해 후두엽이 활발히 움직입니다. 이때는 유명 연예인의 머리, 모자, 안경, 의상 등을 모방하여 동일시합니다. 청소년기의 이러한 행위는 동일시를 통해 거울신경을 활성시킨 것입니다.

동일시는 태어나서 만 5세까지 이루어지는 심리방어기제로 아이는 부모의 태도나 행동을 닮아 발달합니다. 그리고 자아나 초자아의 형성에 가장 큰 역할을 하여 성격 발달에 중요한 방어기제가 됩니다.

남아는 아버지를 동일시하고 여아는 어머니를 동일시하여 자아를 발달시킵니다. 또한 동일시를 통하여 부모가 자녀의 성격 내부에 들어오기도 합니다. 부모의 완벽주의, 가치관, 규칙, 엄격한 신앙 등이 자녀의 초자아를 형성합니다. 이는 부모의 행동을 동일시하여 거울신경세포의 기능을 발달시켰기 때문입니다.

동일시를 통한 거울신경세포의 발달이 잘못되면 신경증, 정신병이 오고 반사회성 인격이 형성됩니다. 가령 아버지의 인색함을 비난하면서도 물건 값을 깎으려고 하는 아들의 행동 같은 것입니다. 바람직하지 못한 사람을 동일시*(깡패, 범죄자, 잔인 무도관 사람)* 하는 것을 적대적 동일시라 합니다.

아버지가 아내를 폭행하면 자녀들도 결혼한 뒤 아버지의 행위를 동일시해서 가정폭력의 주범이 됩니다. 아버지가 알코올 중독에 걸려 있으면 자녀도 동일시하여 알코올 중독자가 됩니다. 동일시를 통해 거울신경을 잘못 발달시킨 것입니다. 호된 시집살이를 한 며느리가 나중에 호된 시어머니가 되는 경우는 거울신경을 통해 공격자와 동일시한 것입다. 어떤 이상적인 대상과 공생함으로써 그 대상이 갖고 있는 힘을 나누어 가지려고 자아가 대상과 동일시하는 경우가 있는데 이를 병적 동일시라 합니다. 이때도 거울신경을 통해 자아를 발달시킵니다.

거울신경은 공감*(감정전이)*을 통해 활성됩니다

본문 3절에 "나의 기쁨은 너희 무리의 기쁨인줄 확신하노라" [고후

7:13]에는 "디도의 기쁨으로 우리가 더욱 많이 기뻐"한다고 하였습니다. 거울신경을 다른 말로 공감신경이라고 말하기도 합니다.

[롬 12:15]에 "즐거워하는 자들로 함께 즐거워하고 우는 자들로 함께 울라"고 하였습니다. 공감할 때 거울신경이 활성화된다고 뇌과학은 밝히고 있습니다.

아이는 반응하며 성장합니다. 일반적으로 2~3세 무렵에 거울신경세포를 통해 공감 능력과 사회성의 토대를 이루어갑니다. 거울신경세포 때문에 공감능력도 발달되어 전두엽의 기능을 발달시킵니다. 그러나 어린 시절에 거울신경세포를 발달시킬 수 있는 따뜻한 대상이 없는 경우에는 치명적인 상황에 처할 수 있습니다.

반응성 애착장애나 자폐증 진단을 받은 아이들은 거울신경세포의 결함이 현저하게 보입니다. 자폐증 아이들은 다른 사람의 처지나 입장에서 상황을 이해하는 능력이 전혀 없는 점이 공통적인 특징입니다.

모방과 공감을 통해 거울신경세포가 활동하며, 동일시를 통해서도 활동합니다. 거울신경세포는 인간관계를 형성하고 사회성을 발달시키는 중요한 조직입니다. 뇌 세포를 사용하지 않으면 뇌는 그 기능을 잃습니다.

거울신경이 행복을 만들어내도록 우리 가정이나 사회가 행복한 모습으로 대화하여 소통을 이루는 것이 중요합니다. 우리가 행복하면 거울신경세포는 행복하게 활성되어 주위를 행복하게 합니다.

다른 사람의 짜증이 나의 짜증이 되고, 다른 사람의 분노가 나의 분노가 되며 다른 사람의 우울이 나의 우울이 됩니다. 반대로 나의 웃음이 상대를 웃게 만들고, 나의 기쁨이 상대를 기쁘게 하며 나의 행복이 상대를 행복하게 합니다. [고후 2:3]에 "나의 기쁨은 너희 무리의 기쁨인줄 확신하노라" [고후 7:13] "디도의 기쁨으로 우리가 더욱 많이 기뻐"한다고 하였습니다.

거울신경세포를 제대로 바르게 작동시키려면 좋은 대상과 좋은 환경이 중요합니다. 거울신경 발달이 잘 되면 행복한 삶을 살 수 있으며 거울신경 발달이 잘못되면 병리적 삶을 살 수 있습니다. 그래서 우리는 거울신경을 새롭고 활발하게 발달시키는 노력이 필요할 것입니다.

건강한 정신기능

"가라사대 아바 아버지여, 아버지께는 모든 것이 가능하오니 이 잔을 내게서 옮기시옵소서. 그러나 나의 원대로 마시옵고 아버지의 원대로 하옵소서 하시고" *(마가복음 14장 36절)*

인간의 정신구조를 정신기능에 따라 뇌과학에서는 세 가지로 구분하는데, 이는 인지 · 감정 · 동기 시스템입니다. 서로 구분되는 것이 아니라 오히려 전체로서 작용하고 있습니다. 이 세 가지는 서로 개성이 다르고 취향도 다르기 때문에 자연히 갈등을 겪기 마련입니다. 정신적으로 건강한 사람은 이 세 가지가 균형 있게 서로 조화를 이루는 사람입니다. 그러나 정신적으로 문제가 있는 사람은 이 세 가지 기능이 문제가 되고 갈등의 씨앗이 되며 정신병리를 야기합니다.

예수님께서 십자가를 지시기 전에 보이신 태도를 보면 인간의 본성이 그대로 묘사되고 있으며, 생명의 위기 앞에서도 건강한 정신기능으로 겟세마네에서 기도하는 모습을 볼 수 있습니다.

2014년 4월에 제주도로 여행을 가던 여객선 세월호가 침몰하여 476명의 승선 인원 중 174명만 구조되고 나머지는 사망 또는 실종되어 유가족뿐만 아니라 온 국민이 슬퍼한 일이 있었습니다. 그때 배가 침몰하는 와중에도 승객은 그대로 있게 하고 선장과 일부 선원 만이 먼저 탈출하여 온 국민의 공분(公憤)을 일으켰습니다.

선장의 인지 시스템이 사건의 위기를 잘못 판단하여 사람을 사망케 한 어이없는 사건이었습니다. 극한의 상황에서 살고 싶어 하는 것은 인간 누구나 가지고 있는 본능적인 동기 시스템입니다. 그러나 위험한 순간일수록 건강한 정신기능의 작용이 무엇보다 중요합니다.

자아는 뇌의 Synapse입니다

"마음의 고통은 자기(*네페쉬, oneself*)가 알고..."(*잠 14:10*)

"네 영혼(*네페쉬, oneself*)을 소생시키고"(*시 23:3*)

여기 나타난 영혼이나 자기는 모두 히브리어 '네페쉬'입니다. 그것은 바로 뇌입니다. '자기'는 뇌입니다.

미국 뉴욕대학교의 신경과학자로 유명한 Joseph LeDoux 박사는 《Synaptic self》라는 책에서 '자아는 곧 시냅스'라고 하였습니다. 우리의 인격은 뇌에 들어 있습니다. 인격은 복제할 수 없습니다. 자아는 나의 본 모습입니다. 내가 어떤 시냅스를 갖고 있느냐에 따라 정해지는 것입니다. 자아는 인격의 주체요, 정체성을 갖고 있는 주체입니다. 개인마다 자아와 성격, 인격이 서로 다른 것은 각자의 뇌에 들어 있는 시냅스의 조화가 다르기 때문입니다.

하나의 뉴런에는 셀 수 없을 정도의 수많은 시냅스가 존재합니다. 뉴런의 수는 태어날 때 정해져 있습니다. 똑똑한 사람이나 평범한 사람이나 뉴런의 수가 모두 비슷합니다. 뇌의 무게도 마찬가지로 비슷합니다. 중요한 것은 바로 뉴런과 뉴런을 연결시켜주는 시냅스입니다. 이 시냅스는 우리가 태어나서 노인이 되어서도 평생을 통해 발달하고 계속해서 형성됩니다. 그러나 반복적으로 사용하지 않으면 이 시냅스는 소멸됩니다.

우리가 어떤 것을 배우고 나서 다시 반복하고 학습하지 않으면 자연스럽게 머리 속에서 잊혀지는 것처럼, 시냅스도 사용하지 않으면 시들시들하다가 사라져 버립니다. 그래서 시냅스의 형성을 좌우하는 것은 새로운 경험입니다.

새로운 경험을 반복적으로 많이 할수록 시냅스가 많이 만들어지고, 만들어진 시냅스는 더욱 밀도가 높아져 복잡해지면서 튼튼해집니다. 이렇게 시냅스가 튼튼해지면 뇌 기능은 더욱 활성화됩니다. 그리고 다양한 형태의 경험을 하나의 감각이 아니라 오감으로 활성시켜 줍니다.

일반적인 정보나 지식은 시각과 청각에만 의존합니다. 하지만 시청각의 정보만 제공한다면 일부 뉴런과 시냅스만 작동하고 나머지 시냅스는 소멸하게 됩니다. 인간의 자아가 건강하게 발달하여 제 기능을 하기 위해서는 다양하고도 복잡한 시냅스를 형성하고, 형성된 시냅스의 활성화를 위한 정보의 자극을 지속적으로 제공해 주어야 합니다.

자아를 구성하는 중요한 시스템이 3가지 있습니다. 이 3가지가 원활하게 잘 유지될 때 건강한 자아의 기능을 하게 됩니다. 어느 한 쪽이 더 많은 활동을 해서도 안 됩니다.

자아에는 3가지 구조가 있습니다

◆ 인지 시스템

[잠 14:10] "마음의 고통을 자기(*네페쉬, oneself*)가 알고 마음의 즐거움도 타인이 참예하지 못 하느니라"

[눅 9:25] "사람이 만일 온 천하를 얻고도 자기를 잃든지 빼앗기든지 하면 무엇이 유익하리요"

인지 시스템은 계산하고 이해하는 것으로서 사리를 분별하고, 판단하여 무엇을 안다는 것을 말합니다. [잠 14:10]에서 "마음의 고통은 자기(*one self*)가 알고"라고 하였는데 바로 자아의 인지 시스템을 말하고 있습니다.

인간이 생각하고, 판단하고 감정을 조절하며, 바른 인성과 도덕성을 가질 수 있는 것은 대뇌피질이 있기 때문입니다. 인간의 뇌는 크게 뇌간, 변연계, 대뇌피질로 나뉘는데, 그 중 대뇌피질이 전체 뇌의 80% 정도를 차지합니다. 그러나 대뇌피질의 기능에 대해서는 아직 5~10% 정도 밖에 알려지지 않았습니다.

대뇌피질은 생명을 유지하는 데 직접적으로 상관은 없지만, 인간으로서의 능력과 품위를 가질 수 있도록 도와줍니다. 인간이 다른 동물과 구별되는 것은 이성적으로 사고하고 판단하여 문제를 해결할 수 있는 능력을 갖추고 있는 데 있습니다.

대뇌피질의 기능은 위치별로 다릅니다. 전두엽, 측두엽, 후두엽, 두정엽이 바로 대뇌피질의 위치별 명칭이며, 위치에 따라 그 기능과 역할이 다릅니다.

• *대뇌피질의 CEO인 전두엽이 있습니다.*

전두엽은 대뇌피질의 4개 엽 중 가장 부피가 넓은 엽에 해당하며, 대뇌피질의 CEO 역할을 담당합니다. 그래서 추리하고 계획하여 운동과 감정, 문제해결에 관여합니다. '인간은 무엇으로 사는가?' 또는 '사람에게 가장 중요한 가치란 무엇인가?'와 같은 고차원적 사고도 가능하게 해줍니다.

전두엽은 인간으로서 지켜야 할 도덕, 가치 등을 생각하게 하고 죄책감을 느끼며 이성적으로 활동하게 합니다. 전두엽은 인간답게 만들어주는, 동물과 비교되는 뛰어난 기능을 하는 곳입니다.

• *언어와 음악을 담당하는 측두엽이 있습니다.*

왼쪽 측두엽은 언어, 우측 측두엽은 음악을 담당합니다. 좌측 측두엽에는 브로카 영역*(Broca's area)*과 베르니케 영역*(Wernicke's area)*이라는 언어의 핵심 중추가 있습니다. 우측 측두엽은 음악과 관련된 소리나 언어 속에 포함되어 있는 감정적 뉘앙스를 인식합니다. 측두엽은 기억에도 관여합니다.

• *공간인식과 감각 통합을 하는 두정엽이 있습니다.*

머리 위쪽에서 뒤쪽을 향해 내려가는 부위에 있는 두정엽은 피부감각과 운동감각기능, 감각 통합과 공간 인식 등의 기능을 합니다.

• *세상을 바로 보는 후두엽이 있습니다.*

후두엽은 뒤통수 부위에 위치해 있는 시각피질입니다. 후두엽은 사물의 위치, 빠르기, 크기 등을 인식할 수 있을 뿐만 아니라 색, 모양, 질감 등의 정보를 처리하기도 합니다. 눈을 통해 들어온 사람, 물체 공간을 바라보면, 눈으로 보고 있는 자극들이 후두엽의 시각피질로 전달되어 정보가 인식됩니다.

◆ **감정 시스템**

본문 33절에 "베드로와 야고보와 요한을 데리고 가실 새 심히 놀라시며 슬퍼하사"

본문 34절에 "내 마음이 심히 고민하여*(불안)* 죽게 되었으니…"

예수님의 감정 시스템이 적나라하게 표현되어 있습니다.

• *감정의 뇌는 변연계입니다.*

변연계는 7가지의 기본 감정을 처리할 수 있는 능력을 갖고 있습니다. 희 · 노 · 애 · 락 · 공포 · 놀라움 · 혐오감이 7가지 기본 감정입니다. 변연계는 포유동물의 뇌이며 해마, 편도, 후각계가 있습니다.

• *기억학습을 담당하는 해마가 있습니다.*

정서를 조절하고 기억내용을 저장하는 곳입니다. 해마는 단기 기억의 중추입니다. 해마는 스트레스에 아주 민감하기 때문에 스트레스를 받으면 코르티솔이 상승하여 해마의 세포를 죽입니다.

해마의 신경세포는 70세가 넘은 사람에게서도 증식됩니다. 해마의 신경세포는 항상 늘어납니다.

• *정서 센터인 편도가 있습니다.*

감정을 조절하는 역할을 하며 정서를 유발합니다. 편도는 부정적 정서에 민감합니다. 우리가 살아가면서 기쁨, 슬픔, 분노, 불쾌 같은 정서를 느끼는데, 바로 이곳이 편도입니다. 편도를 공포 센터라고 부르기도 합니다. 편도는 긍정적 · 부정적 강한 정서를 기억합니다. 복권에 당첨되었다든가, 1등을 했다든가, 학대를 당했거나 외상사건을 측두엽과 함께 기억해 저장합니다. 편도는 감각기관을 통해 들어온 비언어적 정보를 해석합니다. 비언어적 정보란 말이 아니라 모양, 소리, 그리고 냄새를 의미합니다. 그리고 과거의 경험에 비추어 새로운 정보를 해석해 위험상황이나 공포상황에서 몸이 어떻게 해야 할지를 판단합니다.

• *편도는 위험 상황에서 자동안전장치처럼 기능합니다.*

어떤 위험 상황에 직면할 때 대항할 것인가 도피할 것인가를 결정하는 곳입니다. 투쟁-도피 반응이 이루어지는 것입니다. 이런 과정은 사고 뇌인 대뇌피질이 관여하기 전에 일어납니다. 응급한 상황에서 어떻게 해야 할지를 결정합니다.

제주도로 가던 여객선 세월호가 침몰하는데 선장은 먼저 도망나왔습니다. 편도는 위험상황에서 자동안전장치처럼 기능하는데, 세월호 선장은 승객을 구조하지 않고 자기만 도피했는데, 이때 기능하는 것이 바로 편도의 기능입니다. 변연계를 지배하여 우리의 행동과 동작을 조절하는 것이 사고하는 뇌입니다. 선장은 변연계가 사고하는 뇌를 지배하여 자아기능의 부조화가 나타난 것입니다.

• *냄새를 담당하는 후각계가 있습니다.*

우리의 후각계는 수천 가지 냄새를 확인하는 데 도움을 줍니다. 신생아마저도 엄마의 채취를 알아차릴 수 있습니다. 후각계는 더러운 물, 부패한 고기, 상한 야채 등 피해야 할 냄새를 주의하도록 경고합니다.

• *뇌의 교통순경인 시상이 있습니다.*

후각을 제외한 모든 감각정보는 시상을 통과합니다.

• *신체의 리듬을 조절하는 시상하부가 있습니다.*

시상하부는 먹고 자고, 갈증날 때 신호를 보내 다양한 호르몬을 분비하고 수면을 조절해줍니다. 체온, 성장 등을 조절해 신체를 예정대로 유지하도록 하는 자동온도조절장치입니다.

◆ 동기 시스템

본문 36절 하반절에 "…나의 원대로…"라고 하였습니다.

동기 시스템은 우리가 무언가 하고 싶다는 것을 만들어 내는 시스템으로 통제가 안 되는 부분입니다. 그래서 성경은 "너희는 무엇을 먹을까 무엇을 마실까 하여 구하지 말며 근심하지도 말라(눅 12:29)"고 하였습니다. 동기 시스템은 본능의 시스템이며 욕구의 시스템입니다.

인간은 누구나 먹고 싶고, 마시고 싶고, 갖고 싶은 기본욕구가 있습니다. 그래서 예수님도 "…나의 원대로…"라고 하였습니다. 예수님도 고통의 십자가를 지고 싶은 마음이 없습니다(36절). 예수님도 십자가의 고통 앞에서 심히 놀라며 슬퍼하시고(33절), 심히 불안(고민)하였습니다(34절). 그럼에도 불구하고 감정의 노예나 욕구의 노예가 되지 아니하고 엎드려 기도하였습니다.

"나의 원대로 마옵시고 아버지의 원대로 하옵소서"(36절)

• *동기는 쾌락원리에 의해 지배됩니다.*

뇌에는 측좌핵(*nucleus accumbens, NAc*)이 있는데 보상 시스템의 핵심이며 오래 전부터 뇌의 쾌락중추로 알려져 있습니다. 전뇌에 위치한

이 작은 세포군은 편도체와 변연계의 다른 부분과 연결되어 있습니다. 뇌에서 도파민이 가장 많이 저장되어 있는데, 이곳은 세로토닌과 엔돌핀 같은 쾌락적 신경전달물질에 민감하게 반응합니다. 이 화학물질은 만족감을 느끼게 하거나 동기를 부여하는 핵심 요인입니다.

니코틴, 알코올 같은 중독성 물질은 측좌핵을 혼란시킵니다. 중독자가 약물복용을 제어하지 못하고 또 강박장애자가 스스로 방어하지 못하는 것은 욕구를 제어하는 능력이 없기 때문입니다.

측좌핵에 장애가 있는 원숭이는 주의가 산만해 즉각적인 보상이 주어지지 않으면 일을 수행하지 못합니다. ADHD 환자들은 충동적이고 제어력이 부족해 성급하게 행동합니다. 즉각적인 만족을 제공하느냐에 따라 일의 우선 순위를 정합니다. 그 결과 활동을 잠시 중단하는 방법을 연습하거나 활동결과를 평가하려 하지 않습니다.

항정신성 약물은 도파민의 활동을 막아줍니다. 차분하게 만들고, 사회적 안정을 되찾아줍니다. 하지만 종종 학습과 기억력이 떨어지는 환자가 있기 때문에 만성적인 동기 부여가 약해지기도 합니다.

• *동기는 본능적인 욕구입니다.*

인간 누구에게나 본능적인 욕구가 있습니다. 그래서 인간의 원초적인 욕망을 막을 수 있는 법은 없습니다.*(인간의 성, 잠, 마시는 것 등)*

미국은 금주법*(The prohibition law)*이 1920년 1월 7일에 실시되었는데, 남북전쟁 전후로 금주법에 관한 논란이 일어났으며 제1차 세계대전을 계기로 더욱 활성화되었습니다. 전 세계적으로 곡물 절약에 대한 생각과 맥주를 제조하는 독일인에 대한 반감이 컸기 때문입니다. 1917

년 미국에서 금주법 수정안이 연방의회를 통과하여 이날 발표된 것입니다. 금주법은 신종 범죄인 밀주제조를 낳게 했습니다. 그 대표적인 인물이 브루클린에서 경리로 일하던 알 칼포네입니다. 그는 금주법을 가장 잘 악용하여 밀주제조로 연간 수입 6,000만 달러에 추산될 정도의 거금을 쥐게 되었습니다.

1929년 시카고에서 라이벌 조직 7명을 일거에 살해한 '밸린타인 데이'의 학살을 저지르기도 했습니다. 마피아 알카포네는 밀주의 대부였습니다. 밀조, 밀매 등의 범죄가 끊이지 않고 갱들이 미국 전역을 날뛰게 했으며, 평범했던 수백 명의 남녀를 전과자로 만든 금주법은 계속 지속될 수 있었습니다. 사실상 1929년 경제공항으로 금주법 시대는 사라지게 지고 1966년에 금주법은 완전히 폐지되었습니다.*(금주법은 미국에서 가장 악법)*

술을 원하는 인간의 본능적 욕구는 법으로 제정하여도 통제하기 힘듭니다. 성적 욕구도 마찬가지입니다.

• *동기는 충동성의 원산지입니다.*

초기 뇌과학자들은 태어날 때 만들어진 뇌가 결코 변하지 않는다고 믿어왔습니다. 교통사고와 같이 외부충격으로 뇌가 다치는 경우에만 뇌에 장애가 올 수 있다고 생각했습니다. 그러나 뇌 영상촬영기술을 이용하여 뇌 속을 들여다 볼 수 있게 되자 이러한 생각이 바뀌게 되었습니다.

청소년기의 뇌는 계속 자랄 뿐만 아니라 그 구조도 변한다는 사실을 알게 되었습니다. 사춘기 아이들이 감정기복이 심해 충동적 성향을 보이는 것은 뇌가 계속 자라나며 변하기 때문입니다. 특히 감정중추인 뇌의 변연계가 기분과 유대관계, 감정을 담당하는데, 청소년기에는 그 발달이 완료*(10~11세)*됩니다.

충동성은 뇌 발달이 완료되었을 때 감정을 억제하는 전두엽의 발달이 아직까지 완료가 되지 않아 감정을 억제할 수 있는 능력이 부족한 것입니다. 충동성이 밖으로 나타날 때 공격적인 폭력으로 나타나며, 자신을 공격할 때는 자살을 일으키는 것입니다.

겟세마네에서의 예수님이 보이신 긴급한 상황에서의 기도는 자신의 감정상태를 잘 묘사하고 있습니다. 예수님은 심히 놀라시며 슬퍼하며 심히 불안하였습니다. 이러한 감정 상태에서도 "이때가 자기에게서 지나가기를 구하며" "아버지여 모든 것이 가능하오니" "이 잔을 내게서 옮기소서"라고 하셨습니다. 감정이 뇌에만 머무르지 않고 전두엽의 기능이 이성적으로 아버지께 간구하는 모습을 보게 됩니다.

자아기능이 잘못되면 여러 가지 정신병리가 발생합니다

◆ 인지 System이 잘못되면 사고장애가 생깁니다

(정신분열증, 치매, 반사회성 인격장애)

전두엽의 기능이 문제가 있다면 기억, 판단, 계산 등의 인지능력이 저하될 뿐만 아니라 인성과 도덕성에 문제가 생겨 반사회적 행동을 저지르는 범죄자가 될 위험이 있음을 알아야 합니다.

사이코패스의 뇌는 전두엽의 뇌와 활동이 정상적인 사람에 비해 상당히 불규칙했고, 도덕성을 담당하는 전전두엽부분이 상당히 적은 것으로 나타났습니다. 또한 인지 시스템이 잘못되면 정신이 잘 통제되지 않아서 정신분열증같은 병에 걸리기 쉽습니다. 정신적인 판단능력이 부족해서 엉뚱한 생각을 하게 되고 과대망상에 빠지거나 환청이 들립니다.

자아를 온전하게 유지하기 위해서 측두엽은 전두엽과 마찬가지로 기억에 관여합니다. 그래서 측두엽에 손상을 입으면 기억장애가 나타나고 과거와 현재를 동시에 느끼거나 환각을 느끼기도 합니다.

측두엽의 브로카 영역*(Broca's area)*과 베르니케 영역*(Wernicke's area)* 중 한 가지라도 고장이 나거나 손상을 입으면 언어를 제대로 사용할 수가 없습니다. 두정엽의 기능이 손상을 입으면, 특히 '어디 경로'가 손상되면 물건이나 사람이 어디에 있는지 전혀 인식하지 못하게 됩니다. 이러한 질병을 시각적 무시증이라고 합니다. 후두엽에 이상이 생기면 눈이 전혀 다치지 않았어도 눈앞에 보이는 사물을 인식할 수 없습니다. 실제로 교통사고를 당해 뒤통수의 대뇌피질이 손상되면 시각적인 장애를 겪기도 합니다.

◆ 감정 System이 잘못되면 정서장애가 생깁니다*(우울증, 조울증, 불안장애)*

감정의 뇌는 심층변연계입니다. 신경전달물질인 세로토닌, 도파민, 노르에프네프린이 부족하면 변연계가 과잉 활성됩니다. 이럴 때 나타나는 정서장애가 바로 우울증, 조울증이며 산후우울증이나 월경 전 증후군도 나타납니다. 또한 부정적 사고를 반복적으로 하여 분노와 홍분, 슬픔과 정서불안도 보입니다.

기억과 정서적 안정성과 관련된 뇌의 부위는 측두엽입니다. 여기서 기능장애가 일어나면 알츠하이머 치매, 언어장애, 기억상실, 발작, 해리증상, 불안과 공포가 일어나기도 합니다. 또한 감정기복이 심해져 쉽게 동요하며 비관적이 되고 예측하기 힘든 말과 행동을 합니다.

인지와 정서를 연결시키는 뇌의 기어변속기가 전대상회입니다. 세로토닌이 부족하면 이곳이 과잉 활성되는데, 외상 후 스트레스장애, 강박장애, 중독장애, 공포증의 증상을 보입니다.

정신과 감정 그리고 신체의 움직임을 균형있게 통합하고 불안과 쾌감을 감지하는 센터가 바로 기저핵입니다. 흥분하면 펄떡 뛰고, 불안하면 떨게 되고 직장상사가 몰아치면 한마디도 못하는 것이 기저핵의 기능입니다. 열렬한 사랑을 하게 되면 기저핵에서 도파민이 강하게 방출되어 실제로 마약중독자의 뇌처럼 보이는 신체적 영향이 나타납니다.

기저핵*(바닥핵)*이 과잉 활성되면 범불안장애, 외상 후 스트레스장애, 강박장애, 공황장애 증상을 보입니다. 기저핵의 활동이 과도해지면 한가로운 상태의 신체가 갑자기 자극을 받아 불안하고 초초하며 긴장되고 비관적인 느낌이 들게 합니다. 또한 쾌락과 황홀감, 행복을 유발하는 기능을 가지고 있습니다. 비디오 게임과 같은 즐거운 활동을 하거나 충동성 약물이나 행복을 탐닉할 때도 활성됩니다. 행복해 보이는 표정을 볼 때나 유쾌한 느낌의 사진을 볼때도 기저핵이 활성됩니다.

◆ 동기 System이 잘못되면 중독장애가 생깁니다*(약물중독, 게임중독, 성 중독)*

[롬 7:19]에 "내가 원하는 바 선은 행하지 아니하고 도리어 원하지 아

니하는 바 악을 행하는도다"

뇌에는 중뇌변연계라는 곳이 있습니다. 중뇌변연계는 쾌락의 중추라 불리는 복측피개 영역에 위치해 있으며, 이곳을 자극하면 더욱 강화되는 역할을 합니다. 게임이나 마약 그리고 알코올을 마시게 되면 중뇌변연계가 자극을 받습니다.

여기에 있는 시냅스 중에 도파민이라는 신경전달물질을 갖고 있는 시냅스가 쾌감이라든가 쾌감정보를 처리하는 영역입니다. 담배의 니코틴 성분이나 코카인과 같은 마약은 작용 양상이 유사합니다.

방출된 도파민이 빨리 재흡수되어 청소가 이뤄져야 하는데, 마약성분은 재흡수되는 구멍을 막아버립니다. 또한 일부 마약성분은 도파민의 방출을 촉진하기도 합니다. 그래서 도파민이 오랫동안 시냅스 틈에 남아 있어 쾌감을 오래 느끼는 것입니다.

술을 먹고 싶어 계속 마시면 알코올 중독되고, 스마트폰을 하고 싶어 계속하게 되면 스마트 중독이 되며, 게임을 원한다고 계속하면 게임 중독이 되고 약물을 원한다고 계속 먹으면 약물중독이 됩니다. 그래서 원하는 바 선을 행하지 아니하고 오히려 원하지 아니할수록 악을 행하게 됩니다.

인간은 누구나 스트레스를 주는 사건이나 예측할 수 없는 충격적 사건을 경험할 수 있습니다. 이러한 환경 속에서도 잘 극복할 수 있는 정신적 기둥이 바로 건강한 자아기능입니다. 자아가 건강한 사람은 위험 앞에서도 이성을 잃지 않고 잘 견딜 수 있는 정신기능을 소유한 사람입니다.
자아는 뇌의 시냅스입니다. 자아는 자신의 모습이요, 인격의 총체입니다. 건강한 자아를 위해 뇌의 시냅스를 새롭게, 풍성하게 만들어 주어야 합니다. 새로운 환경을 경험하는 것이 시냅스를 풍성하게 하는 지름길입니다. 뇌의 원리가 있습니다. "Use it, or Lost it"

자아는 인지, 감정, 동기로 구성되어 뇌의 시냅스와 연결되어 있습니다. 인지가 잘못되면 정신이나 인격에 문제가 생깁니다. 감정이 잘못되면 우울, 불안, 분노, 폭력이 생깁니다. 동기가 잘못되면 게임, 약물, 성에 중독됩니다. 그래서 건강한 자아기능을 위해 인지 · 감정 · 동기 시스템이 조화롭게 건축되어야 합니다.
자기만 살겠다고*(동기)* 도피한 선장의 그릇된 태도*(인지)*가 300여 명 승객의 생명을 앗아가는 참사를 유발했습니다. 십자가의 죽음이라는 엄청난 스트레스 앞에서도 예수님은 "나의 원대로*(동기)* 마옵시고 아버지의 원대로 하옵소서"*(인지)*하며 건강한 정신기능을 몸소 보이셨습니다.
건강한 정신기능은 나와 이웃과 사회를 살리는 역동의 힘입니다.

생체 리듬을 주관하시는 하나님

5 내가 누워 자고 깨었으니 여호와께서 나를 붙드심이로다. 6 천만인
이 나를 둘러치려 하려도 나는 두려워 아니하리이다. *(개역성경)*

5 내가 눕고 자고 깨었으니 이는 여호와께서 나를 붙드셨기 때문이
다. 6 천만인이 나를 에워싸 진을 치더라도 나는 두려워하지 않을 것입
니다. *(바른성경) (시편 3편 5-6절)*

여름철에는 수면과 각성의 주기가 심각하게 방해받는 계절입니다. 여름휴가와 더위 때문에 생체 리듬이 깨지기 쉬워 정서적 문제뿐만 아니라 가정적인 문제도 야기합니다.

수면과 각성은 우리 인간의 기본적인 생체 리듬입니다

본문에 "내가 누워 자고*(수면)* 깨었으니*(각성)*…"라고 하였습니다. 인류의 역사는 낮과 밤이 만들어진 후에 시작되었습니다.*(창 1:3-5)*

빛이 있는 낮과 빛이 없는 밤에 따라 인간의 모든 생체 리듬도 낮과 밤에 맞추어서 이루어집니다. 그리고 하루 24시간을 기준으로 해서 24시간 주기가 생깁니다. 이를 가리켜 일주기 리듬 또는 서케디안 리

듬*(Circadian rhythm)* 이라 부릅니다.

우리 몸 내부의 생체 시계는 24시간 주기로 반복되는 리듬을 생물학적인 밤과 낮으로 구분합니다. 24시간 주기로 우리는 수면과 각성상태가 반복되는데, 생체 시계는 수면과 각성의 일주기를 일차적인 조절인자라고 말할 수 있습니다. 낮 시간 동안에는 각성상태로 있다가 밤이 되면 수면상태를 유지하려는 신체의 항상성 현상이 일어납니다.

잠을 자게 하고 잠을 깨우는 수단에는 두 가지가 있습니다. 하나는 여러 뇌 영역들을 연결하는 신경회로에 의한 것이고, 다른 하나는 뇌척수액에 들어있는 수면 물질에 의한 것입니다.

뇌는 본래 각성상태에 놓여 있습니다. 우리가 깨어 있는 것은 신체의 내외로부터 자극을 받아들이는 뇌간망상체가 대뇌피질을 자극하기 때문입니다. 대뇌피질을 자극하는 첫 번째 경로는 뇌간망상체*(Reticular fomation)*에서 시상을 거쳐 대뇌피질로 전달되는 상행신경세포가 대뇌피질을 흥분시켜 각성상태를 유지하는 것입니다. 외부의 자극이 사라지면 잠이 오는 것은 이 계통의 작용이 나빠져서 생깁니다.

각성을 강력하게 촉진시키는 신경세포는 뇌간의 연수에 있는 청반핵*(Nucleus Locus Ceruleus)*에서 나오는 노르에피네프린*(Norepinephrine)* 신경세포와 뇌간의 교뇌에서 분비되는 아세틸콜린*(Acetylcholine)* 신경세포입니다. 그리고 각성상태에 관여하는 또 하나는 뇌간의 봉선핵에서 분비되는 세로토닌 신경세포로, 이들 모두 각성에 관여하며 넓은 의미에서 수면의 조절계로서 작용합니다.

대뇌피질을 자극하는 두 번째 경로는 시상하부에서 전뇌기저부*(Basal*

forebrain) 또는 기저전뇌를 경유해서 대뇌피질을 흥분시키는 경우인데 시상하부에서 나오는 각성계 히스타민 신경세포가 직접 대뇌피질에 투사되어 각성을 일으킵니다.

밤에는 시교차상핵에서 신호가 나와 뇌간망상체를 적극적으로 억제하기 시작합니다. 그러면 우선 논램 수면이 발생합니다. 논램 수면을 일으키는 신경조직은 아직 밝혀진 바 없습니다. 논램 수면에 들면 뇌간의 교뇌에 있는 신경세포*(램 수면 시작 세포)*들이 작동하여 램 수면을 유도합니다. 적절한 수면은 개인차가 있기 때문에 사람마다 다를 수 있습니다. 하루 9시간 자는 사람과 6시간이 못되는 잠을 자는 사람을 비교 연구한 결과가 있습니다.

연구대상자를 40시간 계속 잠을 못자게 한 후, 똑같은 조건에서 호르몬 분비량, 체온, 졸음 정도 등을 측정한 결과, 오래 자는 사람은 짧게 자는 사람보다 생물학적 밤이 긴 것으로 밝혀졌습니다. 이는 사람마다 생체 시계가 다르다는 것을 보여줍니다. 아인슈타인은 하루 10시간 이상씩 자고도 세계적인 물리학자로 우뚝 섰으며, 에디슨은 불과 3시간만 자고도 발명으로 후세에 이름을 떨쳤습니다. 그리고 나폴레옹도 3시간 이상 잠을 자지 않은 장군으로 역사에 기록되어 있습니다.

개개인에게 수면의 양과 질이 알맞게 채워질 때 적절한 수면이라고 말합니다. 그러나 일반적으로 유치원에서 초등학교 때까지는 약 9시간 이상, 청소년은 8시간, 성인은 7시간 30분을 적당한 수면으로 봅니다.

적절한 수면시간을 알 수 있는 방법이 한 가지 있습니다. 다음날 아무 일을 하지 않고 있어도 졸리지 않을 정도의 수면이라면, 그것은 적절한 수면입니다. 이러한 수면이 유지될 때 정신이 건강한 생활을 하게 됩니다.

• *적절한 양의 수면 유지가 중요합니다.*

일반 성인이 수면시간을 1시간 초과해서 잠을 자야 상쾌하고 편안하다면 그 사람에겐 그 시간이 적절한 잠의 양이 되고 1시간 덜 자도 피곤하지 않거나 졸리지 않다면 그 사람에겐 그 시간이 적절한 수면시간입니다. 그런데 주의할 것은 잠을 적게 자서는 안 됩니다. 만일 잠이 부족하면 반드시 대가를 치르게 됩니다.

일부 책에서는 하루 4시간만 잠을 자도 깊이 자면 별탈이 없다고 하지만 이것은 잘못된 해석입니다. 깊은 잠이란 보통 논램 수면의 3단계와 4단계를 뜻하는 것으로 깊은 잠이 많다고 해서 꼭 좋은 것은 아닙니다.

수험생이나 노동자들은 대개 잠이 부족합니다. 이들이 잠을 잘 때 뇌파의 기록을 보면 모두 깊은 수면이 많아짐을 알 수 있습니다. 이러한 현상은 잠이 만성적으로 부족할 때, 생명을 유지하기 위하여 가장 먼저 보충하는 것이 논램 수면의 3, 4단계입니다. 즉 깊은 잠이 증가하는 현상을 보이는 것은 만성적인 수면 부족의 증거라는 사실을 수면다원검사를 통해 알 수 있습니다. 또한 만성 수면 부족인 사람은, 수면을 취할 때 깊은 잠의 양이 많아져도 낮에 피로하고 졸리며 여전히 집중하지 못합니다.

• *적절한 질의 수면 유지가 중요합니다.*

사람마다 삶의 질이 다르듯이 수면의 질도 다릅니다. 수면의 질을 가장 나쁘게 만드는 것이 불면증입니다. 가장 흔한 증상인 불면증은 잠효율성을 떨어뜨리고, 수면무호흡증은 근육의 긴장을 증가시키기 때문에 수면의 질을 매우 나쁘게 만듭니다.

스트레스와 두려움(공포)은 생체 리듬을 파괴합니다

본문에 "천만인이 나를 에워싸 진을 치더라도 나는 두려워 아니하리이다."라고 하였습니다. 생체 리듬을 방해하는 요소는 스트레스요, 두려움(공포)입니다. 생체 리듬이 깨지면 불면증이 생겨, 수면장애가 일어납니다.

◆ 스트레스와 두려움은 생체 리듬을 파괴합니다

불면증을 일으킵니다. "천만인이 나를 둘러치려 하였도다."라고 하였는데, 이는 엄청난 스트레스를 말합니다. 다윗은 잘 이겨냈습니다. 그것은 하나님께서 붙들어 주시기 때문이라고 고백하고 있습니다. 그러나 일반적으로 스트레스를 받게 되면 불면증이 오고 수면의 리듬이 깨지기 시작하여 잠자는 호르몬인 멜라토닌의 분비가 잘 이뤄지지 않습니다. 멜라토닌은 송과체에서 분비되는데 스트레스를 받으면 멜라토닌 분비에 균형이 깨집니다.

◆ 스트레스와 두려움은 생체 리듬의 원리를 파괴합니다

우리의 몸은 생체 메커니즘에 의해 살아 움직이며, 그 중에서도 자율신경은 자신의 의지와 상관없이 스스로 기능합니다. 특히 심장과 호흡 같은 생명활동은 매우 중요한 역할을 담당하며, 교감신경과 부교감신경으로 이루어져 있습니다.

신체는 아침에 교감신경이 일을 하고 해가 지면 부교감신경이 12시간 간격으로 서로 기능합니다. 교감신경은 인간이 활동할 때 기능하는데 즉, 일이나 공부, 운동 등을 열심히 할 때 기능함으로써 혈액을 뇌로 올려 보내 뇌를 활성시킵니다. 그 뿐 아니라 골격근에 에너지를 공급하기도 해서 간에서 글리코겐을 방출하는 등, 생체 리듬에 필요한 기능을 합니다. 즉 뇌를 긴장시켜 여러 가지 활동을 할 수 있도록 만들어 줍니다.

깨어 있을 때 힘든 일을 하면 뇌는 당연히 지칩니다. 이런 상태가 계속될 때, 부교감신경이 작용하지 않으면 뇌는 물론 몸도 녹초가 됩니다. 부교감신경은 잠을 자고 있을 때도 내장이나 근육을 안정시키기 위해 일을 합니다. 가령 밥을 먹은 후 곧바로 잠에 곯아떨어진다 해도 위에서는 음식물을 소화시켜야 하기 때문에 소화액을 분비하도록 지시합니다. 그렇지 않으면 혈액이 뇌로 올라가지 못해 뇌가 충분한 휴식을 취하지 못합니다. 이처럼 저녁에는 부교감신경이 작용하여 잠과 안정과 성장에 필요한 호르몬을 만들어줍니다. 그런데 스트레스나 공포를 느끼면 이러한 생체 리듬이 깨져 잠을 못 이루는 것입니다.

◆ 스트레스와 두려움은 수면의 원리를 파괴합니다

인간은 매일 밤잠을 자고 아침이 되면 일어납니다. 이처럼 신체가 평정한 상태를 유지하려고 노력하는 모든 현상을 가리켜 항상성의 원리라고 합니다.

수면도 이 원리에 따라 우리 몸을 24시간 주기로 잠과 각성상태를 유지하며 반복합니다. 수면을 이루는 첫 번째 원리는 각성체계를 억제함으로써 잠을 이루게 합니다. 여기에는 수면과 관련된 유도물질인 아데노신(*adenosine*)과 프로스타글란딘(*prostaglandin II*) 있습니다.

아침에 일어나서 활동을 하면 뇌간에 점차 아데노신이 쌓입니다. 각성을 담당하는 기저전뇌(*Basal Forebrain*) 세포들은 아데노신 수용기를 갖고 있어서 각성을 억제합니다. 밤이 되면 아데노신의 양이 최대치에 달해 잠이 듭니다. 그런데 카페인이나 탄산음료를 먹으면 아데노신의 작용을 방해하여 각성상태로 깨어있게 하므로 잠을 이루지 못합니다.

또한 수면은 뇌 척수액에 들어 있는 수면 촉진 물질인 프로스타글라딘의 영향을 받습니다. 수면 물질에는 10여 종이 있는데, 가장 강렬한 작용을 하는 이 물질은 뇌 척수액을 매개로 하여 뇌 전체에 전달되고 신경회로의 네트워크 활동을 변화시킵니다. 이 물질도 낮 동안에 축적되어 각성을 증가시키는 시상하부 세포들을 억제하고 신경원(*뉴런*)을 자극하여 수면을 유도합니다. 그러면 송과체라는 조직에서 잠을 유도하는 시계 호르몬인 멜라토닌이 분비되고 이 호르몬의 작용으로 우리는 잠에 들게 됩니다.

수면을 이루는 총체적 원리인 생체 시계는 뇌의 시상하부에 있는 시교차상핵이라는 곳에 있는데, 우리 몸의 24시간 리듬을 조정하는 핵심 조율자입니다.

◆ **수면에 작용하는 외적 요인과 내적 요인**

외적 요인은 수면 빛, 생체 시계, 주변환경이나 침실환경이 있으며, 내적 요인에는 심리적 스트레스, 운동부족, 병으로 인한 통증, 복용하는 약 또는 카페인 중독 등도 있습니다. 또한 스트레스와 두려움도 생체 리듬을 깨버리기 때문에 결국은 수면장애를 일으킵니다.

여호와께서 생체 리듬을 주관하십니다

본문에 "내가 누워자고 깨었으니 여호와께서 나를 붙드심이로다."라고 하였습니다. 그래서 [시 127:2]에서는 "그러므로 여호와께서 그 사랑하시는 자에게는 잠을 주시리로다."라고 하였습니다.

잠을 오게 하는 생체 리듬은 바로 멜라토닌입니다. 이것은 햇볕을 통해 이루어지고 있습니다. 하나님께서 우리 몸의 생체 리듬을 조율하기 위해서 뇌의 시상하부에 생체 시계인 시교차상핵을 주셔서 우리 몸의 24시간 리듬을 조정하시고 계십니다. 그래서 시교차상핵을 핵심조율자라고 부릅니다.

아침에 일어나서 햇볕을 받으면 빛의 정보가 시신경을 통해 시교차상핵으로 보내집니다. 그러면 송과체라는 조직에서 멜라토닌 호르몬을 분비합니다. 멜라토닌을 일반적으로 시계 호르몬이라고도 합니다.

아침 햇볕을 쐬면 14시간쯤 후에 멜라토닌이 분비되고 그 후 한 시간 뒤에 수면을 취하게 만듭니다.

"햇볕을 보는 자에게 유익하도다." *(전 7:11)*

"눈으로 해를 보는 것이 즐거운 일이로다." *(전 11:7)*

"그 광명이 햇볕 같고 광선이 그 손에서 나오니 그 권능이 그 속에 감취었도다." *(합 3:4)*

역사적으로 햇볕은 질병치료에 중요한 역할을 해왔습니다. 햇볕과 자외선이 각종 감염, 즉 바이러스, 결핵 이외에도 천식, 피부궤양, 황달, 통풍, 여드름, 습진 치료에 쓰였습니다.

그러나 햇볕 치료는 1930년대 항생제 발견 이후 뒤편으로 밀려나고 말았습니다. 최근에는 햇볕이 정서생활에 좋고 일반건강에 좋다는 의견이 나와 새로운 자연치료의 하나로서 등장하고 있습니다.

햇볕은 가시광선 이외에 자외선, 적외선도 있습니다. 그러나 실제로는 7백여 가지의 많은 파장들이 모여 있습니다. 가시광선이 무지개의 7가지 광선으로 나누어져 세상의 모든 색깔을 내는 데 비해 적외선은 따뜻함*(열)*을 주며, 자외선은 피부를 타게*(그을림)* 만드는 역할을 합니다.

햇볕 속의 갖가지 색깔은 그 종류에 따라 우리 몸에 끼치는 영향이 다른 것으로 알려져 있습니다. 마치 여러 가지 비타민D와 광물질*(Mineral)*이 신진대사에 필수이듯, 우리 몸은 햇볕을 제대로 받아야 건강을 유지할 수 있다는 주장입니다. 따라서 햇볕은 공기, 물, 음식물과 같은 정도의 중요성을 가집니다. 현대인들은 햇볕 쬐는 것을 도외시하여, 평균적으로 고작 1시간 정도 햇볕을 쬡니다.

우리 뇌는 송과선에서 몸의 시간과 관계되는 생리작용을 전담하는데, 송과선에서 이것을 총괄하는 호르몬이 멜라토닌으로, 어두운 상태에서 생산되다가 밝아지면 생산을 멈춥니다. 따라서 충분한 광선을 쪼이지 않는 사람은 멜라토닌 생산에 지장을 주어 여러 가지 질병을 초래

할 수 있습니다.*(정서적인 병,우울증)*

일조량 부족 증상으로는 기운이 없고, 단것과 카페인을 선호하며, 아침에 일어나기 힘들고, 기분이 항상 변하며, 인간관계의 파괴, 성욕감퇴 및 기억력 감퇴를 초래합니다.

[욥 7:3-4]에서는 엄청난 스트레스로 인해 불면증을 호소합니다.

3 내가 여러 달째 곤고를 받으니 수고로운 밤이 내게 작정되었구나.

4 내가 누울 때면 말하기를, 언제나 일어날꼬, 언제나 밤이 갈꼬 하며
새벽까지 이리 뒤척, 저리 뒤척 하는구나. *(개역성경)*

※ 멜라토닌은 잠을 잘 오게 하는 작용 이외에, 스트레스를 최소화하고, 편두통 치료 및 불안감을 줄이는 효과가 있습니다.

하나님께서는 낮과 밤을 먼저 만드신 후에 인간의 생체 리듬을 이에 맞추어 살아가도록 24시간 주기를 주신 것입니다.
생체 리듬을 만드시는 이도 하나님이시요, 생체 리듬을 주관하시는 이도 하나님이시요, 생체 리듬을 조율하시는 이도 하나님이십니다.

생체 리듬을 깨면 병이 옵니다. 생체 리듬을 깨면 수명이 단축됩니다.
생체 리듬을 깨면 인간관계도 파괴됩니다. 생체 리듬을 지키는 것은, 심리적 정신적 영적인 축복이요, 생명의 축복이요, 인간관계의 축복입니다.

뇌를 새롭게 조형하라

여호와는 나의 목자시니 내게 부족함이 없으리로다.

그가 나를 푸른 풀밭에 누이시며 쉴 만한 물 가로 인도하시는 도다.

내 영혼을 소생시키시고 자기 이름을 위하여 의의 길로 인도하시는 도다.*(시편 23편 1-3절)*

우리의 영혼은 주님이 얼마나 귀히 여기고 있는지를 성경은 잘 말씀하고 있습니다. 그것은 "주님이 재림할 때까지 너희 영과 혼과 몸이 흠없이 보전"*(살전 5:23)* 되기를 간절히 소망하고 있다는 것입니다. 다시 말하면 영적인 건강 뿐만 아니라 혼의 건강 즉 마음과 정신의 건강 그리고 우리 몸의 건강을 요구하고 있습니다. 뇌 치유는 뇌를 새롭게 조형하는 것입니다.

뇌 치유의 근본은 하나님이십니다

성경 본문 3절에 "여호와는…내 영혼을 소생시키시고"라고 하였습니다. 계시의 근본이 하나님이시며, 치유의 근본도 하나님이십니다. 그것은 특별 계시인 성경을 통해 치유를 제시하고 있습니다. 성경은 계시된 진리입니다. 믿고 기도하면 병든 자를 일으킨다(약 5:15)고 약속하였습니다.

또한 [마 4:24]에 "예수께서 갈릴리에서 복음전파하실 때 모든 앓는 자 곧 각색 병과 고통에 걸린 자, 귀신들린 자, 간질하는 자, 중풍병자를 데려오니 저희를 고치시더라" 고 하였는데 고통에 걸린자는 심리적 문제로 고통받는 사람이고 귀신들린자는 영적인 문제를 가진 사람이고, 간질하는 사람은 정신적인 문제를 가진 사람입니다. 이러한 사람을 예수님께서 생생하게 치유하시었습니다. 그래서 치유의 근본이 하나님이심을 보여주고 있습니다.

치유의 두 번째 계시는 일반 계시입니다. 일반 계시는 자연 계시라고 부르고 과학을 통해 발견된 진리를 보입니다. 정신의학이나 심리학은 모두 과학입니다. 마음이나 정신이 병들면 이들이 발견한 진리를 따라 치유를 받는데, 물론 약물치료나 정신치료, 심리상담도 있습니다.

영혼은 뇌 치유의 하드웨어입니다

'내 영혼을 소생시키며'라는 말은 헬라어로 정신치료이며 '정신의학'이라는 단어가 여기에서 비롯된 것입니다. 그래서 영혼이 뇌 치유의 하드웨어라는 말씀입니다. 영혼이 병들면 뇌의 변화가 나타납니다. 마음이나 정신이 병들면 영혼은 뇌의 하드웨어이기 때문에 뇌에서 문제가 발생하기 마련입니다.

불안하면 뇌의 변화가 보입니다. 뇌 안의 기저핵이 과잉 활성되거나 측두엽의 기능장애가 나타납니다. [잠 12:25]에서는 "근심이 사람의 마음에 있으면 번뇌케하나 선한 말은 그것을 즐겁게 하느니라"고 하고 있습니다.

번뇌는 히브리어로 샤하인데 이 뜻은 굽히다, 엎드리다, 가라앉다, 풀이 죽다*(fail down)*, 경배하다의 의미를 지니고 있습니다. 그래서 근심은 불안*(Anxiety)*이고 번뇌는 우울하다는 것입니다. 영어성경*(NKJV)*에서는 *"Anxiety in the heart of man causes depression"*이라고 번역하였는데, 잘 된 번역입니다.

불안하면 뇌과학에서는 우울이 옵니다. 동전의 양면입니다. 불안하면 뇌의 기저핵이 과잉 활성되어 여러 가지 불안장애, 공포*(공황)*장애를 보이거나 일중독, 광장공포증이나 신체적 스트레스 증후군도 나타나며 짜증이나 분노를 보이게 됩니다.

우울하면 대뇌 변연계가 과잉 활성됩니다. 변연계가 과잉 활성되면 우울증이 생기고 양극성장애*(조울증)*가 생깁니다. 유대관계가 깨지고 수면에 문제를 일으키게 됩니다.

강박증이 걸리면 전대상회가 과잉 활성됩니다. 이렇게 되면 자동적으로 NO라고 반응하여 부정적 생각에 사로잡힙니다. 전대상회가 과잉 활성되면 강박장애 뿐만 아니라 중독, 섭식장애, PTSD, 적대적 반항장애를 보입니다.

기억장애를 보이는 사람들은 측두엽의 기능장애를 보입니다. 여기에 문제가 있으면 기억상실증이나 알츠하이머 치매가 나타나며 쉽게 짜증이나 분노를 일으키고 해리장애나 난독증, 일시적 간질, 자살생각의 우울증을 나타내 보이고 종교에 심취할 때도 여기에 문제가 생깁니다.

분노하는 사람은 뇌의 여러 구조에 이상을 일으킵니다. 측두엽에 기능장애를 일으키면 짜증이나 화를 내며 폭력적 사고를 갖게 되고 좌측 변연계가 과잉 활성되므로 분노, 흥분, 부정적 정서 불안정을 보입니다. 운전 시 분노하는 사람들은 전대상회가 과잉 활성되고 이성적인 행동을 못한 분노는 전전두피질(좌)의 기능장애로 이어집니다.

정신적 외상을 경험해 충격이 심하면 두정엽의 기능에 문제를 일으킵니다. 흔히 약물남용이나 알츠하이머병, 공간지각장애, 실어증에서도 두정엽의 기능에 문제를 보입니다.

도박이나 스마트폰, 알코올, 마약을 하게 되면 뇌의 중변연 도파민계인 쾌락센터를 자극하며 중독에 이르게 합니다. 이처럼 우리 마음이나 정신, 즉 영혼은 뇌의 하드웨어기 때문에 서로 밀접한 관계를 갖습니다. 따라서 영혼의 문제는 결국 뇌의 문제로 연결되는 것입니다.

뇌는 영혼 치유의 원리입니다

영혼을 소생하는 것은 뇌 건강과 영혼 치유의 원동력이요, 정신건강의 원리입니다. 뇌의 기능을 해치는 가장 중요한 것은 스트레스요, 부정적인 생각입니다. 스트레스나 부정적인 생각은 뇌의 가소성에 크게 영향을 끼치기 때문에 뇌 기능에 문제를 일으킵니다.

뇌의 가소성이란 경험이나 사극에 뇌가 반응하는 유연성을 말합니다. 스페인의 과학자 카할은 1930년대 신경회로는 고정되어 변하지 않는다고 하였습니다. 그래서 뇌세포는 나이가 들어감에 따라 죽어가며 죽은 뇌세포가 재생하거나 새로운 뇌세포가 생겨나지 않는다고 생각하였습니다.

그러나 현대 과학자들은 뇌는 일생동안 스스로 뇌 구조와 기능을 바꿀 수 있다고 하였습니다. 대뇌피질의 신경세포는 50세가 넘어도 성장하며, 대뇌피질 아래에 있는 변연계의 일부분인 해마의 신경세포 수도 증가해서 이곳의 신경회로는 70세가 넘어도 증가한다고 합니다. 뇌의 가소성 원리에 의한 어떤 자극이나 경험이 뇌의 신경계를 변화시킨다는 것입니다. 뇌의 가소성 원리는 결국 치유와 건강에 유익을 주는 놀라운 발견입니다.

◆ 스트레스는 뇌의 가소성을 나쁘게 합니다

천재지변이나 참사 등 외상을 경험하여 병을 앓고 있는 외상 후 스트레스 장애(*PTSD*)의 환자들을 보면 뇌의 신경가소성은 그의 삶에 엄청난 피해를 끼치는 것을 보게 됩니다. 충격적인 사건을 체험한 후 대부분의 환자들은 기존에 인식했던 삶의 의미를 송두리째 바꿔버려 파괴적인 삶을 살아가게 만듭니다. 이러한 것은 외상이라는 엄청난 스트레스가 뇌의 신경가소성 기능으로 인해 뇌의 구조가 변질되고 그 기능도 변했기 때문입니다. 수많은 뇌의 영역 중에서 스트레스로 인해 가장 큰 타격을 입는 것이 해마로, 이것은 크기도 작아집니다.

스트레스를 받으면 우울증도 쉽게 걸리지만 변연계 해마의 신경세포가 손상을 받아 죽게 됩니다. 스트레스를 많이 받으면서 살면 해마의 손상으로 인해 기억상실이 오고 건망증도 유발되며, 치매에도 크게 영향을 미칩니다. 우울증에 걸린 사람들의 90% 이상이 뇌의 수면 조절

기능이 악화되어 불면증에 시달리고 있습니다.

스트레스를 계속 받으면 부교감신경이 과잉 활성되고 멜라토닌이 나오지 않아 잠을 잘 수 없게 됩니다. 우울이나 수면, 식욕 등의 기능을 조절하는 곳이 뇌의 변연계입니다. 이 변연계는 과잉 활성되고 신경전달물질인 세로토닌, 도파민, 노르에피네프린은 결핍됩니다. 그러면 심각한 우울증이나 조울증에 걸리게 됩니다.

◆ 부정적인 생각은 뇌 기능을 해칩니다

부정적인 생각은 많은 질병의 원인으로 작용되고 있으며, 왜곡된 사고 비합리적 사고나 우울, 불안, 중독 분노 등의 정신장애를 일으키고 있습니다. 오늘날 과학자들의 연구에 의하면 정신질환이나 질병, 행동장애 등 75~98%가 생각(사고)에 있으며 20~25% 정도만이 환경이나 유전에 있다고 합니다.

뇌를 새롭게 조형하라

뇌의 가소성 기능에 따라 어떤 자극이나 환경은 곧 치유로 가는 첩경의 길입니다. 가소성은 뇌를 새롭게 조형하는 근본입니다.

◆ 하나님의 말씀

[히 4:12]에 "하나님의 말씀은 살아있고 운동력이 있어 좌우의 날선 어떤 검보다도 예리하여 혼과 영과 및 관절과 골수를 찔러 쪼개기까지 하며 또 마음의 생각과 뜻을 감찰하나니" 라고 하였습니다.

말씀으로 뇌를 자극하면 뇌는 가소성의 기능에 따라 말씀은 영혼과 몸을 치유하는 능력을 보이는 것입니다. 말씀에 의해 뇌는 새롭게 조형됩니다.

[마 7:24]에서는 "누구든지 나의 이 말을 듣고 행하는 자는 그 집을 반석위에 지은 지혜로운 사람같으니 이는 주초를 반석위에 놓은 연고요 비가 내리고 창수가 나고 바람이 불어도 그 집에 부딪히되 무너지지 아니하리"라고 하였습니다.

말씀을 들으면, 뇌의 가소성의 기능에 따라 어떤 스트레스가 와도 우리의 정신기능이 단단하며 건강하게 살 수 있다는 것입니다.

◆ 믿음의 기도

믿고 기도하면 뇌는 생각하는 대로 이뤄집니다.

"대저 그 마음의 생각이 어떠하면 그 위인도 그러한 즉…"*(잠 23:7)*

성경에 보면 [마 9:29]에 "가라사대 너희 믿음대로 되라"고 하였고 [히 11:1]에서는 "믿음은 바라는 것들의 실상이요"라고 증거하고 있습니다. 종교적인 믿음이 긍정적이면 마음에 평안을 주고 불안이 없어지며, [약 5:15]의 말씀처럼 "믿음의 기도는 병든 자를 구원하리니"라고 합니다.

긍정적인 믿음은 사람을 살리기도 하고 부정적인 믿음은 사람을 죽이기도 합니다. 긍정적인 믿음을 갖게 될 때, 뇌에서는 행복과 기쁨과 평화로운 호르몬과 신경전달물질을 분비하지만 부정적인 믿음일 때, 뇌는 비상상태가 되어 생명과 건강에 문제를 일으키게 되고, 면역력이 떨어지는 병에 걸리거나 극단적일 때는 뇌가 쪼그라들어 죽음에 이르기도 합니다. 믿음의 기도는 뇌를 새롭게 조형하여 자유로 인도합니다.

◆ 온전한 사랑

[요1 4:18]에 "사랑 안에 두려움이 없고 온전한 사랑이 두려움을 내어 쫓나니 두려움에는 형벌이 있음이라"고 하였습니다.

"There is no fear in love; but perfect love casts out fear, because fear involves torment."

온전한 사랑이 정신병리의 근본인 불안을 이긴다고 성경은 증거하고 있습니다. 뿐만 아니라 현대 신경과학에서도 사랑의 가장 중요한 면은 두려움이 없는 것이다라고 성경과 똑같이 진술하고 있습니다. 사랑은 정신건강의 비결이고 사랑은 뇌 치유의 위대한 힘입니다.

• *사랑은 뇌를 변화시킵니다.*

사랑의 감정에 관여하는 첫 번째 보상 시스템은 미상핵입니다. 이는 운동 조절에 관여하는 구조물로, 사랑을 느낄 때 미상핵이 활성되는 것은 뜻밖의 일입니다. 보상 시스템은 정서 작용과 관련되는 변연계에 주로 위치하고 있으며 뇌의 여러 부위와 연결되어 있습니다.

사랑의 감정에 관여하는 두 번째 보상 시스템은 복측 피개 영역입니다. 이 부위에서는 신경전달물질인 도파민을 생성하며 미상핵 등 다른 영역으로 공급합니다.

도파민은 뇌의 쾌감 중추에서 기쁨과 행복을 불러옵니다. 도파민은 음식을 먹거나 성관계를 가질 때처럼 쾌감을 느낄 때도 분비됩니다. 애인 사진을 볼 때, 쾌감 중추가 마약을 복용했을 때처럼 행복감을 느끼는 도파민으로 가득 차는 이유도 그 때문입니다.

편도체는 정서, 특히 공포 센터인데, 공포 등의 부정적 정서의 습득과 표현에 중요한 기능을 합니다. 사랑의 감정을 느낄 때 또는 애인의 사진을 볼 때는 안정감이나 행복감을 느끼기 때문에 부정적 정서가 없어서 편도체의 활동은 감소합니다.

대상피질여량 주위를 띠 모양으로 둘러싸고 있다고 해서 대상피질이라 부릅니다. 그리고 사랑을 느낄 때 전측부의 활동이 증가하고 후측부의 활동은 감소했다고 합니다. 이는 사랑의 감정을 느낄 때, 전측 대상피질이 활성화된다는 사실은 이미 증명된 바 있습니다

사랑은 신생 뉴런을 증가시키고 항산화물질을 증가시켜 건강을 유지케 하며, 해마에서 BDNF*(뇌신경영양인자)*를 증가시켜 스트레스를 방어하고 우울이나 공포를 예방시켜 주는 치유제 역할을 합니다.

그래서 "서로 사랑하라"*(요1 4:12)* 말씀하시며 "사랑이 없으면 아무 것도 아니고 아무 유익이 없다"*(고전 13:1-3)*는 것입니다. 사랑은 정신건강의 원천이요, 뇌 건강의 원리요, 뇌 치유의 지름길입니다.

뇌가 마음속의 생각을 바꾸는 것이 아니고 활발한 마음의 생각이 뇌의 가소성의 기능에 따라 능동적으로 작용하여 우리 뇌를 변화시키는 것입니다. 뇌는 수동적으로 존재하는 신체의 일부입니다.

말씀이나 믿음, 성령의 법을 따르면 뇌를 변화시킵니다. "너희는 이 세

대를 본받지 말고 오직 마음을 새롭게"*(롬 12:2)*하면 뇌의 가소성은 작용되어 변화된 삶을 살게 됩니다. 온전한 사랑은 뇌를 조형하여 치유로 보호합니다.

우리가 성령으로 살면 뇌의 가소성으로 인해 성령의 일을 하게 됩니다*(갈 5:25)*

우리가 하나님의 말씀으로 살면 뇌는 가소성에 의해 어떠한 스트레스를 당해도 든든한 인격을*(마 7:24)* 만듭니다.

우리가 믿음의 기도를 드리면 뇌는 가소성에 의해 믿는 대로 역사하는 힘을 가지게 됩니다.

우리가 사랑으로 살면 뇌는 가소성의 기능에 의해 불안을 이기고 정신건강을 유지하게 되는 것입니다. 면역 세포가 30만 배나 더 늘어나 건강하고 행복한 삶을 살게 됩니다.

뇌를 새롭게 조형하는 원리는 바로 하나님의 말씀이요, 믿음의 기도요, 온전한 사랑입니다.

Part

02

치유삼제

치유하는 능력

14 저희가 이에 그들이 제자들에게 와서 보니 큰 무리가 그들을 둘러
싸고 서기관들이 그들과 더불어 변론하고 있더라. 15 온 무리가 곧 예수
를 보고 매우 놀라며 달려와 문안하거늘 16 예수께서 물으시되 너희가
무엇을 그들과 변론하느냐. 17 무리 중의 하나가 대답하되 선생님 말 못
하게 귀신 들린 내 아들을 선생님께 데려왔나이다. 18 귀신이 어디서든
지 그를 잡으면 거꾸러져 거품을 흘리며 이를 갈며 그리고 파리해지는
지라 내가 선생님의 제자들에게 내쫓아달라 하였으나 그들이 능히 하
지 못하더이다. 19 대답하여 가라사대 믿음이 없는 세대여 내가 얼마나
너희와 함께 있으며 얼마나 너희에게 참으리요 그를 내게로 데려오라
하시매 20 이에 데리고 오니 귀신이 예수를 보고 곧 그 아이로 심히 경
련을 일으키게 하는지라 그가 땅에 엎드러져 구르며 거품을 흘리더라.
21 예수께서 그 아버지에게 물으시되 언제부터 이렇게 되었느냐 하시니
이르되 어릴 때부터니이다. 22 귀신이 저를 죽이려고 불과 물에 자주 던
졌나이다 그러나 무엇을 하실 수 있거든 우리를 불쌍히 여기사 도와주
옵소서. 23 예수께서 이르시되 할 수 있거든이 무슨 말이냐 믿는 자에게
는 능히 하지 못할 일이 없느니라 하시니 24 곧 그 아이의 아버지가 소

리를 질러 가로되 내가 믿나이다 나의 믿음 없는 것을 도와주소서 하더
라. 25 예수께서 무리가 달려와 모이는 것을 보시고 그 더러운 귀신을
꾸짖어 가라사대 벙어리되고 귀먹은 귀신아 내가 네게 명하노니 그 아
이에게서 나오고 다시 들어가지 말라 하시매 26 귀신이 소리 지르며 아
이로 심히 경련을 일으키게 하고 나가니 그 아이가 죽은 것 같이 되어
많은 사람이 말하기를 죽었다 하나 27 예수께서 그 손을 잡아 일으키시
니 이에 일어서니라. 28 집에 들어가시매 제자들이 조용히 묻자오되 우
리는 어찌하여 능히 그 귀신을 쫓아내지 못하였나이까 29 이르시되 기
도 외에 다른 것으로는 이런 종류가 나갈 수 없느니라 하시니라.*(마가복
음 9장 14-29절)*

예수께서 변화산에 올라가셨다가 내려오니, 제자들이 서기관들에게 둘러싸여 변론을 하고 있었습니다. 많은 무리들도 함께 있었습니다. 그때 어떤 아버지께서, 어릴 때부터 귀신들려 고통받아온 아들을 데려와 제자들에게 치유받기를 원했으나, 저희가 아무런 능력도 행하지 못하였습니다.

치유의 대상은 10대 청소년이었습니다

본문 17절에 "선생님, 벙어리 귀신들린 내 아들을 선생님께 데려왔나이다" 그리고 25절에 "귀먹은, 귀신아, 내가 네게 명하노니 그 아이에게서 나오고 다시 들어가지 말라"하셨습니다. 여기서 말한 아이는 헬라어로 파이스라는 단어입니다. 이 뜻은 Boy*(소년)*, 젊은이라는 뜻입니

다. 다시 말하자면, 10대 청소년 아들입니다. 반면에 어린아이는 헬라어로 파이디온이라고 합니다.(눅 2:48)

◆ 이 아이는 영적으로 병든 자입니다

본문 17절과 "귀신들린 내 아들"이라고 하였습니다. 귀신은 '악한 영'입니다. 귀신인지, 성령의 역사인지 교회는 잘 분간해야 합니다. 이 아이는 어릴 때(막 9:21)부터 병든 외아들(눅 9:38)인데 귀신들린 자입니다. 귀신이 들어가니까 이상 증상을 초래합니다. 그래서 교회에서는 이 성경 구절로 인해 모든 간질병 환자를 귀신들린 자로 여기는 성경해석 방법이 생겼습니다.

귀신이 들리면 정신 이상을 초래합니다. 그렇다고 해서 모든 정신병이나 간질병이 귀신에 의한 것은 결코 아닙니다. 귀신은 영적인 방식으로 치유해야 합니다. 바로 예수님의 권위에 의한 능력으로 치유합니다. 하지만 정신병은 뇌의 병입니다. 여기 병든 외아들의 치유방식은 예수님의 권위 안에서 할 수 있는 유일한 방법입니다.

◆ 이 아이는 육체적으로 병든 자입니다

본문 17절에 "선생님, 벙어리 귀신들린 내 아들"이라고 명시하였습니다. 귀신이 육체에 임하여서 어릴 때부터 벙어리로 만들어 버렸습니다. 의사소통의 길을 막아버린 것입니다. 마음껏 뛰놀며 친구들과 함께 활동하며 재미있는 것도 보고, 맛있는 음식을 먹고, 말로 표현하고 싶지만, 전혀 그럴 수 없었습니다. 사랑하는 감정을 표현하고 전하고 싶지만 어떠한 표현도 할 수가 없었습니다.

◆ 이 아이는 정신적으로 병든 자입니다

본문 20절에 "귀신이 소리지르며, 아이로 하여금 심한 경련을 일으키게 하고…"라고 하였습니다. [막 17:15]에서는 간질병이라고도 말하고 있습니다. 간질을 우리나라에서는 뇌전증이라고 부르고 있습니다.

간질은 가장 흔한 신경질환증의 하나입니다. 이는 신경계를 침범하여 생기는 병으로, 중추신경계 기능을 혼란시키는 갑작스럽고 일시적인 장애입니다. 생리학적으로 간질은 뇌의 일정 부위에서 시작되는 갑작스럽고 과도한 신경방전*(Neuroral discharge)*에 의해서 생기는데, 반복적인 의식상실, 불수의적인 경련운동, 자율신경계 이상, 정신증상 등이 나타나는 것을 알 수 있습니다. 간질은 하나의 질환이라기보다는 하나의 증상입니다.

간질은 선천적 요인이 30%이어서 가족 간의 발생빈도가 높습니다. 후천적 요인은 70%로, 이는 특정한 뇌손상으로 찾아볼 수 있습니다. 가장 이상적인 치료는 약물요법입니다. 간질 발작의 분류에 따라 적절한 약물을 선택하는 게 중요합니다. 그것이 간질을 치료하는 현대적 방법입니다.

그러나 성경의 이 병든 아이는 귀신에 의한 간실 발작이 나타났기 때문에 예수님의 방법, 즉 영적 방식이 동원되어야 하는 것입니다. 일부 기독교계에서는 정신질환을 모두 귀신들림에 의한 것으로 주장하는 터무니없이 잘못된 신앙을 소유한 사람들도 있습니다.

[마 4:24]에서 “그의 소문이 온 수리아에 퍼진지라 사람들이 모든 앓는자 곧 각색병과 고통에 걸린 자(心), 귀신들린 자(靈), 간질하는 자(정신), 중풍병자(육체적 병)를 데려오니 저희를 고치시더라” 예수님의 치유하는 능력은 심신(心身)뿐만 아니라 정신적, 영적 부분까지 치유합니다.

치유하는 환경은 무력상태 그대로였습니다

이 아이를 치유하는 환경이 본문에 잘 나타나 있는데, 그건 문자 그대로 무력 상태임을 보여주고 있습니다.

◆ 제자들의 무력함

본문 18절에 “내가 선생의 제자들에게 내쫓아달라 하였으나, 저희가 능히 하지 못하더이다”라고 하였습니다. 예수님의 제자들은 예수님께서 치유하는 능력을 여러 번 경험하고 체험한 자들입니다.

[눅 9:1]에 보면 예수님께서 직접 열두 제자들을 모아놓고 모든 귀신을 제어하며 병을 고치는 능력과 권세를 주셨습니다. 벳세다에서는 소경이 눈을 뜨는 것을(눅 8:22-26) 체험했습니다.

거라사인 지방에서 군대귀신을 쫓아내시는(막 5:1) 영적 능력도 체험했습니다. 갈릴리 호숫가에서는 귀먹고 어눌한 자를 안수하여 고치시는(눅 7:31-32) 능력을 체험했습니다.

보리떡 5개와 물고기 2마리로 오천 명을 먹이시고, 또한 사천 명을 먹이시는(막 8) 어병이어의 사건도 체험했습니다. 게네사레에서는 예수의 옷가지라도 손만 대면 모두 병이 낫는 능력을 체험했습니다.

관 속에 있던 과부의 아들*(청년)*을 살려내는*(눅 7:11~17)* 능력도 체험했습니다. 그럼에도 불구하고 제자들은 아무것도 할 수 없는 무능력한 현실을 보게 됩니다.

◆ 이 세대의 무력함

본문 19절에 "대답하여 가라사대 믿음이 없는 세대여 내가 얼마나 너희와 함께 있으며, 얼마나 너희를 참으리요, 그를 내게로 대려오라"고 명하셨습니다.

이 세대를 살아가며 예수님은 수많은 치유의 능력을 제자들 앞에서 보이셨습니다. 그러나 제자들은 예수님이 없으면 아무것도 할 수 없는 안타까운 이 세대의 무력함을 보이게 됩니다. 치유하는 병원이 있는 것도 아닙니다. 치유하는 능력을 보일 수 있는 제자들이지만, 오직 자신들은 믿음을 사용하지 못했습니다. 참으로 안타까운 현실입니다. 예수님이 항상 제자들과 함께 할 수 없음을 말씀하시며, 그런 제자들의 현실을 보시고 책망하고 계십니다.

◆ 그 아이 아버지의 무력함

본문 22절에 "그러나 무엇을 하실 수 있거든 우리를 불쌍히 여기사 도와주옵소서"라고 하였습니다. 아버지는 예수님의 행적을 들었습니다. 또한 예수님 앞까지 나오기는 했지만 아직도 예수님의 능력을 믿지는 못했습니다.

그래서 예수님은 본문 23절에 "할 수 있거든이 무슨 말이냐, 믿는 자들에게는 능치 못할 일이 없느니라"라고 하셨습니다. 치유자이신 예수님이 곁에 있는데도, 그 아버지는 믿음이 없는 무력함을 보이고 있는 것입니다.

치유하는 능력은 예수님을 통해 보이셨습니다

예수님이 병든 10대 청소년을 치유하는 것을 잘 나타내고 있습니다.

◆ 치유하는 능력은 믿음을 통해서만 일어납니다

본문 19절에 "믿음이 없는 세대여, 내가 얼마나 너희와 함께 있으며…" 라고 했습니다. 제자들을 향해 믿음이 치유의 근본임을 알려주고 있습니다.

본문 24절 "곧 그 아이의 아비가 소리질러 가로되 내가 믿나이다, 나의 믿음없는 것을 도와주소서"라고 고백하였습니다. 마침내 그 아버지의 믿음이 곧 그 아이를 치유하게 된 것입니다.

[약 5:15]에 "믿음의 기도는 병든자를 구원하리니, 주께서 저를 일으키시리라. 혹시 죄를 범하였을지라도 사하심을 얻으리라"고 하였습니다. 겨자씨만한 믿음이 있어도 산을 옮길 수 있다고 주님께서 말씀하고 계십니다.

믿는 자에게는 능치 못할 일이 없으리라고 말씀하고 있습니다. 병든 자에게 가장 중요한 것은 믿음입니다. 치유하는 능력은 믿음으로 정복하는 것입니다.

◆ 치유하는 능력은 축사 사역을 통해서 일어납니다

본문 25절 "가라사대 벙어리되고 귀먹은 귀신아 내가 네게 명하노니 그 아이에게서 나오고 다시 들어가지 말라" 하셨습니다.

놀라운 사실을 발견했습니다. 예수님이 옆에 계시는데도 귀신이 사역하고 있었다는 사실입니다.

본문 20절에 "귀신이 예수를 보고 곧 그 아이로 심한 경련을 일으키게 하는지라 저가 땅에 엎드러져 구르며 거품을 흘리더라"라고 하였습니다.

교회나 기도원에서도 귀신은 사역할 수 있습니다. 그들은 십자가와 교회를 무서워하지만, 그래도 사역할 수 있다는 말입니다. 그래서 귀신을 쫓아내기 위해서는 축사 사역이 중요합니다.

본문 25절처럼 "더러운 귀신을 꾸짖어 가라사대… 내가 네게 명하노니" 라고 예수님은 축사 사역을 하였습니다.

그런데 "귀신이 소리지르며 아이에게 심한 경련을 일으키게 하고 나가니 그 아이가 죽은 것 같이 되어, 많은 사람이 말하기를 죽었다"라고 하였습니다. 귀신이 나가면서 10대 청소년을 녹 다운시킨 것입니다. 우리는 예수님의 이름으로 명하노니 "귀신아 물러가라!"라고 축사하는 것이 중요합니다.

◆ 치유하는 능력은 기도를 통해서 일어납니다

본문 29절에 "이르시되 기도 외에 다른 것으로는 이런 종류가 나갈 수 없느니라"라고 하였습니다. [약 5:14]에 "너희 중에 병든 자가 있느냐. 저는 교회의 장로들을 청할 것이요, 그들은 주의 이름으로 기름을 바르며 위하여 기도할지니라" 그러면서 15절에 "믿음의 기도가" 병든 자를 고치신 것을 성경은 말씀하고 있습니다.

오늘 우리는 병든 10대 청소년의 아픔을 보았습니다. 영적으로 병들고, 육체적으로 병들고 정신적으로 병들어 불행한 삶을 경험했습니다. 당시 현실적으로 치유하는 그 어떤 능력을 보일 수 없는 환경을 보았습니다. 시대적으로 아무것도 할 수 없는 무력한 환경을 맛보았습니다.

영적으로 병든 자를 고치는 치유는 예수님의 이름 밖에 없습니다. 그러나 정신적으로 병든 수많은 사람들이 우리 곁에 있습니다. 이제 우리의 현실은 과거와 다릅니다. 예수님 당시에는 가는 곳마다 그 어디에도 병원 하나 없었습니다.

오직 예수님만이 치유의 비결이었습니다. 이제는 과학의 발전으로 새로이 발견 된 진리를 우리에게 보이십니다. 그로 인해 정신질환과 귀신들림을 구분할 수 있게 되었습니다.

귀신들린 자는 논리적인 말을 잘 할 수 있습니다. 그러나 정신병에 걸린 사람은 정신이 온전하지 않기 때문에 그렇게 할 수 없습니다.

귀신들린 자는 십자가나 교회를 싫어합니다. 그러나 정신병에 걸린 사람은 그런 것에 상관하지 않습니다. 교회가자고 하면 교회에 가고, 기도원에 가자하면 기도원을 따라 다닙니다.

귀신들린 자는 초월적인 능력을 보일 수 있으나, 정신병에 걸린 사람은 그렇게 할 수 없습니다.
귀신들린 자는 현실적으로 분리된 개성을 갖고 있으나, 정신병에 걸린 자는 현실적인 대화가 불가능합니다.
귀신들린 자는 예수님의 이름에 부정적이고, 정신병에 걸린 자는 아무런 상관이 없습니다.
귀신들린 자는 과거에 강령술이나 사탄 숭배에 참석한 경험이 있는 자들에게 발생하나, 정신병은 그것과 아무런 관계도 없습니다.
귀신들린 자는 치료에 응하지 않는데 반해 정신병환자는 치료에 응합니다.
귀신들린 자는 초자연적인 지식을 가지고 있습니다. 그러나 정신병에 걸린 사람은 그런 지식이 없습니다. 예를 들어 성경 속에서 '예수를 하나님의 아들'로 인정하고 처음 오심을 고백한 것은 군대 귀신들린 자였습니다.
귀신들린 자는 축사 사역이 중요합니다. 믿음의 기도가 병을 고칩니다. 현대의 정신질환 치유는 심리적 기법이나 약물 요법이 있습니다. 이는 정신장애가 뇌 기능의 이상이기 때문입니다. 현대를 살아가면서 만나는 치유상담자들은 병의 근원이 영적인 것인지, 정신적인 것인지 먼저 구분해서, 어떻게 치유할 것인가를 결정해야 합니다. 그러려면 상담자는 진리의 학문인 치유기법을 잘 익혀야 합니다.

치유의 근본은 하나님이십니다. 인간을 만드신 이가 하나님이기 때문에 하나님께 의지하는 믿음의 기도는 병을 고치는 본질인 것입니다. 그래서 치유상담자는 과학적 통찰력을 키우는 한편, 믿음의 기도로 살아가야 합니다.

사마리아 여자의 치유

3 유대를 떠나사 다시 갈릴리로 가실새 4 사마리아로 통행하여야 하
겠는지라 5 사마리아에 있는 수가라 하는 동네에 이르시니 야곱이 그
아들 요셉에게 준 땅이 가깝고 6 거기 또 야곱의 우물이 있더라 예수께
서 길가시다가 피곤하여 우물 곁에 그대로 앉으시니 때가 제육시쯤 되
었더라 7 사마리아 여자 하나가 물을 길러 왔으매 예수께서 물을 좀 달
라 하시니 8 이는 제자들이 먹을 것을 사러 그 동네에 들어갔음이러라
9 사마리아 여자가 가로되 당신은 유대인으로서 어찌하여 사마리아 여
자인 나에게 물을 달라 하나이까 하니 이는 유대인이 사마리아인과 상
종하지 아니함이러라 10 예수께서 대답하여 가라사대 네가 만일 하나님
의 선물과 또 네게 물 좀 달라 하는 이가 누구인 줄 알았더면 네가 그에
게 구하였을 것이요 그가 생수를 네게 주었으리라 11 여자가 가로되 주
여 물 길을 그릇도 없고 이 우물은 깊은데 어디서 이 생수를 얻겠삽나
이까 12 우리 조상 야곱이 이 우물을 우리에게 주셨고 또 여기서 자기
와 자기 아들들과 짐승이 다 먹었으니 당신이 야곱보다 크니이까 13 예
수께서 대답하여 가라사대 이 물을 먹는 자마다 다시 목마르려니와 14
나의 주는 물을 먹는 자는 영원히 목마르지 아니하리니 나의 주는 물은

그 속에서 영생하도록 솟아나는 샘물이 되리라 15 여자가 이르되 주여
이런 물을 내게 주사 목마르지도 않고 또 여기 물 길러 오지도 않게 하
옵소서 16 가라사대 가서 네 남편을 불러 오라 17 여자가 대답하여 가로
되 나는 남편이 없나이다 예수께서 이르시되 네가 남편이 없다하는 말
이 옳도다 18 네가 남편 다섯이 있었으나 지금 있는 자는 네 남편이 아
니니 네 말이 참되도다 19 여자가 이르되 주여 내가 보니 선지자로소이
다.*(요한복음 4장 3-19절)*

예수님께서는 유대지방에서 많은 제자를 삼으시고 그들에게 세례를 주었습니다. 예수님께서 요한보다 더 많은 활동을 하자 바리새인들은 예수님을 핍박하려 했습니다. 이를 알게 된 예수님은 그들의 사악한 음모를 피하기 위해 유대를 떠나 갈릴리로 가서 안정적으로 활동하려 하였습니다. 예수님이 사역하는 당시에는 유대 지방, 사마리아 지방, 갈릴리 지방의 세 지방으로 구분되어 있었습니다. 유대에서 갈릴리로 가려면 사마리아를 통과해야만 했습니다. 예수님께서는 사마리아의 수가성에 있는 야곱의 우물가에 이르러 쉬고 있을 때, 상처투성이 사마리아 여인을 만나 치유하여 주었습니다. 이 시간 사마리아 여자를 치유한 말씀으로 은혜 받기를 원합니다.

사마리아의 수가성 야곱의 우물가에 오셨습니다

본문 4~5절에 "사마리아로 통행하여야 하겠는지라, 사마리아에 있는 수가라 하는 동네에 이르시되"라고 하였습니다. 사마리아의 수가성 우

물가에 오신 예수님은 어떤 분이십니까?

◆ 참 인성을 지닌 예수님이십니다

본문 6절에 "…예수께서 길 가시다가 피곤하여 우물 곁에 그대로 앉으시니… 그때가 제육시쯤 되었더라"라고 하였습니다. 여행자의 피곤한 인간의 모습을 그대로 보여주고 있습니다. 아직도 제육시밖에 안되었고, 그의 하루 여행의 절반 밖에 못 마쳤는데 벌써 피곤하였습니다.

여기서 보여준 예수님의 인성은 연약한 육체의 모습을 그리고 있습니다. 그날 제육시가 무더웠기 때문에 빨리 지쳤을 수 있습니다. 그리고 그는 가난한 사람이었습니다. 말이나 수레를 타고 여행할 수도 있었겠지만, 자기 자신을 낮추시며 내내 도보로 여행하셨습니다. 그는 또한 다른 여행자들처럼 휴식을 취하였습니다. 소파나 안락의자에 편히 쉬는 게 아니라 딱딱하고 거친 장소인 우물 곁에 앉아 있었습니다.

◆ 친절을 베푸시는 예수님이십니다

본문 7절에 사마리아 여자 하나가 물을 길러 왔으매 예수께서 "물을 좀 달라"고 하셨습니다. 또 9절에 "당신은 유대인으로서 어찌하여 사마리아 여자인 나에게 물을 달라 하나이까."

당시 유대인들과 사마리아인들은 상종도 하지 않았습니다. 사마리아 인들은 혈통과 종교에 있어서 '혼혈 유대인'이었기 때문입니다.

앗수르 왕이 열 지파를 포로로 만든 후 그곳에 이주시킨 식민지의 후손들입니다. 이 후손들이 불모의 땅인 박토에 남았던 유대인과 이후에 돌아온 다른 많은 유대인들과 혼합되었습니다. 그들은 예루살렘과 경쟁하려고 그리심 산에 사원을 세우고 오직 이스라엘 하나님께만 예배하였습니다. 사마리아인들과 유대인들 사이에는 큰 적개심이 있었습니다. 그래서 예수님께서도 자기 제자들에게 "이방인의 길로도 가지 말고, 사마리아인의 고을에도 들어가지 말고"라고 했었습니다*(마 10:5)*. 그곳에서는 그 어떤 복음도 어떤 표적도 행하지 말고 오직 "이스라엘 집의 잃어버린 양"에게로 돌아가는 것이었습니다. 그런데 이 어찌된 일일까, 예수님이 사마리아 여자에게 친절을 베푸시며 물을 달라고 요청하는 것입니다. 그래서 목회상담은 찾아가는 상담이라고 합니다. 잃어버린 양을 구원하기 위한 예수님의 선택이요, 선구적인 만남인 것입니다.

◆ 상담자로 오신 예수님이십니다

이 사마리아 여인은 남편이 다섯이나 있었습니다. 그럼에도 주님께서 "남편을 불러오라"고 말씀하실 때 "나는 남편이 없나이다"라고 대답하였습니다*(16절, 17절)*. 그럴 때 예수님은 왜 거짓말 하느냐고 채찍하거나 비난하지 아니하고 "지금 있는 자는 네 남편이 아니니 네 말이 참되도다"*(18절)*라고 말씀하셨습니다. 예수님의 상처 난 여인을 향한 공감적 이해를 통해 더욱 접근하고 있는 모습을 보게 됩니다.

◆ 신성을 지닌 예수님입니다

• *하나님의 선물이신 예수님이십니다.*

본문 10절에 "예수께서 대답하여 가라사대 네가 만일 하나님의 선물과 또 네게 물을 좀 달라 하는 이가 누구인 줄 알았더면 네가 그에게 구하였을 것이요, 그가 생수를 네게 주었으리라"고 하였습니다.

예수님은 자신을 하나님의 선물이라고 표현하고 있습니다. 하나님의 선물은, 즉 하나님이 우리를 사랑하사 독생자를 이 땅에 보내주신 바로 그 분 예수 그리스도입니다. 지금 물을 달라고 하신 그 분이 하나님의 선물이라는 말입니다. 하나님의 선물인 예수님은 우물가의 여인 곁에 있듯 항상 우리 곁에 계십니다.

• *생수이신 예수님이십니다.*

본문 10절 하반절에 "…그가 생수를 네게 주었으리라"

본문 13절에 "예수께서 대답하여 가라사대 이 물을 먹는 자마다 목마르려니와" 또 14절에 "…내가 주는 물을 먹는 자는 영원히 목마르지 아니하리라 나의 주는 물은 그 속에서 영생하도록 솟아나는 샘물이 되리라"고 하였습니다.

생수는 성령의 은혜와 같습니다. 갈급한 영혼을 만족시켜주는 성령의 은혜입니다. 생수는 영원히 목마르지 않은 영생수입니다. 그 분이 성령이고 바로 예수 그리스도이십니다.

야곱의 우물가에서 사마리아 여자는 예수님을 만났습니다

본문 7절에 "사마리아 여자 하나가 물을 길러왔으매 예수께서 물을 좀 달라 하시니"라고 하였습니다.

◆ **생리적 육체적 욕구를 충족하려는 여자입니다**

본문 7절에 "…물을 길러왔다"고 하였습니다. 인간은 갈증을 채우기 위해 물을 먹지 않고는 살 수 없습니다. 갈증을 채우는 것은 인간의 기본적 욕구입니다. 바로 생리적 욕구를 충족시키려 우물가에 온 것입니다. 이 땅에 육신이 살기 위한 기본적 욕구입니다. 물론 생리적 욕구는 아무리 많이 마셔도 또 먹고 싶은 일시적 만족의 한계성을 가지고 있습니다.

◆ **사랑의 욕구***(본성)***를 채우는***(심리적 욕구)* **여자입니다**

본문 18절을 보면 "네가 남편 다섯이 있었으나 지금 있는 자는 네 남편이 아니니…"라고 하였습니다.

인간의 또 하나의 욕구가 사랑의 욕구입니다. 이것은 인간의 본성입니다. 일찍이 Freud는 인간에게 Eros의 본능과 Thanatos의 본능이 있다고 하였습니다.

사마리아 여자는 다섯 남편으로부터 사랑의 욕구를 채우려 하였으나 만족함을 느끼지 못하고 동거만 하고 모두 헤어졌습니다.

사랑은 부부관계의 중요한 조건입니다. 사랑은 남녀노소 할 것 없이 매우 필요합니다. 특히 에로스의 사랑은 말할 수 없는 에너지요, 뇌 자체도 건강하게 합니다.

※ 재미있는 실험결과가 있습니다. 애인 사진과 아이의 사진을 보여주고 그 사진을 보았을 때 뇌의 활성도를 조사했습니다. 아이의 사진을 봤을 때는 활성화된 곳이 대상회전피질, 전두엽 등이었고 애인의 사진을 봤을 때는 대상회

전피질, 전두엽 그리고 해마가 큰 자극을 받았습니다.

해마에서는 항상 새로운 뉴런을 만들어 낼 수 있습니다. 해마의 오래된 뉴런을 바꾸려면 사랑이 최고입니다. 새로운 뉴런이 자라기 위해서는 약 1개월이 걸립니다. 신생 뉴런으로 채워진 해마는 원기를 회복할 것입니다. 우리가 불행하다고 느낄 때도 행복한 뇌로 바꾸려면 사랑이 최고입니다.

그러나 사랑의 욕구가 삶의 필요 조건이지만 결국 이것만으로 만족되는 것은 아닙니다. 여인은 다섯 번이나 사랑의 상실을 경험한 사람입니다. 결국 사랑만으로 살 수 없었던 모습을 드러내고 있습니다.

◆ **종교적 본능***(영적 본능)***을 지닌 여자입니다**

본문 15절에 "…여자가 가로되 주여 이런 물을 내게 주사 목마르지도 않고 또 여기 물 길러 오지도 않게 하옵소서"라고 하였습니다.

여기서 물이란 예수께서 말씀하신 영원히 목마르지 않는 생수요, 영생하도록 솟아나는 샘물*(10절, 14절)*을 가리킵니다. 사마리아 여자는 우물가를 통해서 생리적 욕구를 아무리 채워도 결코 만족할 수 없습니다. 사랑을 찾아 다섯 남편을 가졌으나 영원한 만족을 얻을 수 없었습니다.*(다섯 번의 상실을 경험, 상처)*

영원한 만족은 이 세상 그 어디에도 없습니다. 영원히 목마르지 않는 생수를 찾는 그녀의 종교적 본성은 참으로 하나님의 은혜입니다.

생수는 성령입니다. 인간의 영혼 속에 역사하시는 하나님의 은혜입니다. 믿는 자가 쟁취하는 생수입니다*(요 7:38-39)*. "나를 믿는 자는 … 그 배에서 생수의 강이 흘러나리라"라고 하셨습니다.

사마리아 여자는 치유함을 받습니다

사마리아 여자는 상처 난 심령입니다. 다섯 남편이 있었으니 다섯 번 결혼하고 다섯 번의 이별을 경험한 여자입니다. 결혼이 몸과 기대와 축복을 심어줄 것을 생각했습니다. 그러나 다섯 번의 이별로 좌절과 실패와 상처를 경험한 여자입니다. 다섯 번의 반복된 결혼과 이별의 경험에서 수많은 쓰라림과 가슴에 멍이 든 상처를 지닌 사람입니다.

사마리아 여자는 실패를 반복한 삶의 표현입니다. 이러한 사마리아 여자가 치유함을 받는 감격적인 경험을 하고 있습니다.

◆ 사마리아 여자는 예수님과 단독적인 만남을 갖게 되었습니다

본문 7절에 "사마리아 여자 하나가 물을 길러 왔으매 예수께서 물을 달라 하시니", 또 8절에 "이는 제자들이 먹을 것을 사러 동네에 들어갔음이러라"고 하였습니다.

사마리아 여자는 예수님을 단독적으로 만났습니다. 예수님과의 1:1의 상담으로 사마리아 여자에게 접근하여 우물가의 상황에 맞게 물을 소재로 하여 전개하고 있습니다.

◆ 사마리아 여자에게 자기 통찰이 일어났습니다

본문 17절에 "여자가 대답하여 가로되 나는 남편이 없나이다. 예수께서 가라사대 네가 남편이 없다하는 말이 옳도다"라고 하였습니다. 18절에 "네가 남편이 다섯이 있었으나 지금 있는 자는 네 남편이 아니니 네 말이 참되도다"라고 하였습니다.

사마리아 여자는 자기도 모르는 사이에 자기의 죄를 인정하고 자기의 잘못을 깨달았습니다. 예수님은 이 여자를 향하여 책망하지도 않고 그녀의 감정을 상하지 않도록 온화하고 부드럽게 그녀의 양심에 모든 걸 맡기고 그녀를 수용하여, 공감함으로써 자기 통찰이 일어난 것입니다.

◆ 사마리아 여자의 영안이 열렸습니다

본문 19절에 "여자가 가로되, 주여 내가 보니 선지자로소이다"라고 하였습니다. 대부분의 사람들은 자기의 수치와 허물이 드러나면 격분하곤 합니다. 자신의 잘못된 과거를 지적해줄 그 분을 향하여 존경의 표시로 "주여!"라고 부르면서 예수님이 선지자로 보이기 시작한 것입니다. 그녀는 사람의 마음을 꿰뚫고 통찰하시는 예수님과 가까이 하고 계십니다. 점차 그는 "예수님을 메시아 곧 그리스도"임을 알게 된 것입니다.

◆ 사마리아 여자의 갈급한 영혼이 치유되었습니다

본문 28절에 "여자가 물동이를 버려두고 동네에 들어가서 사람들에게 이르되" 29절 "나의 행한 모든 일을 내게 말한 사람을 와 보라, 이는 그리스도가 아니냐 하니" 30절 "저희가 동네에서 나와 예수께로 오더라"

사마리아 여인은 영원히 목마르지 아니한 생수를 주어 다시는 목마르지 않게 해 달라고 주께 간청하였습니다*(14-15절)*. 그러자 그녀는 예수님이 그리스도임을 알고 완전히 변화되어 물동이를 버려두고 전도했습니다. 갈급한 영혼이 치유의 기쁨을 맛보게 됩니다.

야곱의 우물(*6절*)은 일시적인 기갈을 채우는 한계성의 장소입니다. 개인적, 생리적, 육체적 욕구를 채우기 위한 삶의 샘터입니다. 사마리아 여인의 목마른 갈증을 채우기 위한 야곱의 우물은 우리의 욕구를 영원히 채울 수 없습니다. 우물가에 온 이 사마리아 여인은 사랑과 행복을 채우기 위해 다섯 명의 남편과 동거하였으나 그 어떤 만족보다는 불행과 아픔과 상처투성이였습니다. 영원히 목마르지 아니하는 생수를 달라는 그녀의 종교적, 영적 갈망은 마침내 예수님과의 단독적인 만남으로 완전히 해결되었습니다.

야곱의 우물가는 곧 우리의 삶터입니다. 그곳은 바로 직장이요, 사업장이요, 우리가 살아가는 처소입니다. 사마리아 여인처럼 늘 우리는 생리적 상실을 경험합니다. 육체적, 생리적 욕구를 채우기 위해서 인간은 먹어도 또 먹고 싶고, 마셔도 또 마시고 싶고, 먹어도 또 먹어야 매일 매일을 살아갈 수 있습니다.
우물가는 일시적 기갈을 채울 수는 있지만 영혼의 만족을 채울 수는 없습니다. 우리는 육체적, 생리적 상실을 경험합니다. 그것을 딛고 일어서야 합니다.
무엇을 먹을까, 무엇을 입을까, 무엇을 마실까, 염려하지 말라고 주님은 말씀하셨습니다. 심리적, 육체적 목적이 인간이 살아가는 근본 목적이 아니라는 사실입니다.

우리는 여기 사마리아 여인처럼 심리적 상실을 늘 경험하며 살아갑니다. 남편 이 다섯이나 있었지만 사랑의 만족을 못 느끼고 수없이 관계적 상실을 거듭하며 살아갑니다. 현대인들은 심리적 상실이 극에 달했습니다. 그래서 수많은 사랑의 상실로 인해 심적 아픔과 고통과 상처를 지닌 우리를 위해 예수님이 1:1의 상담자로 우리 곁에 와 계십니다.

우리는 사마리아 여인처럼 영적 상실을 경험할 때 영적 욕구를 갈망해야 합니다. 끊임없이 영원히 목마르지 않는 생수를 구해야 합니다. 먼저 찾아와 우리 곁에 계신 주님과의 1:1의 만남을 통해 치유함을 얻은뒤 물동이를 버려두고 구원의 주인되시는 그리스도 메시아를 전하는 기쁨을 체험해야 됩니다.

우리는 영적 욕구를 채워주는 생수를 마셔야 합니다. 우리는 예수 그리스를 만나야 합니다. 생수는 성령입니다. 우리는 영원히 목마르지 아니하는 솟아나는 샘물이 되어 행복의 기쁨과 영혼의 기쁨을 누려야 합니다. 우리는 성령의 은혜가 충만히 넘쳐 흘러 불행도, 고통도, 쓰라림도 치유되는 영혼의 기쁨을 누려야 합니다.

치유 삼제*(三題)*

또 형제들아 너희를 권면하노니 규모 없는 자들을 권계하며 마음이 약한 자들을 안위하고 힘이 없는 자들을 붙들어 주며 모든 사람을 대하여 오래 참으라.*(데살로니가전서 5장 14절)*

기독교 상담에서 J.E. Adams 는 권면적 상담을 주장하였으며 로랜스 크랩*(L. Crabb)*은 '성경적 상담'을 주장하며 성경과 심리학을 통합하여 격려, 권고, 교화 등의 3가지를 강조하였습니다.

오늘 읽어드린 본문에 나오는 권면이라는 단어는 상담의 총체적 용어이며 '권계', '안위', '붙들어주며*(지지)*'는 상담을 뜻하는 또 다른 단어들입니다.

기독교의 상담은 치유상담입니다. 상담은 사람이 하되, 치유의 근본은 하나님이 하십니다. 그래서 기독교 상담은 목회상담이 아니라 치유상담이 가장 성경적인 용어입니다. 본문은 상담을 통해 치유하는 3가지 면을 강조하고 있습니다.

첫 번째 치유삼제, 규모 없는 자들을 치유하는 일입니다

본문 14절에 "…규모 없는 자들을 권계하시며"라고 하였습니다. '권계'는 '누데 테오*(권면하다, 훈계하다)*' 입니다.

규모 없는 자는 헬라어로 '아타크투스'(ατακτους)인데 원래 군대의 대열에서 벗어난 자를 가리키는 데서 나온 단어입니다. 여기서의 '규모 없는 자'는 원어적으로 다음과 같은 여러 가지 의미를 지니고 있습니다.

◆ 규모 없는 자는 제자리*(위치)*를 지키지 못하고 떠나 있는 사람입니다

있어야 할 자리에 제자리를 지키지 못하고 떠나 있는 자입니다.

• *아들(자식)의 자리는 부모를 공양해야 할 자리입니다.*

지난 번 도박 빚에 못이겨 모자 살해 후 시신을 암매장하는 엄청난 사건이 인천에서 일어났습니다. 둘째 아들이 엄마와 형님을 살해해서 암매장한 패륜 범죄를 저지른 것입니다. 자식이 제 자리를 지키지 못한 것입니다. 경찰청에 따르면 우리나라는 지난 5년간 부모살해 범죄가 1주일에 1건씩 발생하고 있다니 이 얼마나 엄청난 일입니까? 제 자리를 지키지 못하는 것은 정신적인 문제가 있는 것입니다.

• *아버지가 제자리를 지키지 못하고 떠나 있는 자입니다.*

지난 9월에 하남시에서 발생한 사건은 한 아버지가 경륜에 빠져 일확천금의 허황된 꿈을 버리지 못하고 신용불량자가 되었고 마침내 여고생을 흉기로 위협하다 저항하자 그녀를 살해하였습니다. 아버지로서, 가장으로서의 제자리를 지키지 못한 사건입니다.

또 어떤 70대 할아버지는 부산에서 간암 판정을 받자 자식들에게 수술비, 병원비 등의 부담을 주기 싫어 유서를 남기고 스스로 목숨을 끊었습니다. 자신의 고귀한 생명을 지키지 못하고 떠난 것입니다.

우리나라의 65세 이상 노인인구가 613만여 명인데 독거노인은 2013년에 125만으로 전체 노인의 20%를 차지하고 있습니다. 노인 4명 중 1명이 혼자 사는 셈입니다. 그리고 노인의 30만 명이 독거노인 고독사 위험군에 속해 있습니다. 노인 자살률이 OECD 국가 중 최고인데 2011년 65세 이상의 노인 10만 명당 자살수가 81.9명이었습니다. 일본은 17.9명이고 미국은 14.6명인데 비하면 상상할 수 없을 정도로 많은 셈입니다.

우리나라의 많은 청소년들도 제 생명을 지키지 못하고 떠나는 일이 종종 있습니다. 청소년의 사망 원인 중 1위가 자살이며*(약 13%)*, 청소년 10만 명 중 13명이 스스로 목숨을 끊고 있습니다.

한편 우리나라의 지난해 자살은 하루 평균 38.8명인데, 한 해 자살자 수는 1만 4,161명으로 전년도에 비해 11% 줄었다고 통계청이 발표하였습니다. 인구 10만 명당 28.1명이 자살하였는데 이 자살률은 OECD 회원국의 평균인 12.5명의 2배를 넘어서 여전히 1위를 차지하고 있습니다.

• *부부가 제자리를 지키지 못하고 떠나 있습니다.*

가정폭력이 있습니다. 작년 이혼 건수는 110만 명에 달해 결혼 4년차 이혼보다 황혼 이혼이 더 많아지고 있습니다.

결국 규모 없는 자란 정도에서 벗어난 자입니다. 정상적인 인격에서 벗어나면 인격장애가 됩니다. 정상적인 정신에서 벗어나면 정신장애가 됩니다. 정도(正道)로부터 벗어난 것입니다. 그것은 정신적인 문제가 있는 것입니다. 규모 없는 자는 정신 치유를 받아 회복되어야 합니다.

◆ 규모 없는 자는 불복종하는 사람입니다

· 선생님 말씀에 불복종하는 학생이 있습니다.

· 상사의 말에 불복종하는 직원이 있습니다.

· 하나님 말씀에 불복종하는 성도가 있습니다.

· 성도가 살아가야 할 기준은 성경이 그 표준입니다.

· 성도가 지켜야 할 신앙생활의 첫째는 주일성수입니다.

· 성도가 지켜야 할 신앙생활의 두 번째는 감사하는 삶입니다.

· 성도가 지켜야 할 신앙생활의 세 번째는 십일조 하는 삶입니다.

십일조는 소득의 부분을 드리는 것이 아닙니다. 전체 소득의 십의 일을 드리는 것입니다.

어떤 사람들은 십일조를 가지고 선교비로 쓰는 사람도 있습니다. 또 구제비로 쓰는 사람도 있습니다. 또 생활비로 쓰는 사람도 있습니다.

또 어떤 사람은 사무실 운영비로 쓰는 사람도 있습니다. 그리스도인이 비 그리스도인과 다른 점은 성경을 표준으로 살아가는 삶입니다.

◆ 규모 없는 자는 질서가 없는 사람입니다

교통에도 질서가 있습니다. 교통사고 사망률 역시 OECD 회원국 중 최고입니다.

• *법과 질서, 양심을 무시하는 자입니다.*

이런 자를 반사회성 인격장애라 부릅니다.

공무원들에게 뇌물을 주어 청탁하는 것도 질서가 없는 자입니다.

우리나라의 고급 공무원들, 검찰, 금감원, 그리고 국세청에 근무하던 사람들이 퇴직 후 대기업의 이사로 등제해 놓고 최고의 대우를 받는데, 이것이 부정부패의 길잡이가 됩니다. 이런 부패의 온상이 우리나라에서 일어나고 있는데 이를 가리켜 '엘리트 카르텔'이라고 합니다. 한국 사회는 조직적으로 정신적인 문제가 있습니다.

• *아이들이 천방지축 질서 없는 행동을 하면 ADHD라고 합니다.*

가정에도 사회에도 질서가 필요합니다. 규모 없는 자는 질서가 없는 자를 가리킵니다.

• *규모 없는 자는 게으른 사람입니다.*

하나님은 인간에게 최초로 명령한 것이 있는데, 그것이 문화명령입니다. 땀 흘려 일하는 명령입니다.

· 게으른 자는 나태한 자입니다.

· 제때 일을 하지 않고 미루는 자입니다.

· 제때 일하는 자가 기회를 찾고 성공합니다.

· 게으른 자의 반대말은 열심히 하는 자입니다.

· 열심히 땀을 흘리는 자입니다.

그 명령을 수행하기 위해 땀을 흘려 일을 해야 합니다. 요즘 우리나라의 백수건달이 240만 명에 이른다고 합니다. 속칭 NEET족이 많아지고 있습니다. NEET 족이란 Not in Education(*무교육*), Employment(*무노*

동), Training(훈련, 취업)의 약자입니다.

여기서 나타난 정신적 문제가 있는데 일본에서는 '히키코모리'라 하고 우리나라에서는 '은둔형 외톨이'라고 합니다. 이런 사람들이 극단적인 행동을 하고 자살을 하기도 합니다.

두 번째 치유삼제, 마음이 약한 자를 치유하는 일입니다

본문 14절 "...마음이 약한 자를 안위하고…"라고 하였습니다.

[마 4:24]에 "사람들이 모두 앓는 자, 곧 각색병과 고통에 걸린 자, 귀신들린 자, 간질하는 자, 중풍병자들을 데리고오니 저희를 고치시더라"고 하였고, [고전 11:30]에 "…너희 중에 약한 자와 병든 자가 많다"고 하였습니다.

고통에 걸린 자, 약한 자는 모두 마음이 약한 자를 가리키는 단어들입니다. 마음이 약하면 정신기둥의 자아가 약해지거나 무너져 여러 가지 신경증이나 정신증을 야기합니다. 마음이 약한 자를 상담하며 치유하는 것이 심리치료입니다.

◆ 마음이 약한 자는 근심이 있는 사람입니다

[요 14:1] "너희의 마음에 근심하지 말라, 하나님을 믿으니 또 나를 믿으라"

[요 14:27] "평안을 너희에게 끼치노니…너희는 마음에 근심하지 말고 두려워 하지도 말지니라"

[요 16:6] "너희 마음에 근심이 가득 하였도다"

[마 8:26] "어찌하여 무서워 하느냐 믿음이 적은 자들아"

[잠 12:25] "근심이 사람의 마음에 있으면 그것으로 번뇌케 하나, 선한 말은 그것을 즐겁게 하느니라"

근심 걱정이 마음에 있으면 참된 평안이 없습니다. 참 평안의 축복은 주께 의지하는 것입니다. *(시 91:9-11)*

◆ 마음이 약한 자는 불안이 있는 사람입니다

[시 38:8] "내가 피곤하고 심히 상하였으매 마음이 불안하여 신음하나이다"

[시 42:5] "내 영혼아 네가 어찌하여 낙망하며 어찌하여 내 속에서 불안하여 하는고"

[시 77:3] "내가 하나님을 생각하고 불안하여 근심하니 내 심령이 상하도다"

[시 55:5] "두려움과 떨림이 내게 이르고 황공함이 나를 덮었도다"

불안은 정신병리의 근본입니다.

심리적으로 근심, 염려, 불안, 공포, 공황 등이 엄습하면 아무런 평화도 소유할 수 없습니다. 왜냐하면 수많은 불안장애, 정신장애를 앓기 때문입니다.

뇌에는 억제성 신경전달물질이 있는데, 이를 GABA라 부릅니다. 이 GABA가 부족하면 불안센터인 기저핵의 과잉활성화로 흔히 범불안장애, 공황장애, 외상 후 스트레스장애, 광장공포증을 일으킵니다. 또 GABA가 부족하면 정서적 안정센터인 측두엽의 기능장애를 일으켜 특정한 이유 없이 불안이나 공포가 일어나기도 합니다. 짜증을 잘 내기도 하고, 화를 잘 내고, 음울하고 폭력적 사고를 하기도 하며 매사에 부정적인 반응을 보이기도 합니다.

한편 세로토닌이 부족하면 전대상회의 활동량이 증가하며 강박장애, 공황장애, PTSD를 일으키기도 합니다.

◆ 마음이 약한 자는 슬픔이 있는 사람입니다

슬픔이 있는 사람은 우울증이 있습니다.

[시 31:9-10] "여호와여 내 고통을 인하여 나를 긍휼히 여기소서. 내가 근심으로 눈과 혼과 몸이 쇠하였나이다. 내 생명은 슬픔으로 보내며 나의 해는 탄식으로 보냄이여. 내 기력이 나의 죄악으로 약하며 나의 뼈가 쇠하도소이다"

마음의 병은 신경전달물질의 불균형에 의해 기인됩니다. 그 중에 세로토닌이 부족하면 우울과 불안이 오고 식욕장애나 수면장애가 초래되고 공황장애나 강박장애까지 올 수 있습니다.

노르에피네프린이 부족하면 의욕상실이 오고 도파민이 부족하면 쾌감상실에 이르게 됩니다. 특히 가을이나 겨울이 되면 일조량의 부족으로 세로토닌의 분비가 안 되어 우울증에 이르고 자살까지 하게 됩니다. 이때 걸리는 우울증을 '계절성 우울증'이라고 합니다.

또 가면 우울증도 있습니다.

[잠 14:13]에 "웃을 때에도 마음에 슬픔이 있고"라고 하였습니다. 우울증이 가면으로 나타나면 사람들이 잘 모르게 됩니다. 가면우울증이

어릴 때에는 학교거부증 등으로 나타날 수 있습니다.

청소년기의 가면우울증은 비행, 가출, 약물남용 등으로 나타날 수 있습니다. 또한 성인의 가면우울증은 가정폭력, 성적 무관심, 일중독 등으로 나타납니다.

◆ 마음이 약한 자는 고통을 지고 있는 사람입니다

[사 38:15] "내 영혼의 고통을 인하여 내가 종신토록 각근히 행하리이다"

[렘 4:18] "그 고통이 네 마음에까지 미치느니라"

[잠 14:10] 마음의 고통은 자기가 알고

마음의 고통은 어떤 것입니까?

· 비탄에 잠긴 자입니다. 슬프고 비통한 사람입니다.

· 괴롭고 쓰라린 사람입니다.

· 파괴적이고 난폭하고 유해하며 치명적인 사람입니다.

· 심리적 치유가 필요한 사람입니다.

마음의 고통을 받는 자, 우울한 자, 불안한 자를 심리치료를 통해 회복시켜야 합니다.

세 번째 치유삼제, 힘이 없는 자들을 치유하는 일입니다

본문 14절에 "…힘이 없는 자들을 붙들어 주며"라고 하였습니다. '힘이 없는 자'는 헬라어로*(아스데네스)*로서 모든 연약성을 가리키는 말인데, 여기서는 믿음의 연약성을 표현합니다.

믿음은 하나님과의 관계입니다. 그래서 믿음이 약하면 하나님과의 관계가 파괴되어 모든 관계를 훼손시켜 버립니다. 믿음은 곧 영적 관계입니다. 믿음이 약하면 영적인 문제의 근원이 되고 여러 가지 문제가 나타납니다.

◆ **믿음이 약한 자는 하나님의 화평을 누릴 수 없습니다**

왜냐하면 믿음은 하나님과의 화평을 누리게 하기 때문입니다.

"그러므로 우리가 믿음으로 의롭다 하심을 얻었은즉 우리 주 예수 그리스도로 말미암아 하나님으로 더불어 화평을 누리자"*(롬 5:1)*

◆ **믿음이 약한 자는 병을 치료할 수 없습니다**

왜냐하면 "믿음의 기도는 병든 자를 구원하리니"*(약 5:15)*라고 하였기 때문입니다. 예수님은 여리고성의 한 소경을 치유하셨는데, "네 믿음이 너를 구원하였다"고 말씀하셨습니다.

[마 17:14-20]에서 예수님이 산에서 내려와 제자들이 고치지 못한 귀신들린 간질병*(15절)* 환자를 보시고 "귀신아 물러가라" 하시고 병을 고치시고 나서 제자들을 향해 믿음이 적은 연고로 병을 고치지 못한 것을 꾸짖으셨습니다. 그러면서 "너희가 만일 믿음이 한 겨자 씨 만큼만 있으면 이 산을 명하여 여기서 저기로 옮기라 하여도 옮길 것이요 또 너희가 못할 것이 없으리라"*(마 17:20)*고 하였습니다.

◆ **믿음이 약한 자는 두려움을 이기지 못합니다**

왜냐하면 믿음은 두려움을 이길 수 있기 때문입니다.

"예수께서 이르시되 어찌하여 무서워하느냐 믿음이 적은 자들아 하시고 곧 일어나사 바람과 바다를 꾸짖으신데 아주 잔잔하게 되거늘"*(마 8:26)*이라고 하였습니다.

믿음이 약하면 두려움이 찾아옵니다. 두려움이나 불안을 치유하기 위해서는 믿음은 참으로 커다란 힘을 만들어 줍니다.

◆ 믿음이 약하면 위로를 받지 못합니다

왜냐하면 믿음은 안위함을 받게 되기 때문입니다.

"내가 너희 가운데서 너희와 나의 믿음을 인하여 피차 안위함을 얻으려 함이라"*(롬 1:12)*고 하였습니다.

힘이 없는 자는 믿음을 통한 영적 치료가 필요한 사람입니다. 믿음은 영적 힘입니다. 치유의 원동력입니다.

그 힘은 기적을 산출합니다. 정신적 치유뿐만 아니라 육체의 병까지도 치유할 수 있습니다. 그래서 믿음은 전인 치유의 원동력이 되며 하나님과의 영적 건강을 유지할 수 있는 힘이 됩니다.

믿음은 두려움을 이기는 영적 힘입니다.

믿음은 병을 치유하는 영적 힘입니다.

믿음은 위로를 받는 영적 힘입니다.

믿음은 하나님과의 화평을 누리는 영적 힘입니다.

· 규모 없는 자는 자신의 자리를 벗어난 자요, 질서를 지키지 못한 자요, 불복종하는 자요, 게으른 자입니다.
다시 말하자면 정도(正道)에서 벗어난 사람입니다. 정상에서 벗어난 사람입니다.
정상에서 벗어난 것은 비정상입니다. 그것이 정신장애요, 인격장애입니다. 행동을 조절하기 힘든 것도 비정상입니다. 그것이 바로 약물남용이요, 폭력이요, 도박이요, 가출이요, 성문제요, 알코올 중독입니다. 지능이 정상 범주에서 벗어나면 정신박약이 됩니다. 적응의 실패도 정상의 범주에서 벗어나 여러 가지 정신병리를 야기합니다. 규범이 없는 자는 정신치유를 통해 회복되어야 합니다.
· 마음이 약한 자는 심리적 고통을 받는 자요, 불안감, 우울, 분노, 근심 걱정, 심리적 혼미를 겪고 있는 사람들입니다. 이러한 고통 때문에 일상생활이나 대인관계, 직업적 수행에 심한 어려움을 겪게 됩니다.
· 마음이 약한 자는 심리적 치유를 통해 회복되어야 합니다.
· 힘이 없는 자는 믿음이 약한 자요, 영적 문제를 지닌 사람입니다. 하나님과의 회복이 필요한 사람입니다.
· 힘이 없는 자는 영적 치유를 통해 회복되어야 합니다.

치유삼제는 정신치료요, 심리치료이며 영적 치료(상담)입니다.
치유삼제는 상담자의 몫입니다. 바로 우리의 몫인 것입니다. 주님이 가장 기뻐하는 주님의 사역입니다. 주님이 가장 사랑하는 자에게 맡기신 치유하는 사역입니다.

치유삼제는 주님이 재림하실 때까지 간절히 요구하는 정신건강의 사역입니다.

치유삼제는 한 영혼을 천하보다 더 귀히 여기는 생명운동입니다.

치유삼제는 이 땅에 참 평강으로 인도하는 축복의 원동력입니다.

치유삼제는 교회가 지향하는 영혼 치유, 영혼 사랑인 것입니다.

우리는 치유하는 동역자

1 제 구 시 기도 시간에 베드로와 요한이 성전에 올라갈새 2 나면서
앉은뱅이 된 자를 사람들이 메고 오니 이는 성전에 들어가는 사람들
에게 구걸하기 위하여 날마다 미문이라는 성전 문에 두는 자라. 3 그가
베드로와 요한이 성전에 들어가려 함을 보고 구걸하거늘 4 베드로가 요
한과 더불어 주목하여 가로되 우리를 보라 하니 5 그가 저희에게 무엇
을 얻을까 하여 바라보거늘 6 베드로가 이르되 은과 금은 내게 없거니
와 내게 있는 것으로 네게 주노니 곧 나사렛 예수 그리스도의 이름으로
걸으라 하고 7 오른손을 잡아 일으키니 발과 발목이 곧 힘을 얻고 8 뛰
어 서서 걸으며 그들과 함께 성전으로 들어가면서 걷기도 하고 뛰기도
하며 하나님을 찬미하니 9 모든 백성이 그 걷는 것 및 하나님을 찬미함
을 보고 10 그 본래 성전 미문에 앉아 구걸하던 사람인줄 알고 그의 당
한 일을 인하여 심히 기이히 여기며 놀라니라 11 나은 사람이 베드로와
요한을 붙잡으니 모든 백성이 크게 놀라며 달려 나아가 솔로몬의 행각
이라 칭하는 행각에 모이거늘.*(사도행전 3장 1-11절)*

동역자는 함께 같은 일을 하는 자*(者)*를 가리킵니다. 베드로와 요한은

예수님의 사도요 함께 동일한 목적과 뜻을 가지고 살아가는 사람들입니다. 오늘 성경말씀은 날마다 성전의 미문에서 구걸하는 앉은뱅이를 치유하여 하나님을 찬미케 하는 동역자의 모습을 그리고 있습니다.

베드로와 요한은 함께 치유하는 동역자입니다

◆ 기도 중심의 동역자입니다

본문 3:1에 "제구시 기도시간에 베드로와 요한이 성전에 올라갈새"라고 하였습니다.

- 정해놓고 기도하는 습관의 동역자
- 유대인들이 정한 기도시간
  - · 제삼시 *(오전 9시)* · 제육시 *(정오)* · 제구시 *(오후 3시)*
- 기도를 통해 영적 힘을 부여하는 동역자

◆ 성전 중심의 동역자입니다

본문 3절에 "베드로와 요한이 성전에 들어가는 자"입니다.

성전은 하나님께 예배하는 곳입니다. 성전 중심의 사람은 곧 예배 중심으로 살아가는 동역자임을 의미합니다.

◆ 예수 중심의 동역자입니다

본문 4~6절에 "베드로와 요한으로 더불어 주목하여 가로되 우리를 보라"고 말씀하였습니다. 그리고 그들은 "나사렛 예수 그리스도의 이름으로 걸으라"고 하였습니다.

◆ 영적 통찰력이 있는 자입니다

앉은뱅이는 돈을 요구하였습니다. 동역자는 예수 이름으로 걸으라고 하였습니다. 돈보다는 치유가 중요했습니다.

동역자의 사명은 앉은뱅이 치유운동입니다

◆ 나면서 앉은뱅이 된 자입니다

본문 2절 상반절에 "…나면서 앉은뱅이 된 자"라고 하였습니다. 태어나서 한 번도 걷지 못한 불행한 사람입니다. 이것은 하나님을 모르고 사는 죄인을 가리킵니다. 영적 무지를 의미하는 앉은뱅이입니다.

◆ 남의 힘에 의지하며 사는 자입니다

본문 2절 중반절에 "사람들이 메고 오니"라고 하였습니다. 자력으로 살 수 없는 자, 남의 도움 없이는 한 발자국도 옮길 수 없는 자, 아무것도 할 수 없는 무력한 자입니다. 그리고 참으로 부끄럽고, 괴로운 삶을 사는 자이며, 영적으로 볼 때 무능력한 자입니다.

◆ 성전 미문에 있는 자입니다

본문 2절 하반절에 "…날마다 미문이라는 성전 문에 두는 자"라고 하였습니다. 성전은 예배하는 곳입니다. 성전은 하나님과 영적으로 교통하는 곳입니다. 성전에는 찬송이 있고 말씀이 있고 은혜가 넘치는 곳이며, 참 평강과 회복이 넘치는 곳입니다. 소망이 넘치는 곳입니다.

앉은뱅이의 삶은 말씀도 찬송도 은혜도, 참 평강도 외면하고 살아가는 자입니다. 참 기쁨도, 소망도 없이 살아가는 자입니다. 성전 미문은 성전 밖으로 바로 세상입니다. 세상 중심으로 살아가는 자를 말합니다

◆ **구걸하는 자입니다**

본문 5절에 "그가 무엇을 얻을까하여 하며 바라"보았습니다.

앉은뱅이는 성전 밖에서 날마다 구걸하며, 세상주의, 물질주의로 살아가는 자입니다. 그는 날마다 무엇을 먹을까, 무엇을 입을까, 무엇을 마실까 염려하며 하루를 살아갑니다. 예수보다는 물질이 더 필요한 현대인들의 실상의 표본입니다. 자기 육신의 만족을 채우기 위해 살아가는 현대인이며, 자기 영혼을 위한 삶을 잃어버린 현대인입니다.

치유하는 동역자의 힘은 예수 그리스도입니다

◆ **예수 그리스도는 치유의 능력입니다**

본문 6절에 "베드로와 가로되 은과 금은 내게 없거니와 내게 있는 것으로 내게 주오니 곧 나사렛 예수 그리스도의 이름으로 걸으라"고 하였습니다. 베드로와 요한이 가지고 있는 재산은 은이나 금이 아니었습니다. 오직 예수 그리스도 이름뿐이었습니다. 그들은 예수 그리스도를 통해 모든 병을 고치며 삶을 살아가는 사람들입니다. 인생의 문제나 먹을 것, 입을 것 등 의식주도 오직 예수님께 맡기며 살아가는 자입니다.

◆ **예수 그리스도의 이름으로 육체를 치유하였습니다**

본문 7절에 "오른손을 잡아 일으키니 발과 발목이 곧 힘을 얻고 뛰어

서서 걸으며"라고 하였습니다.

육체는 환경과의 관계입니다. 몸이 건강해야 활동할 수 있습니다. 몸이 건강해야 일할 수 있습니다. 몸이 건강해야 교회도 갈 수 있습니다. 앉은뱅이 상태로는 아무것도 할 수 없습니다. 그래서 육체적 치유가 성급했습니다. 동역자인, 베드로와 요한에게는 과학적 힘도 없습니다. 의사도 아니었습니다. 그러나 예수 그리스도의 이름으로 발목에 힘을 얻어 걷기도 하고 뛰기도 하였습니다.

◆ 예수 그리스도의 이름으로 영적 치유가 일어났습니다

본문 8절 하반절에 "성전으로 들어가면서 걷기도 하고 뛰기도 하며 하나님을 찬미하니"라고 하였으며 9절에 "모든 백성이 그 걷는 것과 하나님을 찬미함을 보고"라고 하였습니다.

• *성전으로 들어갔습니다 / 영적 거듭남을 보게 됩니다.*

성전 미문에 있던 앉은뱅이가 치유함을 받자 성전으로 들어갔습니다. 성전 중심의 사람이 되었습니다. 성전은 하나님과 교통하는 살아있는 장소로서 영적 교통이 일어나게 되었습니다.

• *하나님을 찬미하였습니다(8절, 9절).*

치유함을 받던 앉은뱅이는 하나님을 찬미하였습니다. 하나님의 능력을 찬미하였습니다. 하나님의 기적을 찬미하였습니다.

우리는 상담목사로서 모두 치유하는 동역자입니다. 우리의 사명은 앉은뱅이처럼 몸은 있으나 아무것도 할 수 없는 불쌍한 영혼을 치유하는 일입니다. 우리의 사명은 앉은뱅이처럼 제대로 기능할 수 없는 무력한 영혼을 치유하는 일입니다. 우리의 사명은 앉은뱅이처럼 남에게 의지해서 살 수밖에 없는 의존적인 영혼을 치유하는 일입니다. 우리의 사명은 앉은뱅이처럼 성전 밖에 서성되는 영적으로 상실된 영혼을 치유하는 일입니다. 우리의 사명은 앉은뱅이처럼 은이나 금으로만 삶을 살아가는 물질주의 영혼을 치유하는 일입니다.

치유하는 동역자는 기도 중심으로 삶을 드려야 합니다.
예배 중심으로 삶을 드려야 합니다. 예수 중심으로 삶을 드러내야 합니다. 그러면 영적 통찰력과 영적 힘이 일어납니다. 가진 것이 아무 것도 없을지라도 치유의 원동력인 예수 이름으로 기적을 산출합니다. 또한 치유가 일어나서 하나님께 영광을 드리는 역사를 경험하게 됩니다.

네가 낫고자 하느냐?

1 태초에 말씀이 계시니라 이 말씀이 하나님과 함께 계셨으니 이 말씀
은 곧 하나님이시니라 2 그가 태초에 하나님과 함께 계셨고 3 만물이 그
로 말미암아 지은 바 되었으니 지은 것이 하나도 그가 없이는 된 것이
없느니라 4 그 안에 생명이 있었으니 이 생명은 사람들의 빛이라 5 빛이
어두움에 비취되 어두움이 깨닫지 못하더라 6 하나님께로서 보내심을
받은 사람이 났으니 이름은 요한이라 7 저가 증거하러 왔으니 곧 빛에
대하여 증거하고 모든 사람으로 자기를 인하여 믿게 하려 함이라 8 그
는 이 빛이 아니요, 이 빛에 대하여 증거하러 온자라 9 참빛 곧 세상에
와서 각 사람에게 비치는 빛이 있었나니 10 그가 세상에 계셨으며 세상
은 그로 말미암아 지은바 되었으되 세상이 그를 알지 못하였고 11 자기
땅에 오매 자기 백성이 영접지 아니하였으나 12 영접하는 자 곧 그 이름
을 믿는 자들에게는 하나님의 자녀가 되는 권세를 주셨으니 13 이는 혈
통으로나 육정으로나 사람의 뜻으로 나지 아니하고 오직 하나님께로서
난 자들이니라 14 말씀이 육신이 되어 우리 가운데 거하시매 우리가 그
영광을 보니 아버지의 독생자의 영광이요 은혜와 진리가 충만하더라 15
요한이 그에 대하여 증거하여 외쳐 가로되 내가 전에 말하기를 내 뒤에

오시는 이가 나보다 앞선 것은 나보다 먼저 계심이니라 한 것이 이 사람을 가리킴이라 하니라 16 우리가 다 그의 충만한 데서 받으니 은혜 위에 은혜러라.*(요한복음 1장 1-16절)*

주님께서 갈릴리에서 사역을 하신 후에 유대인의 명절을 맞이하게 되었습니다. 예수님께서는 율법대로 그 명절을 지키기 위해 예루살렘으로 올라가십니다.그런데 예루살렘 양문의 바로 곁에 있는 베데스다 못가를 지나가시게 됩니다. 이 베데스다 못은 수영할 수 있을 만큼 깊은 못입니다. 여기엔 행각이 다섯 있었고 수많은 병자들이 있었습니다. 특히 38년 된 병자도 있었는데, 주님이 그를 명하여 치유함을 받는 기적이 나타났습니다.

"베데스다라 하는 못이 있는데"*(요 2)*

◆ 베데스다는 자비의 집입니다

이 '베데스다'는 하나님께서 괴로움을 겪고 있는 사람들에게 자비를 베풀어 주시는 집이라는 뜻입니다. 그래서 '자비의 집' '은혜의 집'이라고 합니다. 주님의 마음은 항상 가엾은 죄인을 향하여 준비하고 계십니다. 죄는 하나님의 진리와 하나님의 영광을 가립니다. 죄는 우리가 하나님의 길을 따라 걸을 수 없도록 우리의 다리를 절게 만듭니다. 죄는 우리를 무력하게 하며 우리의 형기를 마르게 합니다.

그래서 자비의 주님이 친히 이곳에 찾아와서 모든 사람에게 자비를 베풀어 주시기를 원하고 계십니다. 자비의 주님이 되기 위해 이 베데스다 못가에 주님이 찾아 오셨습니다.

◆ 베데스다는 각종 병자가 모여 있는 집입니다

여기에는 많은 병자, 소경, 절름발이 혈기 마른 자들이 누워 있습니다. 이 모두가 난치병입니다. 참으로 비참한 장소입니다. 당시 유대인의 정신적 상태가 그러했습니다. 이들은 모두가 하나님의 진리를 바로 보지 못하는 영적 소경이었습니다.

하나님 앞에서 바로 행하지 못한 절름발이었습니다. 그리고 하나님의 선민으로서 무능한 혈기 마른 민족이었습니다. 우리는 참으로 베데스다 못가에 모인 이 병자들과도 같습니다.

◆ 하나님이 역사하는 집입니다

· 천사가 가끔 못에 내려와 병을 고칩니다(요 4).

하나님은 천사의 손을 이용하여 그 임무를 수행하곤 합니다. 그러므로 베데스다 못가에 찾아온 천사는 바로 하나님 자신입니다. 하나님 자신이 이 못가에서 함께하며 역사하는 것입니다.

· 물이 움직이는 것은 하나님 자신의 뜻입니다.

가지각색의 무력한 사람들이 베데스다의 뜰에 누워서 모두가 물이 움직이기를 기다리고 있습니다. 물이 움직일 때, 먼저 들어가는 자가 치유함을 받게 됩니다. 하나님의 치료 방법은 너무나 인간의 방법과 달라 이성을 초월합니다. 그러므로 믿음으로 행하는 일만 있을 뿐입니다.

또 모든 병자가 다 치유받는 것이 아니라 먼저 들어간 한 사람만이 치유를 받습니다. 이 모두가 하나님 자신의 소관입니다.

"거기 삼십팔 년 된 병자가 있더라"(요 15)

◆ 가엾고 무력한 죄인입니다(요 14)

육신이 있으나 육신의 포로가 된 자입니다. 그는 움직일 수도 없고, 걸어 다닐 수도 없습니다. 힘도 없습니다. 무력한 존재입니다. 또 무슨 죄를 지었는지 조차 알지 못한 죄인입니다. 그를 치유하고 나서 주님은 다시는 죄를 짓지 말라고 경고하였습니다(요 14). 주님은 불쌍하고 무력한 이 죄인을 찾아 왔습니다.

◆ 일생을 불구자로 산 사람입니다

그는 38년의 생애를 불구자로 산 사람입니다. 있으나마나한 무가치한 사람입니다. 남에게 도움을 주지 못하고 살아가는 사람입니다. 하루에도 몇 번씩 자신을 탄식하며 살아가던 불구자 인생입니다.

◆ 자신의 죄를 모른 사람입니다

자신이 왜 이렇게 병자가 되어 고통을 받고 있는지를 알지 못한 자입니다. 기나긴 세월을 투병하여 왔으나 병의 원인을 모르니 치유함을 받을 수도 없습니다. 많은 현대인들이 여러 종류의 질병을 앓고 있으면서 고침을 받지 못하는 것은 바로 이 38년 된 환자의 모습과 같이 원인을 모르기 때문입니다. 인간의 모든 사망이 죄에 있다는 것을….

◆ **참으로 비참한 사람입니다**

그는 물이 동할 때, 누구하나 자신을 돌봐 줄 사람이 없는 자입니다. 부모도, 형제도, 이웃도, 친구도 모두 떠나버린 비참한 인생입니다. 모두가 자신을 떠났습니다. 결국 죽음만을 기다리는 비참한 인생입니다.

◆ **예수님을 알지 못한 자입니다**

예수님이 이 병자에게 나타났습니다. 주님이 오랫동안 기다렸던 사랑의 대상입니다. 치유의 능력이 되신 주님이 나타나 면전에 와 있는데도 영안이 어두워서 주님을 보지 못하고 있습니다. 인생의 문제 해결자가 옆에 계시는데도 얼마나 우리는 허황된 생활을 하고 있습니까? 영안이 열려야 주님을 발견할 수 있습니다.

"네가 낫고자 하느냐"*(요 6)*

◆ **주님의 관심입니다**

예수님이 "네가 낫고자 하느냐"고 하신 질문은 그의 신앙을 일깨워 주기 위한 것이 아닙니다. 우선 주님은 이 병자를 주님의 관심 속에 불러 넣기 위함입니다. 자신의 건강을 회복하기 위한 환기를 조성시킨 말씀입니다.

◆ **절망상태에 빠진 병자의 모습을 드러내고 있습니다**

예수님이 "네가 낫고자 하느냐"고 질문하니까 그는 나를 못에 넣어 줄 사람이 없다고 말하고 있습니다. 지난날의 자신의 절망상태를 표현하고 있습니다. 언제나 그 환자는 물이 움직일 때 너무 늦어 다른 사람이 그 앞을 빼앗아 가 버립니다. 아무리 힘을 다해 달려도 다른 사람을 앞지르지 못한 채, 뒤로 쳐져버리고 맙니다. 누구하나 자신을 도와줄 자가 없습니다. 절망의 인생을 발견하게 됩니다.

우리 주님은 스스로를 구원하기 위해 아무것도 할 수 없다는 것을 인정하는 사람을 구원하십니다.

◆ **자신의 한계를 깨닫습니다**

"예수께서 그 누운 것을 보시고 병이 벌써 오랜 줄 아시고" "네가 낫고자 하느냐"고 하였습니다. 예수님께서 그렇게 오랫동안 기다리셨던 이유가 무엇입니까? 그것은 그 사람으로 하여금 자신의 한계성을 깨닫게 하기 위함이었습니다.

여러분은 자신이 부족하다는 사실을 깨닫지 않았더라면 그리스도께 나오지 않았을 것입니다. 예수님께서 사랑하셔서 은혜 가운데 찾으시는 영혼은 절망 가운데 빠진 영혼입니다.

"일어나 걸어가라"(요 8)

◆ **주님의 은혜입니다**

병자는 물속으로 들어가야 자기의 병이 고침을 받을 줄 알았습니다. 이것은 병자가 바라던 방법입니다. 그러나 주님은 그에게 "가라사대, 일어나 걸어가라"는 명령을 했습니다. 오직 그에게 말씀으로 명하시고, 능력의 말씀으로 치유하고 있습니다.

예수님은 하나님의 일을 하실 때 인간의 조건에 따라 제한받지 않습니다. 주님이 그에게 찾온 그 자체가 주님의 은혜이지만, 말씀을 주신 것 또한 은혜입니다.

◆ **병자의 순종을 보게 됩니다**

주님은 명령하시고 38년 된 병자는 순종했습니다. 자기의 방법과는 전혀 다른 예기치 않은 방법으로 "일어나 걸으라"고 하였을 때, 자기의 방법대로 나를 물속에 넣어 달라고 요구하지 않은 채 오직 주님의 말씀대로 믿고 순종하는 것을 보게 됩니다.

베데스다 연못가에 있는 많은 소경처럼 눈은 있으나 영적 소경이 되어 주님을 모른 채 진리도 모르고 살아가는 자들이 많습니다. 절뚝발이처럼 다리는 있으나 바르게 걷지 못하고 바르게 살지 못하는 위선자가 많습니다. 혈기 마른 자들처럼, 몸은 있으나 무기력하고 무능력하여 제 기능을 발휘하지 못하는 수많은 병든 육체를 지닌 죄인들이 움집해 있습니다.

주님이 우리에게 찾아오시기를 간절히 소원하십니까? "나는 스스로 할 수 없는 죄인입니다."라고 고백할 때 주님을 만나게 됩니다*(고후 1:8, 9)*.

주님은 의인을 찾으러 온 것이 아니라 죄인을 찾으러 오셨습니다. 자신의 죄와 연약함을 주님께 맡겨버리고 주님의 말씀대로 순종하여 불가능의 역사와 인생의 장애가 다 해결되기를 주님의 이름으로 희망합니다.

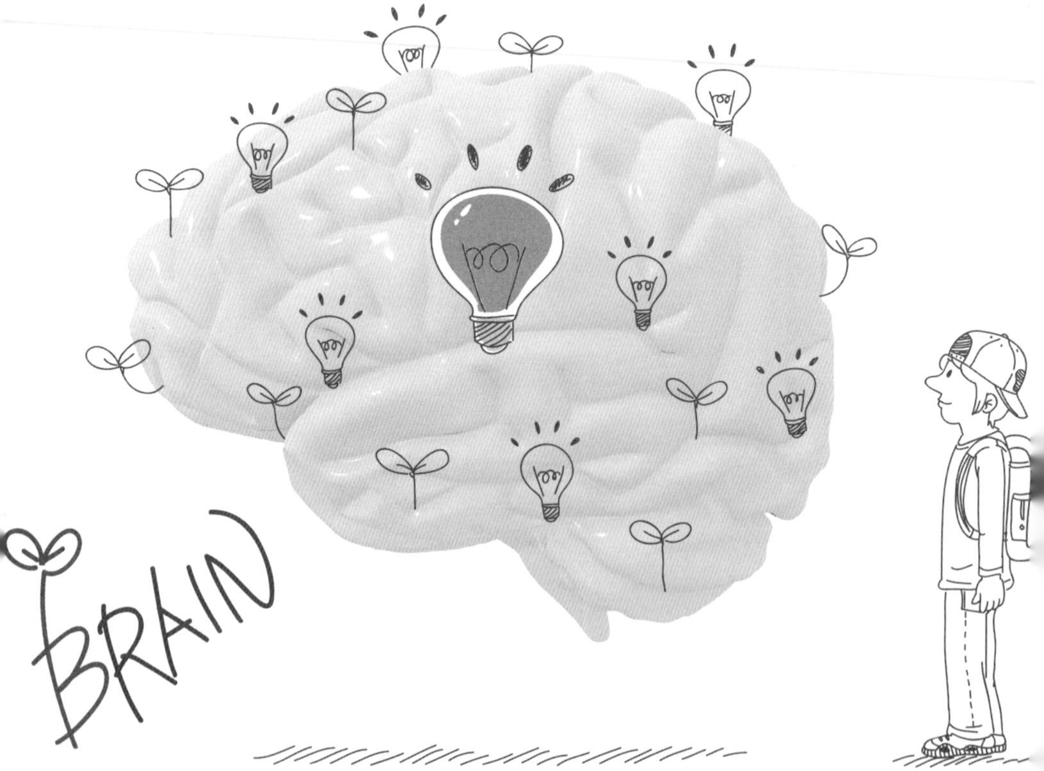
BRAIN

Part 03

세로토닌 찬가

스트레스를 두려워 말라

5 너는 밤에 놀램과 낮에 흐르는 살과 6 흑암 중에 행하는 염병과 백
주에 황폐케 하는 파멸을 두려워 아니하리로다 7 천인이 네 곁에서, 만
인이 네 우편에서 엎드러지나 이 재앙이 네게 가까이 못하리로다 8 오
직 너는 목도하리니 악인의 보응이 네게 보이리로다 9 네가 말하기를
여호와는 나의 피난처시라 하고 지존자로 거처를 삼았으므로 10 화가
네게 미치지 못하며 재앙이 네 장막에 가까이 오지 못하리니 11 저가 너
를 위하여 그 사자들을 명하사 네 모든 길에 너를 지키게 하심이라 12
저희가 그 손으로 너를 붙들어 발이 돌에 부딪히지 않게 하리로다 13 네
가 사자와 독사를 밟으며 젊은 사자와 뱀을 발로 누르리로다.*(시편 91장 5-13절)*

현대를 살아가는 우리들은 많은 스트레스를 가지고 살아갑니다. 직장에서 상사와 직원과의 스트레스, 경쟁사회에서 오는 스트레스, 부부간이나 자녀 간에 오는 스트레스, 교통체증에서 오는 스트레스, 뜻밖의 사건으로 인한 스트레스, 소음 스트레스, 가까운 사람의 사망, 질병 등 다양합니다.

스트레스라는 말은 원래 물리학 분야에서 처음 사용되었습니다. 용수철에 힘을 가해 당겼다가 놓으면 원상태로 돌아가지만 더 세게 잡아당기면 용수철이 비틀어져 원상태로 돌아가지 못하게 되는데 이렇게 용수철을 비틀어지게 하는 힘을 '스트레스'라고 불렀습니다. 그러나 현대에는 스트레스가 의학 분야에서 주로 사용되어 '외부에서 생체로 가해지는 자극으로 인해 생체 균형이 깨져 장애가 생기는 상태'를 뜻하는 말로 사용되고 있습니다.

일반적으로 스트레스는 삶을 괴롭게 하는 부정적인 압력이나 사건이라고 말합니다. 현대인들의 질병을 일으키는 대부분의 원인이 스트레스에서 기인합니다. 예전에는 병을 일으키는 원인이 바이러스, 박테리아, 곰팡이가 있었고, 최근에는 뇌 세포를 잡아먹는 아메바까지 등장하고 있으나, 현대인들의 모든 질병의 원인 중 75%는 스트레스로 밝혀졌습니다.

성경에는 스트레스란 말이 사용되지 않으나 심한 스트레스를 잘 표현한 내용으로 [시 91:5-6]에 있습니다.

"너는 밤에 놀램(*공포*)과 낮에 흐르는 살과 흑암 중에 행하는 염병과 백주에 황폐케 하는 파멸을 두려워 아니 하리로다"고 하였습니다. 스트레스는 누구나 받을 수 있습니다. 그러나 스트레스를 두려워 말라고 말씀하고 있습니다.

스트레스는 자율신경계를 흥분시킵니다

본문 5절에 "너는 밤에 놀램과 낮에 흐르는 살"이라고 하였습니다.

이는 스트레스로 인해 자율신경계가 흥분된 상태를 묘사합니다. '낮에 흐르는 살'은 교감신경계가 흥분된 상태를 표현하며 '밤의 놀램'은 부교감신경의 흥분된 상태를 표현합니다.

인간은 해가 뜨면 낮에 일을 하고 해가 지면 밤에 잠을 자는 생체 리듬을 갖고 살아갑니다. 이때 작용하는 것이 자율신경인데, 이는 기상하면 12시간을 기준으로 움직입니다. 낮이 되면 긴장과 각성에 관련된 교감신경이 활발히 기능하고 밤이 되면 긴장을 풀고, 안정을 주며 에너지 저장 등 성장에 관련된 활동을 강화시키는 부교감신경이 작용하여 몸을 쉬게 함으로써, 생체 리듬의 균형을 유지하며 살아가게 합니다.

스트레스는 어떤 것이든 시상하부*(Hypothalamus)*에 영향을 미칩니다. 시상하부의 뒤쪽 부위*(후부)*에서는 자율신경계를 거쳐 부신수질을 활성화시킵니다. 자율신경계는 주로 뇌간에 분포되어 있는데 스트레스에 직면하면 시상하부가 교감신경을 통해 부신수질에서 에피네프린*(아드레날린)*과 노르에피네프린*(노르아드레날린)*을 혈액에 분비하여 각성과 경계, 불안상태에 놓이게 됩니다.

아드레날린은 공격성을 드러내며 화가 나서 눈에 뵈는 게 없을 정도의 극도의 분노로 이성을 잃게 만듭니다. 노르아드레날린은 아드레날린의 과도한 분비를 통제시키고 집중하도록 합니다. 그러나 노르아드레날린이 과잉 작용하면 공황상태나 불안상태를 야기합니다.

자율신경계는 심장활동, 혈압, 소화, 비뇨와 배설, 기타 생체 기능을 통제하는 한편, 뇌간 시상하부 척수로부터 통제를 받습니다.

◆ 스트레스는 교감신경을 활성화합니다

스트레스를 받으면 교감신경은 도피(도망), 투쟁(공격)의 시스템을 가지고 반응하게 됩니다. 이 말은 20세기 초 하버드 의대 생리학자 월터 캐넌에 의해 처음 명명되었습니다. 보통 응급상황이 발생하거나 감정이 격한 상태에서 작동하는데, 이러한 경고 반응(스트레스 반응)은 시상하부에서 시작됩니다.

성경 본문에 '낮에 흐르는 살'은 낮에 화살이 날아드는 엄청난 스트레스를 뜻하는 것으로 교감신경이 흥분되어 생체 리듬의 균형을 잃게 마련입니다. 이 화살은 낮에 자기를 해치는 해악의 화살이요, 불행을 가져다주는 화살이요, 재난과 재해를 가져다주는 화살이요, 마음의 상처를 주는 화살입니다. 참으로 위협적인 상태이며 위기의 상황입니다.

낮에는 일터에서 활동하는 시간입니다. 그러나 이 엄청난 스트레스를 인해 교감신경이 과잉 흥분할 수 밖에 없습니다. 교감신경이 흥분되니까 혈압이 오르고 혈류가 감소하고 혈액 응고 속도가 빨라지니 심혈관 질병이 걸릴 수밖에 없는 응급상황도 생깁니다.

교감신경이 오랫동안 작동하면 고혈압, 소화성 궤양 같은 질병이 일어날 확률이 높아지니, 낮에 이처럼 위험한 위기를 직면할 수밖에 없는 상황입니다.

◆ 스트레스는 부교감신경을 활성화합니다

저녁이 되면 부교감신경이 활성되어 위험한 상황에서 오는 스트레스를 복구하는 역할을 담당하게 됩니다. 부교감신경은 평온하고 이완된 상태로 작동하는데, 이때 혈액은 소화나 에너지 저장과 같은 일을 하는 신체기관에 주로 몰립니다. 호흡은 느려지고 맥박과 혈압이 떨어지고 체온이 떨어지며 근육이 이완됩니다.

그런데 성경 본문에서는 '밤에 놀램(공포)'이 엄습해 옴을 보게 됩니다. 스트레스를 받아 부교감신경이 균형을 잃은 상태입니다. 밤이 되면 안정되어 수면을 취하는 것이 정상입니다. 그런데 공포가 엄습해오면 잠을 잘 수 없습니다.

밤 10~12시에는 잠을 자야 합니다. 왜냐하면 이때 면역 호르몬이 나오는데, 이는 암 덩어리도 녹이고 죽을 사람도 살립니다. 그런데 밤에 공포에 떨고 있으니, 안정을 유지하는 멜라토닌 호르몬이 나오지 않아 잠을 잘 수 없습니다. 결국 수면장애가 옵니다.

낮에는 자기를 해치는 엄청난 스트레스가 엄습해 오고, 밤에는 공포가 엄습해 오니 자율신경계가 자유롭지 못합니다. 교감신경과 부교감신경이 각성되어 온전한 신체 리듬을 유지할 수 없습니다.

스트레스는 내분비계를 자극하여 우울증을 일으킵니다

본문 6절에 "흑암 중에 행하는 염병과 백주에 황폐케 하는 파멸을 두려워 아니 하리로다"라고 하였습니다.

일찍이 5세기에 카시안은 '백주에 황폐케 하는 파멸'이라는 이 성구를 한낮의 악마라고 표현하였습니다. 카시안은 우울증 환자에게 노동을 시키고 홀로 놓아두어야 한다는 주장을 했습니다.

◆ 고대 신화에서는 우울증을 귀신 때문이라고 믿은 적이 있습니다

4세기의 신비주의자인 에바 그라우스는 우울증이 수행자를 괴롭히고 유혹하는 한낮의 악마라 칭하고, 우리가 물리쳐야 할 유혹 가운데 하나라고 꼽았습니다. 이후 앤드류 솔로몬은《한낮의 악마》라는 우울증 책을 출판하였습니다. 우리나라에서는《한낮의 우울》로 번역되었습니다.

가나안 사람들은 레쉬프*(Resheph)*라 불리던 귀신의 존재를 믿었는데, 이 귀신들이 특히 밤에 활동한다고 믿었으며, '흑암 중에 행하는 염병'을 일으키는 것은 곧 귀신의 존재 때문이라고 믿었습니다.

◆ 스트레스를 받으면 뇌는 편도체를 거쳐 시상하부에 영향을 주어 내분비계를 자극합니다

스트레스는 시상하부의 앞쪽 부위에서부터 시작하여 HPA*(시상하부-뇌하수체-부신피질)*의 축에 영향을 주어 부신피질을 활성화시키고 스트레스 호르몬인 코티졸*(Cortisol)*의 분비를 증가시킵니다. 그러면 우리 몸의 면역력은 파괴되고 우울증을 일으킵니다.

코티졸 수치가 증가하면 에너지가 떨어지고 집중력도 상실되며 콜레스테롤 수치를 상승시켜 심장병이나 고혈압 그리고 뇌졸중, 당뇨의 위험이 증가하기도 하고 면역력이 떨어져 각종 암이나 염병*(전염병)*에도 쉽게 노출됩니다.

높은 코티졸 수치에 장기간 노출되면 우울증이나 불안은 물론 월경주기를 불규칙하게 만들고 성적 욕구도 감소되어 생식력도 감소됩니다.

우울증 환자의 50% 이상은 코티졸의 수치가 지속적으로 상승해, 스트레스 호르몬인 코티졸과 우울증의 연관성을 쉽게 이해하도록 합니다.

◆ 스트레스를 계속 받으면 뇌 세포가 죽습니다

뇌에서 스트레스에 취약한 부분이 있는데, 바로 기억 중추이며 감정 중추인 변연계입니다. 우울증이나 조울증에 걸린 사람들의 변연계를 보면 과잉 활성되어 있습니다. 그래서 변연계는 스트레스에 예민하게 반응하며 기억과도 관련이 있습니다.

스트레스를 받으면 우울증도 쉽게 걸리지만 변연계 내에 위치한 해마의 신경세포가 손상을 받아 죽게 됩니다. 따라서 스트레스를 많이 받고 살면 해마의 손상으로 인해 기억상실이 오고 건망증도 유발되며 치매 증상이 올 확률이 높아집니다.

◆ 중년기 이후에는 스트레스를 많이 받습니다

스트레스 지수를 100으로 잡았을 때, 미국 사람들은 배우자의 사망을 가장 큰 스트레스인 100으로 여기지만 우리나라 사람들은 자녀 사망을 74 정도로 여기고 있습니다.

우리나라의 한 보고에 의하면 배우자가 없는 경우 치매 발병 위험이 정상인보다 3배 더 높고, 배우자가 치매일 때, 간병 등의 스트레스로 인해 상대 배우자가 치매 걸릴 확률이 평균 6배나 더 증가하는 것으로 나타났습니다. 특히, 남자는 그 스트레스가 더 커서 12배나 높고 아내는 3.6배 증가하는 것으로 나타났습니다.

이 자료에서 볼 때 스트레스가 실제 알츠하이머 치매의 발병률을 증가시킬 수 있음을 알 수 있습니다. 기억을 담당하는 뇌의 부위인 변연계는 치매와 밀접한 연관이 있을 뿐만 아니라 우울증과도 밀접한 연관이 있습니다.

◆ 우울증은 영혼을 파괴합니다

[시 31:9]에 보면 "여호와여 내 고통을 인하여 나를 긍휼히 여기소서 내가 근심으로 눈과 혼과 몸이 쇠하였나이다"고 하는데, 여기서 '눈'은 몸이요, 혼은 생명, 몸은 배의 속(*Belly*)으로 가슴이나 마음을 가리킵니다.

◆ 우울증에 걸리면 신체적 증상이 나타납니다

우울증에 걸리면 몸이 쇠하여지고 여러 가지 신체적 증상이 나타납니다. 먹기도 싫고, 말하기도 싫으며, 일하기도 싫고, 생각하기도 싫고, 집중하기도 싫고, 관심이나 흥미 있던 것도 싫어집니다. 또한 수면장애도 생깁니다. 당연히 밤에는 잠을 잘 수 없습니다. 우울증에 걸린 사람들은 90% 이상이 잠을 잘 이루지 못합니다. 왜냐하면 뇌의 수면 조절 기능이 악화되어 불면증에 시달리기 때문입니다.

성경 본문에는 '밤에 공포'가 일어나니 부교감신경이 과잉 활성되고 멜라토닌이 나오지 않아 잠을 잘 수 없다고 합니다. 우울이나 수면, 식욕 등을 조절해 주는 기능을 하는 뇌의 부위가 변연계입니다. 이 변연계는 과잉 활성되면 신경전달물질인 세로토닌, 도파민, 노르에피네프린이 부족해집니다.

◆ 우울증에 걸리면 사고장애도 나타납니다

사고가 부정적이며 집중력이 저하되고 심한 경우에는 환청이나 망상 증상도 나타납니다. 사고가 떨어지고 자존감도 낮아지며 자기 비난을 하게 됩니다. 우울증의 가장 큰 문제점인 자살을 초래하기도 합니다. 최근 우울증에 걸린 사람들의 15%가 자살한다는 통계가 나와 사회적 문제가 되고 있습니다.

◆ 우울증에 걸리면 정서적 증상이 나타납니다

우울감이나 무력감, 죄책감이 나타나며 감정이 둔화되고 불안 증상이 90% 일어나며 불안장애도 40% 이상이 동시이환(同時罹患)됩니다.

낙담과 절망감을 갖게 되고 분노(화)와 적대감도 보입니다. 최근 DSM-5에서는 분노를 터트린 아동에겐 '파괴적 기분조절장애'가 우울증의 한 형태로 소개되었습니다.

◆ 우울증에 걸리면 행동적 증상을 보입니다

슬퍼하거나 슬픈 표정을 짓고, 피곤한 표정이나 관심이 저하되며, 정신 운동이나 언어가 느려지고 안절부절합니다.

스트레스를 두려워하지 말아야 합니다

한국성경공회가 펴낸 바른성경(KTV)에서는 원문에 가깝게 번역되었는데, 본문 5절 "네가 밤의 공포와 낮에 날아드는 화살을 두려워하지 않으며" 6절은 "어둠 가운데 퍼지는 전염병과 한낮에 황폐케 하는 파멸도 두려워하지 아니할 것이다."라고 하였습니다.

하나님은 어떠한 환난과 난관의 위기를 당할지라도 결코 두려워 말라고 하셨습니다. 밤에는 밤대로 위험이 도사리고 있어서 공포감을 느끼고 낮은 낮대로 화살의 위험이 엄습할지라도 하나님을 믿는 성도들은 스트레스를 두려워하지 말아야 한다는 뜻입니다. 왜냐하면 어떠한 상황이든지 하나님이 안전하게 보호하시는 것을 본문은 잘 제시하고 있기 때문입니다.

◆ 하나님은 우리의 우편에 계시어 재앙에서 보호하십니다

본문 7절에 "천인이 네 곁에서, 만인이 네 우편에서 엎드러지나 이 재앙이 네게 가까이 못하리로다."라고 하였습니다.

우리에게 재앙은 엄청난 스트레스입니다. 재앙이 우리의 삶을 지배한다 하더라도 결코 하나님께서 우리의 우편에 계시어서 우리를 스트레스로부터 안전하게 보호하고 계심을 믿으십시오. 공포나 화살이나 역병과 같은 재앙이 결코 우리의 삶을 덮치지 못합니다. 이것은 하나님을 믿는 사람의 축복입니다.

◆ 하나님은 우리의 피난처시요, 은신처가 되시어 우리를 보호하십니다

본문 9절에 "네가 말하기를 여호와는 나의 피난처시라 하고 지존자로 거처를 삼았으므로"라고 하였습니다.

하나님을 믿는 성도들을 하나님을 우리의 지존자로 거처를 삼으시고 살아가니 결코 두려워할 것이 없습니다.

◆ 하나님은 화가 결코 미치지 못하도록 안전하게 보호십니다

본문 10절에 "화가 네게 미치지 못하며…"라고 하였습니다.

여기서 화는 사람들에게 해로운 모든 형태의 악을 의미합니다. 어떠한 해로움도 미치지 못한다는 말이며, 어떠한 불행도 미치지 못한다는 말이자, 어떠한 화도 미치지 못한다는 말입니다.

◆ 하나님은 우리의 장막이나 인생길을 보호하십니다

본문 10절 하반절에 "재앙이 네 장막에 가까이 오지 못하리니"라고 하였고, 11절에 "저가 너를 위하여 그 사자들을 명하사 네 모든 길에 너를 지키게 하심이라"고 하였습니다.

우리가 집안에 있을 때, 밖에 나가 있을 때나 인생의 여정을 보호하신다는 말입니다. 본문 12절에서는 "발이 돌에 부딪히지 않게 하리로다"라고 하였습니다. '돌'은 사람을 걸려 넘어지게 하는 모든 종류의 역경이나 재난에 대한 은유적 표현입니다.

인생을 살아가는 데 낮에 날아드는 화살이 엄습하거나 밤에는 공포가 심하여 잠을 못 이루는 엄청난 스트레스가 찾아올 수 있습니다. 이러한 스트레스를 이기는 비결은 어떠한 스트레스 상황도 두려워 말아야 한다는 말입니다. 우리의 여정이 어떠한 형편에 처하든지 말할 수 없는 스트레스가 찾아와 교감신경이나 부교감신경이 과잉 활성되어 고통을 줄 수

있습니다.

· 고난의 스트레스가 찾아올 수 있습니다.

· 상실의 스트레스가 찾아올 수 있습니다.

· 실패의 스트레스가 찾아올 수 있습니다.

· 모함이나 시기 질투의 스트레스가 찾아올 수 있습니다.

· 불행의 스트레스가 찾아올 수 있습니다.

· 역경의 스트레스가 찾아올 수 있습니다.

· 분노의 스트레스가 찾아올 수 있습니다.

· 공포를 주는 스트레스가 찾아올 수 있습니다.

· 불면증의 스트레스가 찾아올 수 있습니다.

· 우울증의 스트레스가 찾아올 수 있습니다.

· 질병의 스트레스가 찾아올 수 있습니다.

· 재난이나 재앙의 스트레스가 찾아올 수 있습니다.

· 심한 상처나 외상의 스트레스가 찾아올 수 있습니다.

그러나 하나님을 믿고 의지하는 우리들은 어떠한 위험이나 상황 속에서도 하나님이 안전하게 보호하신다는 사실을 알아야 합니다.

미래의 삶의 여정에도 하나님이 우리를 보호하시고 계십니다.

하나님은 나의 피난처시요, 거처이기 때문에 우리는 안전합니다.

어떠한 위험과 위기의 스트레스도 두려워 말아야 합니다. 이것이 스트레스를 이기는 비결입니다. 스트레스로 인해 자율신경이 각성되어 교감신경과 부교감신경이 신체 리듬을 잃을지라도 결코 두려워 말아야 합니다. 스트레스가 내분비계를 활성화시켜 각종 질병을 일으킬지라도 우리는 두려워 말아야 합니다.

· 어떠한 스트레스 가운데서도 두려워 말아야 합니다.

· 어떠한 재앙이나 재난 가운데에서도 두려워 말아야 합니다.
  하나님은 우리를 안전하게 보호해 주시기 때문입니다.

· 어떠한 질병이나 우울증의 가운데에서도 두려워 말아야 합니다.
  하나님은 우리를 안전하게 보호해 주시기 때문입니다.

· 어떠한 공포가운데서도 두려워 말아야 합니다.
  하나님은 우리를 안전하게 보호해 주시기 때문입니다.

· 어떠한 해악의 화살 가운데에서도 두려워 말아야 합니다.
  하나님은 우리를 안전하게 보호해 주시기 때문입니다.

스트레스를 이기는 자는 인생의 여정까지 안전하게 보호받는다는 사실입니다.

스트레스가 우리의 삶을 힘들게 하여도 하나님이 함께 하시면 우리를 스트레스로부터 보호해주시는 축복이 있을 것임을 확신합니다.

세로토닌 찬가

지혜는 유산 같이 아름답고 햇볕을 보는 자에게 유익이 되도다. 빛은 실로 아름다운 것이라 눈으로 해를 보는 것이 즐거운 일이로다.*(전도서 11장 7절)*

햇볕은 사람을 즐겁게 합니다

[전 11:7]에 "빛은 실로 아름다운 것이라, 눈으로 해를 보는 것이 즐거운 일이로다" 라고 하였습니다.

우리를 즐겁게 하고 행복하게 하는 물질이 뇌 안에 존재합니다. 이 화학물질이 바로 '세로토닌'이라는 신경전달물질입니다.

아침이 되면 교감신경이 기능하며 여러 가지 신경전달물질이 기능하는데, 그 가운데 세로토닌이 활성되어 몸은 각성상태로 만들어지고 행복한 하루를 시작합니다. 세로토닌은 뇌간의 봉선핵에서 분비되는데 그 수는 수만 개에 불과하지만, 뇌 전체의 분위기를 만들어내는 지휘자 역할을 합니다.

아침에 일어나 눈으로 햇볕을 보면 세로토닌의 분비가 활성되고, 행복한 느낌을 받습니다. 그러나 세로토닌 분비가 안 되면, 우울증에 걸려 자살에 이를 수도 있습니다.

어릴 때 상처를 받은 사람들이 세로토닌의 분비가 잘 안 됩니다. 그래서 어린 시절에 외상을 입었던 사람들이 자살을 많이 합니다. 특히 비 오는 날에는 일조량이 없으므로 세로토닌이 잘 분비되지 않습니다. 또한 술을 먹어도 세로토닌 분비가 잘 안 되서 비 오는 날 술을 마신 뒤 자살하는 경우가 증가합니다.

세로토닌 분비가 안 되면 뇌의 변연계 부분이 과잉 활성되어 부정적인 사고를 하고, 측두엽 또한 기능 이상을 보이게 됩니다. 자살하는 사람의 62%가 측두엽 기능장애를 보인 결과가 있습니다. 세로토닌 분비를 위해 우리는 햇볕을 많이 쬐어야 합니다. 특히 아침에 일어나 햇볕을 쬐면 더 큰 행복함을 느낄 수 있습니다.

햇볕은 사람에게 여러 가지 유익을 줍니다

[전 7:11]에 "…햇볕을 보는 자에게 유익하도다" 라고 하였습니다.

인간은 햇볕 속에서 오랜 시간 살아왔습니다. 따라서 몸속에는 햇볕에 잘 적응하는 요소가 곳곳에 들어 있습니다. 그러나 에디슨의 전구 발명 이후 기계문명이 발달하면서 인공광선을 선호하게 되어 자연스럽게 생명의 근원이 되는 해와는 멀어지고 몸과 마음의 부조화를 이루게 되었습니다.

햇볕이 없는 인공조명 내에서 살다보니 인간은 여러 가지 정신 · 신체적 균형이 깨지고 스트레스에 쉽게 빠져 각종 육체적인 질병과 피로감, 우울증, 불면증과 같은 정신장애에 걸리는 비율이 높아졌습니다.

최근의 건축설계를 보면 건물 내외의 색깔 고르기와 조명에 대해 많은 과학적 정보를 동원하여 신체의 건강을 꾀하고 있습니다. 모든 스펙트럼을 다 갖고 있는 조명 아래서 일을 할 때, 생산성이 크게 올라가고 작은 실수도 줄며 직원들의 결근율도 줄었다고 합니다. 반면에 일반 조명 아래 살아가면 피로감이 늘고 우울증에 빠지며 탈모증상과 공격적 성향이 드러나 면역성까지 떨어지는 것으로 나타났습니다.

대게 각종 사무실의 조명도는 500룩스에 지나지 않는데, 실외의 햇볕 아래는 5만룩스가 되므로 실내 조명도는 1/100 수준입니다. 그것도 밤에는 50룩스에 지나지 않습니다. 여름 한철 나무그늘 아래의 밝기는 1만룩스입니다.

햇볕은 가시광선 이외의 자외선, 적외선도 있습니다. 그러나 실제로는 7백여 가지의 많은 파장들이 모여 있습니다. 가시광선이 무지개의 7가지 광선으로 나누어져 세상의 모든 색깔을 내는 데 비해 적외선은 따듯함*(열)*을 주며, 자외선은 피부를 타게*(그을림)* 만드는 역할을 합니다.

최근의 학설에 의하면 햇볕 속의 여러 가지 색깔은 각각 우리 몸에 끼치는 영향이 다르게 작용하는 것으로 알려졌습니다. 마치 여러 가지 비타민과 광물질이 우리 몸의 신진대사에 필수적이듯이 우리 몸은 햇볕을 제대로 받아야 건강을 유지할 수 있다는 주장입니다.

색깔이 주는 의미는 다양합니다. 옛날 영국에서는 왕실에서만 쓸 수 있는 색깔이 진보라색이었습니다. 보라색은 편두통에 좋고 신장병에 좋은 색깔이며 식욕을 억누르는 색깔입니다.

붉은색은 더운 색이며 흥분하게 하는 색깔입니다. 정열과 힘을 상징

하고 심장을 빠르게 뛰게 하며 뇌파를 증진시킵니다. 남자나 여자의 성기능장애에 도움이 되고 피부병, 방광염, 빈혈에 좋습니다. 단, 고혈압이 있는 사람은 피해야 할 색깔입니다.

분홍색은 근육을 이완시켜주며 마음을 편하게 해주는 색깔입니다. 청소년 범죄센터나 마약중독 치료센터의 색깔로 많이 쓰입니다. 로맨틱하게 만드는 효과도 있으므로 침실 색깔로 적당합니다.

오렌지색은 식욕을 돋우며 피곤을 풀어주는 색깔입니다. 오렌지색 식탁보를 쓸 때면 음식을 많이 장만해야 합니다. 기운이 없는 사람들이 입는 옷의 색깔에 적당한 반면, 체중을 줄이려는 사람에게는 좋지 않습니다.

노란색은 기억력에 좋습니다. 무엇을 꼭 기억하길 원하면 노란색 종이에 기록해 놓도록 합니다. 메모지가 노란색으로 되어 있는 이유입니다. 우울증에 좋으며, 근육통, 담석증에 효과를 줍니다. 빨간색만큼의 효과는 없지만, 혈압을 올리고 맥박을 빠르게 합니다.

검은색은 힘을 의미합니다. 검정 옷은 힘을 추구하며 동시에 자신감을 넘치게 과시하려는 것입니다. 운동선수들의 유니폼을 검은색으로 할 때 상대방에게 겁을 주려는 의도가 있습니다. 또한 식욕을 억제하므로 체중을 줄이려면 식탁보를 검은색으로 하는 것이 좋습니다.

한편, 햇볕은 비타민D를 합성하며 식물에 미네랄을 합성시켜 우리 몸에 유익합니다. 날씨가 흐렸어도 상관없습니다. 그 정도라도 충분한 광선을 받을 수 있기 때문입니다. 실내 생활을 주로 하는 현대인들의 생활 패턴에서 햇볕을 쬐어 건강한 생활을 유지하도록 합니다.

햇볕은 자연치료제입니다

세로토닌이 부족하면 우울증이 오고 불면증이 생깁니다.

◆ 햇볕은 세로토닌을 분비케 해서 우울증을 예방하고 치료합니다

우울증은 세로토닌의 부족에 의해 발생됩니다. 세로토닌의 분비를 촉진시키기 위해서는 햇볕이 중요한 역할을 담당합니다. 현대인들은 햇볕을 쬐는 시간은 고작 1시간 정도입니다.

우울증에 걸리면, 슬프고 우울한 기분이 들고 모든 것이 재미가 없고 의욕도 없으며 무엇이든 하기 싫고 식욕도 없고 불면증에 시달리고 집중력이 떨어지며 죽고 싶은 생각이 들어, 실제로 우울증의 15% 정도가 자살을 합니다. 우울증 중에 SAD*(계절성 정서장애)*가 있습니다. 계절성 정서장애 또는 계절성 우울증으로 여성에게서 훨씬 민감합니다. 멜라토닌 불균형이 있는 사람에게 많이 발생하며, 일종의 2형 양극성 장애입니다. 우울증은 개인의 병이지만 자살이라는 사회병리로 이어지기 때문에 끊임없는 관심이 필요합니다.

여성은 뇌 속에서 세로토닌이 만들어지는 속도가 남성보다 2배나 느리며 감정의 뇌 기능을 하는 변연계가 남성보다 더 크기 때문에 어떤 유대관계나 상실과 같은 관계가 파괴될 때, 보다 더 크게 작용합니다.

에스트로겐은 세로토닌의 분해를 막는 작용을 하기 때문에 여성 호르몬인 에스트로겐이 부족하면 세로토닌의 농도가 낮아져 결국 우울증에 걸립니다. 월경 전이나 폐경기 여성이 우울증에 더 많이 걸리는 이유가 바로 에스트로겐 부족 때문입니다. 따라서 세로토닌의 분비를 위해 반드시 햇볕을 쪼여야 합니다.

일조량이 적은 가을에서 겨울에 이 병에 많이 걸리는 이유가 바로 햇볕을 받는 시간이 적기 때문입니다. 햇볕을 충분히 쬐지 못하는 사람들은 누구라도 SAD에 걸려서 우울증, 피로감, 걱정, 슬픔, 사회로부터의 격리, 인간관계의 어려움, 성욕감퇴 등이 올 수 있습니다.

SAD로 오는 우울증과 일반우울증의 차이는, SAD에서 오는 우울증은 잠이 부족해서 1일 16시간씩 자는 경우도 있고, 저녁 늦게 단 것을 찾는 경향이 있으며, 식욕이 늘어 체중도 불어납니다. SAD 우울증 치료의 기본 원칙은 부족한 빛을 쬐는 것입니다.

빛 치료는 현재 보급되고 있는 빛상자*(Light Box)*가 있는데 무게는 10파운드이고 1만룩스의 전조명 빛이 나옵니다. 이 빛 아래서 책을 읽거나 생활하는 것으로, 너무 밝다고 생각되면 무릎 뒤 약 60cm 되는 곳에 빛상자를 놓고 있으면 됩니다. 빛상자가 없을 때는 밝은 백열등*(100w)* 두 개가 들어간 전등불을 책 바로 위에 놓고 책을 읽으면 비슷한 효과가 나온다고 주장하는 사람도 있습니다.

◆ **햇볕은 불면증을 치료합니다**

잠자는 시계인 멜라토닌의 전구물질인 세로토닌의 분비가 잘 되어야 멜라토닌의 분비도 잘 되어 잠을 잘 자게 합니다. 결국 잠은 세로토닌의 도움을 받는 것입니다. 그래서 우울증과 불면증은 동전의 양면이라 할 수 있습니다.

불면증에는 여러 종류가 있습니다. 그 중 지연형 수면장애와 전진형 수면장애가 있는데, 지연형 수면장애는 밤늦게 잠이 드는 불면증입니다. 늦게 자고 일찍 일어나는 경우입니다. 전진형 수면장애는 초저녁인 오후 8시부터 잠이 들어서 새벽에 일찍 일어나는 불면증입니다. 지연형 불면증은 순환성 직업(*소방공무원, 간호사, 항공 승무원, 3교대 근무자 등*)에서 많이 발생합니다. 이럴 때 빛치료가 효과적입니다.

멜라토닌은 뇌의 송과체에서 분비되는 호르몬입니다. 빛이 있으면 분비가 줄어들고 어두워지면 분비가 촉진됩니다. 아침에 햇볕을 받은 지 15시간이 지나면 송과체에서 멜라토닌 분비가 시작되고 1시간이 지나면 잠을 자게 됩니다. 멜라토닌의 작용 원리는 몸의 내부 체온을 내려줌으로써 수면을 촉진시키는 것으로 알려져 있습니다.

◆ 햇볕은 면역력을 키워 우리 몸을 건강하게 합니다

최근 핀란드에서 잠과 건강에 대한 연구를 36~50세의 1천 600명을 대상으로 조사하였습니다. 잠을 잘 못자는 사람들은 남자들의 6.5배, 여자는 3.5배에 걸쳐 건강상의 문제를 발견했고 하룻밤에 평균 8시간을 자는 사람의 평균 수명이 제일 길었다고 합니다. 잠을 제대로 자야 면역성이 올라가고 건강해진다는 것은 당연한 이치입니다.

1950년대 미국 암 협회에서는 100만 명을 상대로 6년간 연구조사하였는데, 하루 4시간 이내로 자는 사람과 9~10시간 이상 잠을 자는 사람은 수명이 가장 짧았으며, 하루 평균 8시간의 잠을 자는 사람들의 수명이 가장 길게 나타났습니다.

미국 국립보건원에서 실험실 쥐를 40일 동안 잠을 재우지 않았더니

온 몸에 세균이 퍼져 있었고, 마치 말기 암에 걸린 것처럼 되었다고 보고 하였습니다. 또한 5일 동안 잠을 재우지 않은 쥐에서는 쥐의 복강 내 임파선에 대장균이 보이기 시작했는데, 건강한 쥐에게서는 볼 수 없는 현상이었습니다. 이렇게 수면부족이 면역성에 크게 영향을 미친다고 밝혀져 있습니다. 잠을 잘 자야 건강하다는 것입니다.

잠을 제대로 자지 않고선 목적을 성취할 수 없습니다. 세로토닌이 부족하면 잠도 못자고 우울하며 걱정과 불안이 생기기 마련입니다.

면역력이 떨어지면 건강을 유지할 수 없습니다. 뇌 속의 세로토닌의 분비를 촉진시켜야 결국엔 잠을 잘 자게 하는 멜라토닌이 분비되고 면역체계를 강화시켜 건강한 삶을 살아가게 합니다. 뇌 속의 세로토닌이 소모되는 것을 막아주는 약품이 항우울제(SSRI)들입니다. 우울증의 대표적인 치료제이기도 합니다.

이 약품은 세로토닌의 소모를 막아주고 뇌의 혈중농도를 높여줌으로써 기분을 좋게 하고 밤에 잠을 잘 자게 하는 것입니다.

깊은 잠인 델타 수면동안에는 성장 호르몬이 나오면서 치유가 됩니다. 또한 델타 수면을 거쳐 REM 수면에 들어가면서 꿈을 꾸게 됩니다.

인간이 살아가면서 가장 아름답고 커다란 축복이 바로 평강입니다. 이 평강을 유지하는 길이 행복입니다. 행복 물질인 세로토닌이 날마다 분비될 때 하루하루가 평강한 삶을 유지할 수 있습니다.

뇌 안에서 일어나는 세로토닌은 햇볕에 의해 분비되는 것입니다. 그래서 성경은 햇볕을 보는 자는 즐거운 일이고 유익하다고 하였습니다. 햇볕을 보면 세로토닌이 분비되고 저녁이 되면 멜라토닌이 분비되어 잠이 잘 오게 합니다.
멜라토닌의 전구물질이 바로 세로토닌입니다. 결국 햇볕은 행복의 근원이며 잠을 잘 수 있게 하는 축복입니다. 그래서 "여호와를 사랑하는 자에게 잠을 주시도다"라고 하였습니다. 잠은 면역력을 주어서 건강한 삶을 살게 합니다.

우리를 향해 "너희는 세상의 빛이라"*(마 4:14)*고 하였습니다. 그 빛은 행복이요, 치유입니다. 그 빛은 우리를 정서적으로 즐겁게 하기도 하고, 우리 몸을 건강하게 하는 원동력입니다. 이제 우리는 치유와 행복을 만들어내는 세로토닌의 찬가를 부르며 살아야 합니다.

화목의 사신이 되라

18 모든 것이 하나님께로 났나니 저가 그리스도로 말미암아 우리를
자기와 화목하게 하시고 또 우리에게 화목하게 하는 직책을 주셨으니
19 이는 하나님께서 그리스도 안에 계시사 세상을 자기와 화목하게 하
시며 저희의 죄를 저희에게 돌리지 아니하시고 화목하게 하는 말씀을
우리에게 부탁 하셨느니라 20 이러므로 우리가 그리스도를 대신하여 사
신이 되어 하나님이 우리로 너희를 권면하시는 것 같이 그리스도를 대
신하여 간구하노니 너희는 하나님과 화목하라 21 하나님이 죄를 알지도
못하신 자로 우리를 대신하여 죄를 삼으신 것은 우리로 하여금 저의 안
에서 하나님의 의가 되게 하려 하심이니라. *(고린도후서 5장 18-21절)*

이념과의 갈등*(남북 긴장)*, 종교적 갈등*(중동 전쟁)*, 지역 갈등

부모와 자녀 간 갈등, 시어머니와 남편과의 갈등*(화병)*

학생들의 학업 성적 갈등*(자살)*

· KAIST / 15년 전 상황과 비슷

· 96년 3월 만 15세 최연소 입학, 화제를 모았던 3학년 휴학생의 자살

우리가 살고 있는 지구촌은 갈등과 보복을 일삼고 있습니다. 학교 현장에서도 학생들은 많은 갈등을 겪고 있어 대학생들이 1년에 320명 정도 자살하고 있는데, 최근 화제가 된 KAIST에서는 2006년 이후 9명이나 자살하고, 2012년에만 학생 4명과 교수 1명이 자살하였습니다. 이 같은 불행의 갈등은 욕구 좌절에서 옵니다.

이들의 치유제는 바로 화목입니다. 한국인은 지금 화가 나 있습니다. 스스로 행복하다고 느끼는 사람은 소수입니다. 불안과 분노가 폭력으로 변질되면서 '홧김에 저지르는 범죄'가 빈발하고 있습니다.

대한신경정신학회는 전국 성인남녀 1,006명을 대상으로 실시한 '행복과 스트레스에 대한 인식조사'에서 우리나라 사람의 행복지수는 낙제점수에 가까운 100점 만점에 68.1이라고 했습니다.*(2011.4.6)*

행복 점수가 90점 이상인 사람은 15.2%입니다. 국민 4명 중 1명*(26.2%)*은 일상생활에서 스트레스를 받고 있었습니다. 이유로는, 직업문제*(25.8%)*, 경제적 문제*(21.5%)*, 인간관계 *(12.4%)* 등.

하나님과 화목해야 합니다

본문 20절 하반절에 "…너희는 하나님과 화목하라"고 하였습니다.

헬라어 '카타라게'는 신약에서 하나님과 사람의 화목으로 많이 쓰이고 있습니다*(롬 5:10 이하, 고후 5:18 이하, 엡 2:11 이하, 골 1:19)*. 하나님과 화목하려면 영적으로 건강해야 합니다. 하나님은 영이시기 때문입니다. 영적 건강의 비결은 믿음 · 기도 · 말씀입니다.

· 믿음으로 사는데도 불구하고 하나님과의 관계가 안 좋은 사람이 많이 있습니다.
· 상처 입은 사람들, 왜곡된 인격의 소유자들 신앙이 있는 것 같지만 하나님과의 관계가 파괴되어 있습니다.

그리스도와 화목해야 합니다

본문 18절에 "저가 그리스도로 말미암아 우리를 자기와 화목하게 하시고"

◆ 그리스도로 말미암아 우리를 하나님과 화목하게 하셨습니다

· 인간이 하나님과 원수*(롬 5:10)* 되었기 때문입니다.
· 인간이 죄인이기 때문입니다*(롬 5:8)*.
· 그리스도가 인간의 죄를 위해 죽으셨기 때문입니다.*(벧전 1:18)*
· 그리스도가 화목제물이 되셨기 때문입니다.*(요엘 2:2)*

- 교회에서 갈등
- 가정에서 갈등
- 형제끼리 갈등
- 부부관계 갈등

인간과 화목해야 합니다

본문 19절에 "하나님께서 세상을 자기와 화목하게 하시며…" 세상은 바로 이웃입니다.

[살전 5:23-24] "…예물을 제단 앞에 두고 먼저 가서 형제와 화목하고 그 후에 예물을 드리라"

· 인간과 인간의 관계는 마음으로 하는 것입니다.

· 우리는 인간관계에서 마음의 상처를 많이 받습니다. 정신적으로 큰 고통을 겪습니다.

화목의 사신이 되라

본문 20절에 "이러므로 우리가 그리스도를 대신하여 사신이 되어"라고 하였습니다. 우리 모두에게 화목하게 하는 직책을 주셨습니다.*(18절)*

우리로 수많은 갈등 앞에 놓여 있습니다.

· 교회가 화목해야 합니다.

· 가정이 화목해야 합니다.

· 노회 · 총회 · 기독교 단체가 화목해야 합니다.

욕구가 좌절되면 갈등이 일어납니다. 갈등이 일어나면 불안이 찾아옵니다. 불안이 찾아오면 자신을 보호하기 위해 정신 방어기제를 만들어 냅니다. 그러다보면 인격장애가 생겨 신경증, 정신병도 만들어지는 것입니다. 갈등을 치유하는 길은 오직 화목입니다. 그래서 [슥 8:19]에 "오직 너희는 진실과 화평을 사랑할지니라"

화목의 사신은 그리스도를 대신한 사역입니다. 화목의 사신은 그리스도의 남은 고난을 교회에 채우는 복음의 사신입니다.

우리는 죄악이 팽대한 곳에 화목의 사신이 되어야 합니다. 우리는 분노가 가득한 이 사회에 화목의 사신이 되어야 합니다. 불행한 가정에 행복한 화목의 사신이, 경쟁주의와 집단이기주의가 난무하는 우리사회에 화목의 사신이 되어야 합니다.

우리는 반목과 구분 짓는 일, 욕심이 가득한 곳, 미움이 있는 곳에 화목의 사신이 되어야 합니다.

우리는 정신적으로 고통당하여 심리적으로 아파하는 이들에게 화목의 사신이 되어야 합니다.

네 모든 필요를 채우는 축복

15 빌립보 사람들아 너희도 알거니와 복음의 시초에 내가 마게도 나
를 떠날때에 교회가 너의 외에 아무도 없었느니라. 16 데살로니가에 있
을 때에도 너희가 한두 번 나의 쓸 것을 보내있도다. 17 내가 선물을 구
함이 아니요 오직 너희에게 유익하도록 과실이 번성하기를 구함이라.
18 내게는 모든 것이 있고 또 풍부한지라 에바브로디도 편에 너희의 준
것을 받으므로 내가 풍족하니 이는 받으실 만한 향기로운 제물이요 하
나님을 기쁘시게 한 것이라. 19 나의 하나님이 그리스도 예수 안에서 영
광 가운데 그 풍성한 대로 너희 모든 쓸것을 채우시리라. 20 하나님 곧
우리 아버지께 세세 무궁토록 영광을 돌릴찌어다.*(에베소서 4장 15-20절)*

성경 본문은 빌립보 성도들이 모든 필요를 가득 채우는 축복의 말씀입니다. 우리의 장막터를 넓혀 놓았으니 빌립보 성도들이 받은 축복의 역사가 우리들에게 이루어져야 합니다.

빌립보 성도들은 하나님 중심으로 생활한 사람들입니다

본문 19절에 "…나의 하나님이…너희 모든 살 것을 채우시리라"고 하

였습니다. 빌립보 성도들은 어떤 성도들이었습니까? 빌립보 성도들이 왜 축복을 받게 되었는지 그 이유를 분명히 제시하고 있습니다.

◆ 하나님을 기쁘게 하는 성도들입니다

본문 18절 하반절에 "하나님을 기쁘게 한 것이라"고 하였습니다. 그들은 지원하는 마음으로 바울의 선교사역에 동참했습니다. 그들은 뜻을 다하며 드렸습니다.

◆ 하나님께 향기로운 재물을 드린 성도들입니다

본문 18절 하반절에 "…이는 받으실 만한 향기로운 제물이요"라고 하였습니다.

보상을 바라며 드리는 제물이 아니라, 순수히 하나님께 드리는 제물은 주님의 것을 드리는 것입니다. 우리가 제물을 받았으니 그것이 내 것이 아니라 주님의 것임을 믿고 드린 것입니다. 축복을 받기 위해 제물을 드린 것이 아닙니다. 그런 제물은 향기로운 제물이 될 수 없습니다.

내 몸이 내 것이 아닌 것처럼 내가 받는 물질이 내 것이 아니라 주님의 것임을 믿고 물질을 드린 것입니다. 그래서 향기로운 제물입니다.

하나님께 드리는 것은, 언제나 내게 주신 것이 하나님에게서 왔다는 고백을 하며 드려져야 합니다.*(대상 29:14)*

◆ 복음사역*(선교)*에 참여한 성도들입니다

본문 15절에 "빌립보 사람들아 너희도 알거니와 복음의 시초에 내가 마케도냐를 떠날 때에 주고받는 내 일에 참예할 교회가 너희 외에 아무도 없었느니라"고 하였습니다.

바울이 데살로니가에 있을 때 한두 번 선교헌금을 드린 적이 있음을 회고하면서 본격적으로 복음사역에 참여한 빌립보 성도들에게 감사의 보답으로 하나님의 축복을 선언하고 있습니다.

믿음 없이는 복음사역에 동참할 수 없습니다. 영혼에 대한 뜨거운 사랑이 없이는 할 수 없습니다. 빌립보 성도들의 희생적 헌신이 없이는 할 수 없습니다. 복음사역에 동참할 다른 교회가 없었음을 고백하며 빌립보 교회의 복음사역을 감사하고 있습니다.

◆ **하나님을 사랑한 성도들입니다**

바울은 본문 4장 1절에서 빌립보 성도를 향해 "나의 사랑하고 사모하는 형제들"이라고 표현했으며 "나의 기쁨이요, 면류관인 사랑하는 자들아"라고 감탄하였습니다.

얼마나 하나님을 사랑했는지 "면류관인 사랑하는 자들"이라고 최상의 찬사를 보내고 있습니다. 본문 19절은 감사의 보답으로 축복의 메시지를 보내고 있습니다. 빌립보 성도들은 하나님을 기쁘게 한 자요, 향기로운 제물로 선교한 자요, 복음사역이 참여한 자요, 하나님을 사랑한 자입니다.

· 진실로 그들은 하나님 중심으로 생활한 사람들입니다.

· 하나님이 축복을 내리지 않을 수 없는 성도들입니다.

· 하나님의 마음을 감동시킨 성도들입니다.

빌립보 성도들은 풍성한 축복을 받은 사람들입니다

본문 19절에 "…그리스도 예수 안에서 영광 가운데 그 풍성한 대로 너희 모든 살 것을 채우시리라"고 하였습니다. 빌립보 성도들이 어떻게 축복을 받았는지 분명히 제시하고 있습니다.

◆ 그리스도 주 예수 안에서 받은 축복입니다

어떤 사람들은 이 본문을 '천국은행'이라는 별명을 붙이기도 합니다. 왜냐하면 은행장이 '나의 하나님'이시고, 결재자는 '그리스도 예수'라는 것입니다. 확실한 축복입니다.

천국은행이 활짝 열리는 축복입니다. 거기엔 거짓이 없습니다. 그리스도 예수 안에서 결제했기 때문에 예수님이 풍성하게 공급하시겠다고 가장 확실하게 사인한 축복입니다.

예수님이 풍성하게 결제하시면, 하나님이 풍성한 은행 금고를 여시어서 우리의 모든 필요를 채우신다는 사실입니다.

◆ 영광 가운데 받은 축복입니다

본문은 "영광스런 상태"라는 원문이므로 장차 다가올 천국의 영광이 아니라, 이 땅에서 누리는 영광을 의미하고 있습니다. 이 땅에서 영광을 누리며 사는 너무나 귀한 축복입니다.

◆ 풍성한 대로 받은 축복입니다

본문 18절에 "내게 모든 것이 있고 또 풍부한지라"고 하셨고, 19절에

"그 풍성한 대로" 축복하신다고 말씀하고 있습니다.

하나님께서 주실 수 있는 풍성함을 따라 마음껏 부어주실 것을 강요하고 있습니다. 그 얼마나 많은 축복인지는 우리 인간의 계산으로는 할 수 없습니다.

하나님의 풍성함은 "산림의 짐승들과 천산의 생축이 다 내 것이며… 세계와 거기 충만한 것이 다 내 것임이로다.*(시 50:10~12)*" 하신 것처럼 천지에 충만한 풍성함을 따라 우리를 축복하신다는 말씀입니다.

예수님은 "내가 온 것은 양으로 생명을 얻게 하고 더 풍성히 얻게 하려는 것이라"하였습니다.

빌립보 성도들은 필요를 채우는 축복을 받은 사람들입니다

본문 19절 하반절에 "나의 하나님이…너희 모든 살 것을 채우시리라"고 하였습니다. 빌립보 성도들이 받은 축복의 범위와 결과가 잘 나타나 있습니다.

참으로 놀라운 축복입니다. 바울의 선교사역의 물질로 헌신한 빌립보 성도들이 엄청난 축복을 받게 되었습니다. '너희 모든 쓸 것은' 우리의 모든 '필요*(Need)*'를 의미합니다. 지금 받아야 할 여러분의 필요가 무엇입니까? 그 필요를 풍성하게 채워주시겠다고 약속하고 있습니다.

'모든 쓸 것'은 여러 가지로 우리가 필요한 모든 것입니다. '필요'를 폭넓은 의미로 말씀하고 있습니다. 어떤 것은 딱 택하여서 채우는 축복이 아니라, 우리가 원하는 모든 필요를 채워주시겠다는 축복의 말씀입니다.

◆ 우리의 '정서적 필요'를 채워주시는 복입니다

정서는 두 가지가 있습니다. 긍정적 정서와 부정적 정서입니다.

긍정적인 정서는 기쁨, 행복, 사랑입니다. 여러분은 한해를 맞아 'Happy New Year'라는 문자를 많이 받습니다. 이처럼 행복은 누구나 보편적으로 갖고 싶은 정서입니다.

· 기쁨과 행복이 넘치는 한 해

· 기쁨과 행복이 넘치는 심령

· 기쁨과 행복이 넘치는 가정

· 기쁨과 행복이 넘치는 교회

또한 사랑이 넘치는 한 해가 되길 원합니다. 사랑이 없으면 분노가 있고, 폭행이 있습니다. 이 사회의 가정은 사랑이 식어가고 있습니다.

사랑은 모든 것을 이기는 원동력입니다. 상담자도 가져야 할 가장 능력 있는 원동력입니다. 우리들의 심령 안에 사랑이 풍성하기를 소원합니다.

· 사랑은 크리스천의 기본 덕목이요.

· 사랑은 상담자의 기본 인격입니다.

· 사랑만이 고통 받는 사람의 심령을 치유할 수 있습니다.

이 사랑이 우리 모두에게 넘쳐 흐르기를 소망합니다.

◆ 우리의 기본적인 '생활의 필요'를 채워주시는 복입니다

• *우리의 기본적인 생활은 의식주입니다.*

주께서 무엇을 먹을까, 무엇을 마실까, 무엇을 입을까, 염려하지 말

라고 하였습니다. 우리의 생활의 고통을 미리 아시고 우리의 필요를 채워주시겠다는 것입니다.

성경 본문은 우리의 기본생활에 아무런 걱정 근심 없이 풍성한대로 채워 주겠다는 뜻입니다.

• *우리의 기본적인 생활은 가정생활입니다.*

부부가 잘되고 자녀가 잘되는 축복을 받기 바랍니다. 가정에 참 평화가 깃들기를 바랍니다. 자녀가 군대를 가고 자녀가 원하는 대학에 가는 것이 우리의 필요입니다. 가정에서 원하는 필요는 각자 다 다를 수 있습니다. 건강하지 못한 사람은 건강의 축복이 있기를 소망합니다.

• *기본적인 생활은 인간관계입니다.*

관계가 성공의 지름길입니다. 성공한 사람들은 95%가 인간관계 때문에 성공했다고 합니다. 성공의 지름길은 기술도, 지식도 아닙니다. 인간관계를 통한 생활의 축복이 우리 모두에게 있기를 소망합니다.

◆ 우리의 영적 필요를 채워주시는 복, 영적 변화가 일어나는 복입니다

영적 부유함을 누리는 복입니다.

· 기도의 복 - 기도함으로 영적 변화는 물론이거니와 기도의 응답이 일어나는 복입니다.

· 말씀의 복 - 복음을 통해 인격의 기둥이 든든히 서는 복입니다.

· 찬송의 복 - 찬송을 통해 측두엽의 변화가 일어나는 복입니다.

· 믿음의 복 - 믿음은 하나님과의 관계를 견고히 하는 복입니다.

◆ 우리의 곳간을 채워주시는 복입니다

[잠 8:21]에 "이는 나를 사랑하는 자로 재물을 얻어서 그 곳간을 채우려 함이라"고 하였습니다.

빌립보 성도들은 하나님을 사랑하는 자입니다.

하나님을 사랑하는 자는 하나님의 사랑을 입는 자요, 하나님을 간절히 찾는 자요, 하나님을 만나는 자입니다.*(잠 8:17)* 하나님을 사랑하지 않고서는 복음사역에 동참할 수 없습니다. 바로 빌립보 성도들은 진실로 하나님을 사랑하는 자입니다.

바울은 본문 4장 1절에서 "그러므로 나의 사랑하고 사모하는 형제를 나의 기쁨이요 면류관인 사랑하는 자들아"라고 표현하고 있습니다. 정말로 빌립보 성도들은 하나님을 사랑하는 자요, 사랑을 업는 자입니다. 그래서 하나님을 사랑하는 자는 재물의 축복을 주어 곳간을 채우게 하신다고 [잠 8:21]에서 약속하고 있습니다.

여러분의 필요는 무엇입니까? 채워야 할 곳간을 무엇입니까?

그 곳간은 바로 여러분의 소원이요, 소망이요, 꿈이요, 바람입니다. 올해 무엇을 성취하고 싶습니까?

우리의 곳간에 모든 필요를 가득 채우시기를 바라며 늘 행복이 넘치는 정서적 축복, 생활의 축복, 영적인 축복, 육체적 건강의 축복이 함께 있어야 합니다. 그래서 하나님을 사랑하는 우리 모두의 곳간에 재물이, 건강이, 소망이 축복으로 가득 채워지길 소망합니다.

소통이 주는 축복

"그 주인이 이르되 잘 하였도다, 착하고 충성된 종아 네가 작은 일에 충성하였으매 내가 많은 것으로 네게 맡기리니 네 주인의 즐거움에 참예할찌어다 하고"*(마태복음 25장 21절)*

최근 우리 사회에 가장 많이 쓰는 단어가 '소통'이라는 말입니다. 소통은 정치를 비롯해 우리 사회 전반에 필요합니다. 하물며 우리 몸도 서로 소통이 잘 되어야 건강합니다. 나이가 들어갈수록 혈액의 흐름이 잘 되어야 건강하게 살 수 있습니다. 사람은 혈관부터 늙는다는 말이 있듯이 혈액 흐름의 소통이 잘 되어야 우리 몸은 건강을 유지할 수 있습니다. 이처럼 몸도 소통이 안 되면 병이 나듯이 소통이 우리의 삶을 건강하게 만드는 원동력이 됩니다.

성경에는 소통이라는 단어가 없습니다. 그러나 주인과 종의 소통이 잘 되어 축복을 누린 종이 소개된 부분이 있습니다. 주인이 어떤 말을 하지 않아도 주인의 마음을 알고 행동하는 종이야 말로 소통이 잘된 관계입니다.

어떤 주인이 있었습니다. 타국에 여행을 떠나면서 어떤 종에게는 5

달란트, 어떤 종에게는 2달란트, 어떤 종에게는 1달란트를 맡겼습니다. 훗날 주인이 돌아와 결산해 보았습니다. 그런데 5달란트를 받은 종은 바로 가서 장사를 하여 5달란트를 남겼고, 2달란트를 받은 종은 2달란트를 남겼습니다. 그러나 1달란트를 받은 종은 그 돈을 그대로 감추어 두었다가 꺼내놨습니다.

주인과 소통이 가장 잘된 종은 그야말로 두말 할 것 없이 5달란트를 받은 종입니다. 그리고 그에게는 '맡은 것을 더 맡기고*(21절)* 1달란트를 받은 자의 것까지 빼앗아 그에게 주어' 풍족해지는*(29절)* + α *(플러스 알파)*의 축복을 받게 하였습니다. 오늘 '소통이 주는 축복'의 원리를 전하고자 합니다.

일*(업무)*을 통한 소통의 축복입니다

본문 21절에 "그 주인이 이르되 잘하였도다. 착하고 충성된 종아, 네가 작은 일에 충성하였으매 내가 많은 것도 네게 맡기리니…"라고 하였습니다. 주인이 작은 일을 종에게 맡겼더니, 그것을 훌륭하게 해냈습니다. 어떤 일이든 하나를 시키면 열을 아는 사람은 소통이 잘 된 사람입니다.

몇 년 전 브라질 월드컵이 세계인의 관심 속에 경기가 진행되었습니다. 선수들은 감독과의 소통이 잘 되어야 하고 선수들끼리도 소통이 잘 되어야 패스가 잘 되는 것입니다. 승리는 소통하는 자의 것입니다. 아무리 개인 기술이 좋아도, 소통이 안 되면 패하는 것은 기정사실입니다. 그래서 강호 스페인은 예선전에서 패한 것입니다.

· 가정사도 부모와 자녀, 아니면 부부간의 소통이 잘 되어야 행복한 가정을 만들 수 있습니다. 소통이 안 되는 가정은 늘 싸우고 갈등을 겪으며 문제를 만들어냅니다.

· 병원에서도 의사와 환자 간의 소통이 잘 되어야 합니다. 의사가 50% 치료하고 환자가 50% 치료 한다는 말이 바로 그것입니다.

제 사촌동생이 서울에서 중학교를 다녔습니다. 신장염으로 성모병원에서 치료를 받았는데, 의사가 짠 음식을 먹지 말라고 주의를 몇 번 주었지만 그 말을 듣지 않았습니다. 결국 16세 나이로 병원에서 숨졌습니다. 소통이 안 되면 불행이 찾아옵니다.

· 세월호 참사는 선장과 승객의 소통이 잘 안 되어 커다란 생명을 앗아갔습니다. 사건이 난지 3년이 지났지만 해결되지 않은 문제들로 안타깝게 하고 있습니다. 안전불감증에서 탈출하여 국가를 개조하겠다고 약속했지만, 여전히 정부와 국민 간의 소통이 안 되고 있습니다.

· 상담에서도*(상담자역)* 상담자와 내담자는 소통이 필요합니다.

· 교회에서는 목사와 성도 간의 소통이 잘 되어야 믿음은 물론 교회의 성장에 디딤돌이 될 수 있습니다. 직장에서는 조직 간의 소통이 잘 되어야 하는데 잘 되지 않은 직장인들은 많은 스트레스를 받고 있습니다.

지난*(2013.12)*번 직장인의 스트레스에 대한 통계청의 발표가 있었습니다. 직장에 다니는 한국인의 70~80%는 스트레스를 느끼고 있으며 직장인의 94.7%는 하루에 3~4회 이상 욱하는 순간이 있다고 응답하였습니다. 스트레스로 인해 회사를 그만두고 싶다는 사람이 91.4%에 이르고 있다는 것이며, 이러한 조사는 직장인의 정신건강이 위협받고 있다는 지표가 되는 셈입니다.

세계 수준에 비교해 보면 OECD 34개 국가 중 한국 직장인의 직무로부터 느끼는 스트레스 비율이 87.8%로 1위, 갈등지수 4위, 자살률 1위입니다. 반대로 행복지수는 24위, 종합복지지수는 24위, 긍정경험지수 31위였습니다.

스트레스는 정신건강의 문제로만 끝나지 않습니다. 우울증, 사회부적응 등의 문제로 발전될 수 있으며, 우리나라의 정신질환은 1년 동안 유병률이 14.4%*(6명 중 1명)*에 이르고 있습니다.*(알코올, 니코틴 제외)*

수많은 기업이 임금이나 인사제도에 성과주의를 도입하고 있습니다. 그러나 불경기일수록 목표에 미달하는 경우는, 더 많은 스트레스에 직면하게 됩니다. 기업에서는 성과주의를 도입해 사원의 의욕을 고취시키고 조직의 경쟁력을 강화시키고자 노력하고 있습니다. 그러나 성과주의의 뚜껑을 열어보면 우수한 사원은 목표 달성이라는 스트레스에 짓눌려 있으며 자기 일, 목표를 달성하겠다는 생각에 직장에서 불협화음을 일으키고 있습니다. 결국 실패를 두려워해서 더 높은 목표에 도전하지 못하고 강박증이나 불안증, 우울증, 급기야는 사살을 선택하기도 합니다. 성과주의가 성공하려면 직장인들의 정신력 강화 기술 향상이 급선무입니다. 업무를 하다보면 누구나 스트레스를 느끼기 마련입니다.

결국 기업의 성과주의가 소통을 방해하여 정신건강을 해치고 있습니다. 업무를 통한 소통은 정신건강의 복이요, 더 많은 물질의 복을 영위케 합니다.

인격을 통한 소통의 축복입니다

본문 21절에 "…착하고 충성된 종아…"라고 하였습니다. 종과의 인격적 소통이 이루어진 축복의 호칭입니다.

인격은 소중합니다. 인격은 생명의 소중함에서 비롯됩니다. 성경은 "네 이웃을 내 몸과 같이 사랑하라"고 하였습니다. 생명은 천하보다 귀합니다. 생명을 귀하게 여기는 것이 인격입니다. 주인은 종을 향하여 "착한 종아! 충성된 종아"라고 부르시었습니다. 인격을 통한 소통이 주는 축복입니다. 우리는 부부사이에도 인격적 소통이 이루어지지 않아 가정폭력, 또는 부부폭력이 난무하고 있습니다.

고객이 감정 노동자의 인격을 무시하여 정신건강의 문제를 야기하는 경우도 있습니다. 우리나라에 감정노동자가 552만 명에 이르고 있는데 고객들이 퍼붓는 반말과 폭언, 욕설들로 그들의 정신적 문제가 크게 부각되고 있습니다.

지난 해 한 대기업의 임원이 항공기에서 라면을 끓여주지 않는다며 승무원을 폭행한 일명 '라면 사건'은 감정 노동자들의 현실을 그대로 보여준 사건입니다.

고객을 왕으로 생각하는 서비스는 고객만족이 우선이기 때문에 고객불만이 제기되면 감정노동자들은 불이익을 받을 수밖에 없습니다. 이것을 참다가 결국 우울증이나 대인기피증, 불면증, 자살로 이어지기도 합니다.

감정 노동이란 타인의 감정을 상하지 않기 위해 자신의 감정을 억제하는 일을 수행하는 것을 말합니다. 감정 노동자들은 항공기 승무원을 비롯하여 홍보판촉원, 충실 서비스 및 이동 통신 판매원, 장애 상담원, 검표원, 고객 상담원*(콜센터)*, 리포터, 아나운서, 음식서비스 관리자 등이 있습니다.

고객과 감정노동자 간의 소통은 그 어느 때 보다도 중요한 시점에 와 있습니다. 감정 노동자들에게도 인격이 있습니다. 고객이 서비스에 불만이 있을 수 있습니다. 그러나 인격을 무시하고*(87.7%)*, 욕설 등 폭언*(81.4%)*, 신체적 위협*(43.3%)*, 성희롱 및 신체접촉*(64.9%)* 등 말할 수 없는 부당한 대우를 받고 있다고 조사되었습니다.*(노동환경건강연구소)*

소통은 어느 곳에나 요구되고 있습니다. 그 중에 인격적 소통은 정신건강의 원동력이 되고 삶의 질을 향상시키며 기업이 상생문화를 선도할 수 있습니다.

• *아동의 인격이 무시될 때 아동 폭력이 일어납니다.*

최근 경북 칠곡과 울산에서 계모가 의붓딸을 학대하여 사망케 한 사건이 큰 파장을 일으킨 가운데 이번에는 경북 구미에서 친 아버지가 생후 28개월 된 아들을 살해해 숨지게 한 사건이 발생해 우리 사회에 커다란 충격을 주고 있습니다.

이 아버지는 인터넷 게임에 빠져서 배고파 보채는 아들을 목 졸라 죽이고 숨진 아들을 35일간 집에 방치한 채 평소처럼 생활했고, 범행을 숨기기 위해 아들의 시신을 쓰레기봉투에 넣어 유기까지 하였습니다.

아동학대에 대한 들끓는 여론이 칠곡과 울산의 계모사건에서 계모에게 집중되었지만, 보건복지부에 따르면 계모가 주범인 경우는 3.7%였고, 계부도 1.6%라고 합니다. 그러나 아동학대의 주범이 거의 친부가 76.2%였으며, 친모 35.1%보다 6%포인트 가량 높다고 합니다. 아동학대의 빈도는 거의 매일 38.7%, 2~3일에 한번은 15.4%였으며 피해아동 절반 이상은 적어도 사흘에 한 번 이상 학대를 받았다는 뜻입니다. 사적 공간이라고 방치하는 가정이, 학대의 장소가 되고, 친 아빠 친 엄마가 아동학대의 주범인 것입니다.

아동학대는 사회범죄행위이며, 구타를 당연시 여기는 일부 부모들의 잘못된 인식에 의해 발생된 것입니다. 특히 아동학대는 자녀를 부모의 소유물로 여긴다든가 체벌을 훈육의 수단으로 생각한다든가 자녀에 대한 사랑을 징벌의 수단으로 생각하는 것입니다. 학대를 당한 아동들은 감정을 조절하는 이성의 뇌인 전전두엽의 기능이 약화되어, 감정조절능력이 떨어짐에 때라 거짓말을 자주 하거나 타인에 대한 공격성을 드러냅니다. 또한 아동학대는 외상 후 스트레스를 야기하며 자살 위험성을 증가시켜 경계성 인격장애의 원인이 되기도 합니다.

신체학대는 커다란 정신적 외상이 되어 마음속에 모성이 건강하게 형성되지 않아 관계형성에 문제가 되기도 합니다. 최근 쥐의 실험에서 학대는 3대까지 유전된다는 새로운 연구가 발표되었습니다.

생명은 사랑받기 위해 태어난 것입니다. 사랑받지 못하면 뇌 성장에 치명적입니다. 부모의 방치와 학대 속에서 자란 3살 아이의 뇌는 정상적인 아이의 뇌에 비해 쭈그러져 있으며 제대로 자라지 못한 아이는 마약중독, 폭력과 범죄, 실직 등과 연관될 가능성이 높을 뿐만 아니라 정신장애나 건강에 심각한 문제가 생길 가능성이 높은 것으로 알려졌습니다.

어린이는 천하보다 보배롭고 가치 있는 존재입니다. 사랑을 통해 자녀를 양육하는 것이 최고의 양육방식입니다. 사랑이 없으면 아무것도 아니요, 아무 유익도 없습니다*(고전 13:23)*. 인격적 소통은 바로 생명을 사랑하는 마음에서 이루어집니다.

스위스 취리히 연방공대 신경과학센터 이자벨 만수이 교수팀은 후천적으로 생긴 정신적 외상*(Trauma)*이 정자를 통해 후대로 유전될 수 있다는 연구 결과를 '네이처 뉴로사이언스'지*(2014.4.13일자)*에 발표하였습니다. 이 연구에 따르면 실험용 쥐는 어렸을 때 어미와 강제로 떨어지는 생이별*(분리)*을 겪으면 정신적 외상이 생겨 본능과 다른 행동을 하였습니다.

예를 들면 생쥐는 생존을 위해 탁 트인 공간과 밝은 곳을 본능적으로 두려워하는데, 이런 쥐들은 그렇지 않았습니다. 연구팀은 이런 쥐들의 피와 뇌, 정자 속에서 정신적 외상을 겪지 않은 쥐에 비해 훨씬 많은 양의 특정 마이크로 RNA가 검출된다는 사실에 주목하였습니다.

마이크로 RNA란 생물의 유전자 발현을 제어하는 작은 RNA로, 체내에 필요한 단백질을 얼마나 만들지를 결정하는 등의 핵심적 역할을 합니다.

연구팀은 정신적 외상을 직접 겪은 적이 없음에도 정신적 외상 증세를 보이던 쥐에게서 난 새끼 쥐가 정신적 외상을 직접 겪은 부모 쥐와 마찬가지로 체내에서 특정 마이크로 RNA가 평균 이상 발견된다는 사실도 알아냈습니다. 또 정신적 외상 때문에 인슐린과 혈당 수치가 정상 쥐보다 낮은 것도 알아냈습니다. 정신적 외상의 이런 악영향은 3대까지 전해졌습니다. 연구 팀은 앞으로 마이크로 RNA가 사람에게도 정신적 외상이 유전을 일으키는지를 밝혀낼 계획입니다.

정신적 외상이 3대까지 유전될 수 있다는 연구는 처음 발표된 것으로 학대당한 아동들이 겪는 외상 후 스트레스장애*(PTSD)*에 대한 우려가 높은 상황이어서 더욱 관심을 불러일으키고 있습니다.

감정을 통한 소통의 축복입니다

본문 21절 하반절에 "…주인의 즐거움에 참예할찌어다"라고 하였습니다.

주인의 즐거움에 종이 같이 참여하는 축복입니다. 기쁨은 함께 누리는 소통의 축복입니다. 감정은 전이됩니다. 감정에는 행복이나 즐거움 같은 긍정적인 감정이 있는데 이는 좌뇌의 기능입니다. 한편 공포나 불안, 우울 같은 부정적인 감정이 있는데, 이는 우뇌의 기능에서 나타납니다.

특히 세월호 참사 이후 많은 국민들이 느끼고 있는 극단적인 슬픔과 분노는 온 사회로 퍼져서 사람들의 마음을 할퀴고 있습니다. 슬픔을 나누고 애도하는 것은 따뜻한 마음에서 비롯된 자연스러운 인지상정입니다. 그러나 감정이입이 강하다 보면 재난을 당하지 않은 사람조차 슬픔을 동일시하여 집단 트라우마*(정신적 외상)*를 겪게 됩니다. 세월호 참사가 난 지 3년이 훨씬 지났는데, 아직도 세월호의 아픔으로부터 완전히 벗어나지 못하고 있습니다.

뇌에는 거울신경이 있기 때문에 우리는 행복한 모습을 하다보면 다른 사람도 같이 행복을 느끼게 됩니다. 우리가 웃는 모습을 하면 다른 사람도 같이 웃는 모습을 느끼게 됩니다. 오늘도 행복한 말과 행동, 감사한 마음으로 우리 주위를 행복하게 만들며 살아야 합니다.

상담자는 공감하는 행복전도자입니다. 주님의 즐거움에 종이 함께 참여하는 축복을 소유하기를 소망합니다.

소통의 부재는 정신적, 정서적 고통을 수발합니다,
소통의 부재는 위기를 불러일으킵니다.
소통의 부재는 불안, 우울, 고난이 찾아옵니다.
소통의 부재는 불행을 야기합니다.
반면에,
소통은 삶의 질을 향상시킵니다.
소통이 가정의 행복을 결정합니다.
소통이 회사경영의 초석을 이룹니다.
소통이 국가성장의 원동력이 됩니다.
소통은 경청의 길이요, 공감의 지름길입니다.

소통은 치유로 가는 초석입니다.

소통은 위기를 극복하는 길입니다.

소통은 행복을 가져다주는 원동력입니다.

소통은 상담자의 능력입니다.

일에서의 소통은 축복입니다.

인격적인 소통은 축복입니다.

감정적인 소통은 축복입니다.

다섯 달란트 받은 자는 열 달란트가 되고 주인은 그에게 또 "더 많은 것을 맡기고"*(21절)* 풍족하게 되는*(29절)* 축복, 즉 + α 의 축복을 받게 된 것입니다.

Part 04

온전한 사랑으로 승화시키는 삶

온전한 사랑으로 승화시키는 삶

8 사랑 안에 두려움이 없고 온전한 사랑이 두려움을 내쫓나니 두려움에는 형벌이 있음이라. 두려워하는 자는 사랑 안에서 온전히 이루지 못하였느니라. *(요한1서 4장 18절)*

세계적인 미래학자인 자크 아탈리는 향후 10년 안에 다가올 위기를 전망하고 우리는 불안의 시대에 살고 있다고 예언하였습니다. 그는 국제적으로 테러리즘의 위협에 직면해 있고, 기후의 변동과 휴대폰 만능 시대가 사회 전반에 불안을 야기할 것이라고 진단하였습니다.

우리나라는 경제적으로 그 어느 때보다 더 어려울 것으로 예상하고 있습니다. 통계청에서는 청년 실업률이 8.1%라고 했지만, 실제 체감실업률은 20%에 가깝습니다.

경제가 불안하면 우리 사회는 사건 사고가 많이 발생하고, 가정도 위기에 직면하고, 개인도 정신적 문제를 낳을 수밖에 없습니다. 그리고 분노나 파괴적 행동을 하게 되면 비애와 슬픔으로 이어지기도 해서, 가정불화의 원인이 되기도 합니다. 그뿐 아니라 불안하면 싸움과 언쟁이 심해져 사회악의 뿌리가 될 수 있습니다.

불안하면 불평, 불만이 나오게 되고 신앙의 문제나 시험에 드는 일도 발생합니다. 그래서 불안은 심리적, 정서적, 정신적 문제뿐만 아니라 관계적, 사회적, 육체적 문제에도 악영향을 끼칩니다.

불안에서 자유함을 얻어야 행복한 삶을 살 수 있는데, 그것이 바로 온전한 사랑입니다.

불안하면 뇌의 기저핵이 과잉활성됩니다

본문에 나타난 두려움을 헬라어 '포보스'로서 불안과 공포를 의미합니다. 우리 뇌에는 불안센터가 있는데, 그곳을 기저핵이라고 부릅니다. 기저핵은 대뇌피질에서 오는 정보를 뇌간과 소뇌를 중계하면서 신체의 움직임을 원활하게 이루도록 조종합니다. 기저핵은 대뇌변연계의 위쪽에 자리 잡고 있는 여러 핵들을 모두 일컫습니다.

공포의 활성화에 중심적인 역할을 하는 곳이 편도체인데, 출생 시부터 작용하고 있기 때문에 공포의 경험은 어린 시절의 감정 중에서 가장 강력하게 작용될 수 있습니다. 편도는 임신 8개월에 완전히 발달하며, 출생 초기의 부정적 정서기억에 크게 영향을 미칩니다. 편도로 가는 정보는 자극을 받으면 시상에서 직접 초의 속도로 재빨리 전달되고, 또한 대뇌피질과 해마를 경유해서 느리게 전달되기도 합니다.

기저핵은 시상 다음으로 뇌의 깊숙한 위치에 자리 잡고 있습니다. 기저핵은 정신과 감정 그리고 신체의 움직임을 균형 있게 융합하는 구실을 합니다. 우리가 흥분하면 발을 구르고, 극도로 신경질이 나면 부들부들 떨고, 무서우면 등골이 오싹해지는 것 등은, 기저핵이 감정과 세

심한 신체의 움직임을 균형 있게 나타내고 있다는 행위의 증거입니다.

불안신경증*(범불안장애)*에 있는 사람들이나 공황발달*(공황장애)*환자 그리고 외상 후 스트레스장애, 광장공포증, 뚜렛장애, 운동틱*(음성틱)* 파킨슨병, 무도병 등의 환자들은 이 기저핵이 과잉활성되어 있습니다. 이러한 현상은 SPECT 영상을 통해 알 수 있습니다.

또한 뇌의 기저핵이 과잉활성되면 불안하고, 초조하며, 미래를 최악의 것으로 예측하는 경향이 생깁니다. 그리고 근육, 긴장 및 통증, 글쓰기장애, 두통, 인지적 비융통성, 갈등 회피 등의 증상을 초래합니다. 불안을 유발하는 상황에서 기저핵이 과잉활성된 많은 사람들은 두려움에 사로잡혀 꼼짝 없이 집에만 있도록 만들기도 합니다.

메르스 전염병이 한국 사회를 급습하였을 때 어떤 어머니는 아이를 학교에 보내지 않고 집에만 있게 했는데, 이러한 상태를 광장공포증이라고 합니다. 공황 발작의 두려움으로 수년 동안 집 밖에 나가지 못하는 경우도 여기에 속합니다. 특정한 이유 없이 불안하거나 공포를 느낀다든가, 해리장애를 일으킨 사람들은 측두엽의 기능장애를 생각할 수 있습니다. 기저핵의 과잉활성화나 측두엽의 기능장애는 신경전달물질인 GABA의 부족으로 발생한다고 알려져 있습니다.

특히 공포증이나 PTSD, 그리고 강박장애에 걸린 사람들은 전대상회가 과잉활성될 수 있습니다.

불안하면 정신적 고통이 따릅니다

성경 본문 10절에 "두려움에는 형벌이 있음이라"고 말씀하고 있습니다. 이 형벌은 다름이 아니라 정신적 고통*(Torment)*을 의미합니다.

◆ 두려움과 공포는 자아기능을 약화시킵니다

불안은 먼저 자아기능을 약화시킵니다. 특히 어릴 때 불안 형성은 아동기, 청소년기, 성인기에 크게 영향을 미칠 수 있습니다. 그래서 어릴 때 부모의 따뜻한 보호와 안정된 사랑의 보살핌은 자녀의 정신건강의 초석이 됩니다.

어린 시절 불안을 야기하는 원인은 다양합니다. 부모와의 분리, 유기, 무관심, 거부, 학대 등은 어릴 때 가장 큰 스트레스이며, 이러한 환경이 자아기능을 약화시켜 정신병리를 야기하는 원인이 됩니다.

어린 시절의 스트레스나 지속적인 스트레스는 해마와 편도체를 포함하는 뇌 영역의 부피를 감소시키고 기억의 결핍이나 정서조절의 문제가 생깁니다. 특히 1세 미만의 영아가 무관심 속에 방치되거나 학대받으면 전두엽 발달장애가 생겨 반사회성, 충동성, 공격성이 생깁니다.

태어난 지 얼마 안 된 아이에게 가장 큰 스트레스는 어머니와의 분리*(헤어짐)*입니다. 이런 스트레스는 아이의 울음 형태로 표현되며, 이것은 즉각적인 어머니의 반응을 유도해 아기의 스트레스를 해소합니다.

그러나 어머니의 반응이 적절치 못하면 아기의 뇌에 영구적인 문제를 일으킨 수 있습니다.

어린 시절부터 스트레스 호르몬이 많이 유지되면 뇌 발달에 부정적인 영향을 미치고, 스트레스에 반응하는 조절 능력을 취약하게 만들어 여러 가지 성인기 문제를 일으킵니다.

◆ 두려움과 공포는 정신방어기제를 만듭니다

인간은 불안하면 누구나 심리적으로 방어기제를 선택하여 행동합니다. 특히 한국인이 잘 사용하는 방어기제가 있는데, 그것은 투사입니다. 이는 자신의 잘못을 인정하지 않고 모든 것을 남의 탓으로 돌리는 방어기제입니다.

집안이 잘못되면 조상 탓을 한다거나 묘를 잘못 써서 그렇다는 식입니다. 교회가 성장하지 못하면 성도를 탓하거나 지각하고 나서 버스운전기사에게 책임을 전가한다든지, 자기 시험성적이 나쁘면 시험출제자가 엉터리라든가, 자기 비행의 원인이 남에게 있다고 비난하는 등이 투사의 좋은 예입니다.

성경에도 보면 "하나님이 주셔서 나와 함께 한 여자가 그 나무실과를 내게 주므로 내가 먹었나이다"*(창 3:12)*

아담은 자기 자신의 범죄에 대해 초조함을 느꼈기 때문에 하나님께서 주신 하와에게 죄를 투사시킴으로써 자신을 방어하고 있습니다. 인간이 갖는 최초의 투사입니다. 투사는 매우 병적이며 심각한 방어기제로 정신병적 방어기제입니다. 편집증이나 피해망상, 알코올 중독환자에게 흔히 볼 수 있는데 우리는 이런 방어기제를 서슴없이 사용하고 있습니다.

또 하나 한국인이 많이 쓰는 방어기제는 신체화입니다. 이는 심리적 갈등이 신체의 부위의 증상으로 표출되는 것을 말합니다. 한국인들은 사촌이 땅을 사면 배가 아프다고 합니다. 형제나 친척, 친구가 잘되면 격려하거나 칭찬하는 것이 아니라 오히려 신경증의 한 증상인 배가 아프다는 것입니다. 어느 민족에서도 볼 수 없는 보기 드문 미성숙한 정신방어기제입니다.

그리고 또 하나는 억압이라는 방어기제입니다. 고통스러운 일이나 생각, 감정, 기억을 의식적으로 억누르는 무의식적 방어기제로 건강한 사람들에게 가장 보편적인 방어기제입니다. 그러나 억압이 많을수록 신경증이 진행됩니다.

우리나라에서 유일하게 볼 수 있는 억압의 질병이 화병입니다. 이 병은 미국 정신의학회가 발행한 정신장애진단 및 통계편람의 4판에 정식 등록된 한국 여성에게 발생되는 화병으로 소개되어 있습니다. 이 병은 밖으로 나타내면 부끄러워 계속 억압해 오거나 10년 15년이 지나 발병되는데, 교회에서도 사모님이 억압을 많이 해 신경증으로 많은 고통을 받는다고 합니다.

예수님이 이 땅에 오신 것은 우리를 자유케 하시기 위해 오셨습니다. 그래서 예수님은 "진리가 너희를 자유케 하리라"고 말씀하셨습니다.

◆ 두려움과 공포는 정신병리의 근본이 됩니다

[잠 12:25]의 영어성경(*NKJV*)을 보면 마음속에 불안을 가지면 우울증을 일으킨다고 말하고 있습니다. 우리 성경에는 "근심이 사람의 마음에 있으면 그것으로 번뇌케 하나"라고 하였습니다. 그래서 어떤 이는 불안이 모든 노이로제의 어머니라고 말한 바도 있습니다.

환경에 대한 적응 실패에서 오는 불안, 대인관계로 인한 긴장이나 갈등에서 오는 불안, 생활의 어려움에 대한 반응으로서의 불안이 있으며,

치열한 입시 경쟁에서의 불안이나 취업불안, 직장에서의 실적불안, 그리고 생리적 불안 등이 있습니다.

가정에서 발생되는 불안도 흔합니다. 끊임없는 부모의 가정불화에서 오는 불안, 과잉보호나 편애하는 부모에게서 자라나거나 거부당한다든가 일관성이 없거나 부모의 태도가 모순되거나 불일치형의 부모 밑에서 성장한 경우 항상 공포와 긴장감 속에서 불안이 누적된다는 사실입니다. 그래서 각 신경증은 스트레스 받는 환경에서 태어나 6세 미만에 형성되며 내적 심리적 균형의 종류에 따라, 신경증의 종류에 따라 신경증의 종류는 달라집니다.

신경증의 한 가지 공통된 특징이 불안입니다. 그래서 이 불안을 어떻게 처리하느냐에 따라서 불안신경증*(불안장애)*, 공포신경증*(공포장애)*, 강박신경증*(강박장애)*, 우울신경증*(우울장애)*, 히스테리신경증*(해리장애)* 등으로 분류됩니다.

온전한 사랑이 두려움과 공포를 치유합니다

본문 18절에 "사랑 안에 두려움이 없고 온전한 사랑이 두려움을 내쫓나니…"라고 하였습니다.

온전한 사랑만이 불안에서 승리하는 비결입니다. 치유의 원동력입니다. 신경과학에서도 사랑의 가장 중요한 면은 두려움이 없는 것이라고 증거하고 있습니다.

온전한 사랑은 그리스도가 요구하는 하나님 사랑, 이웃사랑입니다. 하나님 사랑은 선수적인 사랑입니다. "우리가 하나님을 사랑한 것이 아니오 오직 하나님이 우리를 사랑하사…"라고 하였습니다. 그래서 하나님은 우리를 사랑하사 독생자를 이 세상에 보내주신 사랑입니다. 결국 십자가상에서 우리 죄를 위하여 화목의 제물로 돌아가신 희생적인 사랑입니다. '하나님이 이같이 우리를 사랑하였듯 우리도 서로 사랑하는 것이 마땅하도다"*(4:11)*. 이것이 이웃사랑의 원동력입니다. 하나님 사랑, 이웃사랑이야 말로 바로 온전한 사랑입니다. [마 22:39]에서는 "네 이웃을 네 몸과 같이 사랑하라…"고 하였습니다.

이웃사랑 없는 상담자는 존재할 수 없습니다. 상담의 기본 덕목이 사랑입니다. 이웃사랑은 절대적으로 상담자의 사명입니다. 그것도 병이 든 이웃, 정신적으로 심리적으로 고통 받는 이웃에 대한 사랑이 치유요 상담입니다. 온전한 사랑은 하나님 사랑이요, 이웃사랑입니다.

여기에 한 가지 더 있습니다. 그것은 바로 자기 사랑입니다. "네 이웃을 네 몸과 같이 사랑하라"는 것은 자기를 사랑하라는 말씀입니다. 자기 사랑은 자존감과 자기 가치를 건축하는 일입니다. 자아 기능을 강건하게 만드는 일입니다. 자기 사랑이 없는 사람은 어떤 상황에서, 스트레스에서 쉽게 무너집니다. 자아를 건강하게 하는 방법은 자기 사랑에 달려 있습니다.

두려움이 몰아치고
공포가 밀려오고

불안이 엄습하더라도
환난과 위기가 다가와도
"우리가 서로 사랑하면 하나님이 우리 안에 거하시고 그의 사랑이 우리 안에 온전히 이루니라"(4:12)고 하였습니다.
"사랑 안에 거하는 자는 하나님 안에 거하고 하나님은 그 안에" 거하십니다.

온전한 사랑이 불안을 내쫓는 것은 정신병리의 근본을 치유하는 것입니다. 그러므로 근심과 고통으로 번민할지라도 미움과 질투가 우리 앞에 놓일지라도, 시기와 다툼이 있을지라도 환난과 위기가 다가올 지라도, 그 어떠한 정신병리가 오더라도, 난관과 그 어떤 스트레스가 오더라도, 온전한 사랑으로 보호받고 인도 받아야 합니다.
온전한 사랑은 하나님 사랑, 이웃사랑, 자기사랑입니다. 이 온전한 사랑은 정신건강의 원리요, 정신 치유의 비결이며 삶의 승리의 원동력입니다.

관계를 치유하는 삶

25 그런즉 거짓을 버리고 각각 그 이웃으로 더불어 참된 것을 말하
라 이는 우리가 서로 지체가 됨이니라*(Therefore, putting away falsehood,
let every one speak the truth with his neighbor, for we are members one of
another)* 26 분을 내어도 죄를 짓지 말며 해가 지도록 분을 품지 말고 27
마귀로 틈을 타지 못하게 하라 28 도적질하는 자는 다시 도적질하지 말
고 돌이켜 빈궁한 자에게 구제할 것이 있기 위하여 제 손으로 수고하여
선한 일을 하라 29 무릇 더러운 말은 너희 입 밖에도 내지 말고 오직 덕
을 세우는 데 소용되는 대로 선한 말을 하여 듣는 자들에게 은혜를 끼
치게 하라 30 하나님의 성령을 근심하게 하지 말라 그 안에서 너희가 구
속의 날까지 인치심을 받았느니라 31 너희는 모든 악독과 노함과 분냄
과 떠드는 것과 훼방하는 것을 모든 악의와 함께 버리고 32 서로 인자에
게 하며 불쌍히 여기며 서로 용서하기를 하나님이 그리스도 안에서 너
희를 용서하심과 같이 하라. *(에베소서 4장 25-32절)*

인간은 사회적 존재입니다. 서로 교류하는 관계를 통해 생활하며 살아가는 존재입니다. 인간은 혼자서는 살 수 없습니다. 원래 인간의 뇌

의 신경세포는 상호의존하며 생존합니다. 신경세포는 나 홀로 생명을 유지할 수 없습니다. 그래서 뇌를 가리켜 사회적 뇌라고 말합니다. 뇌는 서로 의지하고 연결하는 사회적 연접을 통해 살아갑니다. 개별적인 신경세포는 상호의존 관계가 없으면 죽습니다. 이것을 가리켜 '세포자멸사'라 합니다. 이처럼 인간은 근본적으로 상호관계 없이는 생존이 불가능하며, 상호관계 없이는 무의미합니다. 그래서 인간의 성공과 실패도 거의 인간관계를 통해서 이루어짐은 자명한 사실입니다.

성경 본문은 이웃과의 관계를 소중히 다루고 있습니다. 본문 25절에 "…각각 그 이웃으로 더불어…"라고 말하고 있는데 이는 관계의 중요성을 일컫는 말입니다. 이웃과 더불어 사는 인간의 사회적 관계를 생각하면서 관계를 치유하는 삶이란 제목으로 말씀을 전하고자 합니다.

관계는 크게 3가지로 구분됩니다

◆ 영적인 관계

하나님은 영이시니*(요 4:24)* 하나님과의 관계는 영적일 수밖에 없습니다. 기도와 말씀, 그리고 예배는 하나님과의 관계를 성장시키는 요인이 됩니다.

하나님을 가까이 하고 건강한 신앙을 소유하기 위해서는 하나님과의 영적 관계를 더욱 견고하게 하여야 합니다. 영적인 경험을 하는 뇌는 우측 측두엽의 기능으로 알려져 있습니다. 종교에 심취하거나 영서를 쓸 때, 비현실감을 경험할 때 이 뇌가 작동합니다.

◆ 자신과 이웃과의 관계

이것은 혼(프시케)의 기능이 하는 관계입니다. 마음과 정신을 가지고 관계를 결속시켜 주는 것입니다. 자아는 뇌의 시냅스입니다. 전전두엽은 행동과 정서 조절 그리고 대상회는 인지와 정서를 접속하는 역할을 합니다.

사회적 유대관계를 맺는 필수적인 기능을 하는 뇌가 바로 편도체입니다. 넓게는 변연계에 속한 부위로서 유대관계가 깨질 때 변연계는 과잉활성되고 부정적인 사고를 하며 우울증을 일으키기도 합니다.

◆ 환경과의 관계

이것은 육체(몸)의 기능이 하는 관계입니다. 몸으로 일을 하고 환경운동도 합니다. 몸으로 학교도 가고, 교회도 갑니다. 인간의 영, 혼, 육의 기능으로 삶을 살아가는 것입니다. 그래서 [살전 5:23]에서는 주님이 다시 오실 때까지 "네 영과 혼과 몸이 없이 보존"하라고 말씀하십니다.

우리의 관계를 파괴하는 요소가 있습니다

◆ 관계를 파괴하는 첫 번째 요소는 거짓입니다

본문 25절에 "...그런즉 거짓을 버리고"라고 하였습니다. 거짓에는 흔히 거짓말과 거짓 신앙이 있습니다.

몇 년 전 정부가 황우석 박사의 인간체세포 배아 복제 연구를 승인하지 않기로 했습니다. 왜냐하면 그는 비윤리적 비양심적 행위를 했기 때문입니다. 그는 지난 2006년 배아 줄기 세포 논문 조작 등의 혐의로

기소된 상태입니다. 거짓말이 없어야 할 곳이 특히 과학 분야인데, 놀랍게도 과학적 속임수는 어제나 오늘이나 여전하다는 것입니다.

그런데 과학 분야의 위인인 물리학자 뉴턴, 유전학의 대부인 그레고리 멘델이 진행한 실험 데이터를 분석한 결과, 그들 역시 그들의 이론을 공포하기 위해 데이터를 날조한 것으로 밝혀졌습니다. 찰스 다윈은 자신보다 앞선 다른 과학자의 연구물에서 상당량의 자료를 빌려 왔던 것으로 보이는데, 그렇게 빌려온 것에 대한 권리를 소유자에게 돌려주지 않았다고 합니다. 이토록 모든 사람이 거짓말을 한다는 사실은 불변의 철학처럼 되었고, 그래서 거짓말과 자기기만이 우리 삶 속에 깊이 만연되어 있는 실정입니다.

미국의 한 여론 조사에 의하면 응답자의 90%가 자신이 거짓말을 한 적이 있다고 답하였습니다. 직장을 구할 때 3명 중 1명이 거짓말을 한다고 합니다. 의사들은 환자에게 87% 거짓말을 하며, 성격 및 사회심리학회지에 수록된 논문의 47.2%가 모두 거짓말이라는 보고도 있습니다.

• *나도 모르게 거짓말하는 작화증이 있습니다.*

이는 자아비판 능력이 없어서 가짜로 꾸미는 현상입니다. 작화증은 신경학적 장애인데 비타민B1*(티아민)* 부족으로 생기는 증상으로 기억과 눈의 동작을 담당하는 중뇌 구조에 장애가 있을 때 나타납니다.

이들은 질문을 받으면 생각 없이 대답해 버리며 그 반응이 터무니없을 때가 많지만, 정작 본인은 자신의 대답이 이상하다는 것을 자각하지 못합니다.

또한 작화증은 기억의 결함과 전두엽의 기능장애로 인해 자발적으로 일어납니다. 전두엽은 과거의 경험과 최근의 환경적 단서를 통합하여 기억하게 되는데, 여기에 이상이 있으면 충동적으로 말을 하거나 아무렇지 않은 내용을 감정적으로 언급하기도 합니다.

• *병적 거짓말이 있습니다.*

거짓말을 심하게 하는 습관적인 거짓말이나 공상허언증, 충동조절장애*(도벽, 도박, 강박적 쇼핑)*나 약물중독에서 흔히 나타납니다. 또한 기시감과 미시감도 있습니다. 모두 측두엽의 기능장애로 생긴 병적 현상입니다.

· 기시감 : 가본 적*(경험한 적)*이 없는데 간 적이 있는 것처럼 인식

· 미시감 : 친숙한 장소나 친숙한 사람을 인식하지 못하는 것

병적 거짓말의 극적인 형태로서는 진실과 허구를 뒤섞어 과대하게 부풀려 이야기하는 것입니다. 기억과의 상관이 없습니다.

공상허언증은 얼핏 들으면 그럴듯하지만 따져보면 앞뒤가 전혀 맞지 않는 이야기를 지어내며, 사실과 환상을 흥미롭게 조합해서 마침내는 어떤 것이 사실이고 어떤 것이 거짓인지 구분을 할 수 없을 정도로 만들어 버립니다. 이들은 양심의 가책이나 감정적 자각 없이 쉽게 거짓말을 하는 것이 특징입니다.

충동조절장애는 신경전달물질인 세로토닌이 부족해서 생기는 것입니다. 병적 거짓말의 증상이 있는 사람들은 어린 시절에 육체적, 성적 학대를 당했거나 문제 가정에서 성장했을 가능성이 높습니다. 또한 이들은 충동적인 행동을 많이 하고 자존감이 낮으며 난독증 같은 대뇌기능 장애 증상을 보입니다.

유전적 영향을 받는 경우가 많으며 대뇌기능장애와 불안한 어린 시절 등이 공통적으로 발견됩니다. 이로 인해 만성적인 거짓말 증세가 더 심해질 수도 있습니다.

• *인격에도 거짓이 있습니다.*

이를 가리켜 인격장애라 부릅니다. 그 중에서도 거짓말과 관련이 있는 반사회성, 연기성, 자기애성, 경계성 인격장애 등이 있습니다.

• *신앙에도 거짓이 있습니다.*

율법주의와 완벽주의가 여기에 해당됩니다. 율법주의는 기독교인의 생활양식이 아니라 위장된 형태의 반역인 것을 알아야 합니다. 예수님은 우리를 율법에서 해방시켜 주었습니다.

[약 2:10]에서 "누구든지 온 율법을 지키다가 그 하나에 거치면 모두 범한 자가 되나니"라고 하였습니다. 이 세상에 온전히 율법을 지킬 자가 없다는 말씀입니다. 그래서 예수님은 십자가에서 우리의 죄를 대속하여 율법의 요구인 저주와 형벌로부터 우리를 해방시켜 주었고, 죄에서 해방시켜 주었습니다. 또한 율법주의는 교회에서 강박성 인격장애를 제일 많이 만들어내며, 완벽주의는 심한 우울증, 불안과 죄책감 그리고 강박장애 등 심적 병리현상을 만들어냅니다.

• *거짓 목자도 있습니다.*

자기 이익만 취한 자*(겔 34:2)*, 백성을 가혹하게 다룬 자*(겔 34:4)*, 백성들에 대해 무관심한 자*(겔 34:5-6)*요, 참목자는 흩어진 백성을 모으는 자*(겔 34:11-14)*, 공의롭게 다스린 자*(겔 34:11-14, 요 10:11-18)*입니다.

거짓은 자기를 속이고 양심을 속이고 남을 속이는 관계, 파괴의 원동력입니다. 거짓은 자기 기만의 위장된 또 다른 한 면의 표현입니다.

◆ 관계를 파괴하는 두 번째 요소는 분노입니다

본문 26절에 "분을 내어도 죄를 짓지 말며 해가 지도록 분을 품지 말며"라고 하였습니다. 성경에는 분노를 두 종류로 소개하고 있습니다.

하나는 뒤모스(*Thumos*)로 겉으로 표현된 분노입니다(*엡 4:31*). 신약에 20회 기록되어 있으며, 전체 분노의 25%를 차지합니다. 또 하나는 오르게(*Orge*)로 이는 내분, 억제된 분노를 의미(*엡 4:26*)합니다. 신약에서 45회 기록되어 있으며, 이 분노는 과거와 연관되어 있습니다. 자녀를 노엽게 말라(*엡 6:4*)에서의 분노도 '오르게'입니다. 그런데 심리학에서 말한 수동공격성 분노는 가장 악질입니다.

대인관계가 원만하지 못한 사람들은 공통적으로 충동적인 분노, 성향이 있습니다. 이는 세로토닌 신경이 약화되어 있어 노르아드레날린 신경을 제대로 억제하지 못해 스트레스에 대한 반응을 조절할 수 없어서 일어나는 현상입니다. 그래서 세로토닌 신경을 활성화하면 분노나 불안, 공포 같은 감정을 억제하고 평상심을 회복할 수 있습니다. 원만한 대인관계의 열쇠도 세로토닌이 쥐고 있습니다. 분을 품으면 죄가 되고 정신건강에 엄청난 해가 됩니다.

◆ 관계를 파괴하는 세 번째 요소는 나쁜 태도입니다

본문 29절에 "더러운 말은 너희 입밖에도 내지 말고"라고 하였습니다. 31절에는 약독, 격노, 훼방하는 것 등이 관계를 모두 파괴합니다.

관계를 치유하는 삶을 살아야 합니다

관계를 촉진시키고 건강하게 하는 치유의 힘이 있습니다.

◆ 진실입니다

성경 본문 25절에 "…거짓을 버리고 참된 것을 말하고"라고 하였습니다. 참된 것은 바로 진실이요, 성실입니다. 진실하지 않고서는 진정한 의사소통은 불가능합니다. 위정자와 국민, 목사님과 성도, 배우자와 배우자, 친구와 친구, 부모와 자녀, 선생과 학생 등 모두 진실이 요구됩니다.

1991년 부시대통령이 당시 43세로 예일대 출신의 흑인인 토마스 판사를 최고법관 지위인 대법관에 임명하려 했을 때, 여론은 찬반으로 들끓기 시작했습니다. 청문회가 시작될 때 복도까지 꽉 찼습니다.

토마스 판사는 답변에 앞서 10분간 신상 발언을 했습니다. 그는 지독한 흑인 차별주의 시대를 살면서, 아무것도 없는 가난한 시궁창 삶을 살면서 그의 할아버지, 할머니가 흑인이라는 이유로 천대받은 모습을 어떻게 목격했고, 그가 예일대학을 어떻게 졸업했으며, 대학을 졸업한 뒤 먹을 것도 잠잘 곳도 없는 흑인 처지를 어떻게 극복했는가를 감동깊게 설명하였습니다.

하루 3달러를 받고 소몰이 일을 하면서 온갖 천대를 받은 할아버지, 흑인이라는 이유로 한 번도 목욕탕에 못 들어간 할머니를 직접 모시고 나와 방청객에 앉게 하고는 "그런 악조건에서도 정직하고 성실*(진실)*하게 살면 길이 열리는 공정한 구석이 있다는 것을 저분들께 직접 배웠다"고 설명하였습니다. 그는 만일 대법관에 임명되면 성실*(진실)*하고 온당하며 정직하게 임무를 수행하겠다고 말하였습니다.

청문회 장소를 꽉 메운 상원의원, 방청객 그리고 TV를 보던 모든 미국 국민들은 그의 솔직하고 감동적인 성장 배경 설명에 크게 마음이 움직였습니다.

TV 해설자는 감동적인 장면이라고 소감을 밝혔습니다. 그와 관계를 맺고 있던 미상원 법사위원과 대법관 지명의 찬성론자, 반대론자 그리고 T.V를 지켜보던 온 국민과의 갈등관계도 그의 진실 앞에 모두 감동해버렸습니다. 이처럼 진실은 관계를 치유하는 근본 원리입니다.

◆ **사랑입니다**

본문 4:15에 "오직 사랑 안에서 참된 것을 하며"라고 하였습니다.

모든 관계의 기본 핵심은 [마 22:37-39]에서 사랑이라고 주님은 말씀하고 있습니다. 하나님과의 관계도 사랑이요, 나 자신과 이웃과의 관계도 사랑임을 말씀하고 있습니다.

사랑은 있는 그대로 받아주는 것*(롬 15:7)*입니다. 사랑은 모든 것을 덮어주는 것*(고전 13:7)*입니다. 사랑은 상대방의 욕구와 필요를 채워주는 것입니다. 그러므로 사랑은 모든 관계를 치유하는 핵심입니다. 사랑을 하면 변연계에 BDNF*(뇌 신경영양인자)*를 만들어내며, BDNF는 스트레스를 막아주는 역할을 합니다. 사랑은 뿐만 아니라 엔돌핀이나 도파민도 생산하여 자신은 물론 주위에 행복을 주기 때문에 사랑보다 더 큰 에너지는 없습니다.

◆ 용서입니다

본문 32절에 "서로 용서하기를 하나님이 그리스도 안에서 너희를 용서하심 같이 하라."고 하였습니다. 이 말씀은 치유의 중심이 용서에 있다는 말씀입니다. 십자가 선상에서 그의 대적들을 향해 "아버지여 저희를 사하여 주옵소서. 자기의 하는 것을 알지 못합니다."*(눅 23:34)*

용서하지 않을 때 원한이 생기고 파괴적인 죄를 만드는 결과를 이끌어냅니다. 또한 용서하지 않을 때 분노가 일어나며 사탄이 활동하도록 자기의 마음 밭을 만들어주게 됩니다. "분을 내어도 죄를 짓지 말며 해가 지도록 분을 품지 말고 마귀로 틈을 타지 못하게 하라"*(4:26-27)*라고 경고하시는 것입니다.

또한 용서는 모든 악독을 제거하고 성령의 열매를 맺도록 하는 것입니다. 예수님은 "…너희가 사람의 과실을 용서하면 너희 천부께서도 너희 과실을 용서하려니와 너희가 사람의 과실을 용서하지 아니하면 너희 아버지께서도 너희 과실을 용서하지 아니하시리라"*(마 6:14-15)*라고 하였습니다.

우리 자신을 위한 하나님의 용서, 다른 사람에 대한 우리의 용서는 관계적 삶을 풍성하도록 만들어줍니다.

우리는 서로 한 지체입니다. 마음과 뜻을 같이 하는 하나의 지체입니다. 손가락 하나가 아프면 전신이 아픔을 느끼듯이 관계적 삶이 건전하면 우리의 삶은 풍요로워집니다.

우리가 살고 있는 삶의 현장에 거짓이 판을 치고 자기를 속이고 남을 속여서 관계를 파괴하는 사람들이 있습니다. 충동적인 분노로 대인관계를 파괴하는 사람들이 있습니다. 더러운 말을 하여 관계를 파괴하는 사람들도 있습니다. 이제 우리는 관계를 촉진시켜 주고 관계를 치유하는 삶으로 살아가야 합니다.

관계를 치유하는 힘은 바로 진실입니다.

진실만이 우리의 관계를 회복시켜 줍니다.

관계를 치유하는 또 하나의 힘은 바로 사랑입니다.

사랑은 모든 것을 덮어 주고 수용하는 치유의 핵심입니다.

관계를 치유하는 마지막 힘은 바로 용서입니다.

관계를 치유하는 삶은 주님이 재림하실 때까지 "네 영과 혼과 몸이 흠없이 보존"되기를 원하시는 간절한 소망을 이루는 길입니다.

관계를 치유하는 삶은 바로 치유상담자의 삶입니다. 또한, 관계를 치유하는 삶은 주님이 오신 목적인 풍성한 삶*(요 10:10)*을 이루는 길입니다.

열등감을 극복한 축복

1 예수께서 여리고로 들어가 나가시더라 2 삭개오라 이름하는 자가 있
으니 세리장이요, 또한 부자라 3 저가 예수께서 어떠한 사람인가 하여
보고자 하되 키가 작고 사람이 많아 할 수 없어 4 앞으로 달려가서 보
기 위하여 돌무화과나무에 올라가니 이는 예수께서 그리로 지나가시게
됨이러라 5 예수께서 그 곳에 이르사 쳐다보시고 이르시되 삭개오야 속
히 내려오라 내가 오늘 네 집에 유하여야 하겠다 하시니 6 급히 내려와
즐거워하며 영접하거늘 7 뭇 사람이 보고 수군거려 이르되 저가 죄인의
집에 유하러 들어갔도다 하더라 8 삭개오가 서서 주께 여짜오되 주여
보시옵소서 내 소유의 절반을 가난한 자들에게 주겠사오며 만일 누구
의 것을 빼앗은 일이 있으면 네 갑절이나 갚겠나이다 9 예수께서 이르
시되 오늘 구원이 이 집에 이르렀으니 이 사람도 아브라함의 자손임이
로다. 10 인자가 온 것은 잃어버린 자를 찾아 구원하려 함이니라.*(누가복음 19장 1-10절)*

열등감은 모든 인간에게 보편화된 심리현상입니다. 개인 심리학을 창립한 아들러*(Adler)*는 인간은 불완전한 존재로서 누구나 어떤 측면에

서 열등감을 느끼고 있다고 보았습니다. 아들러의 생애 자체는 열등감을 극복하기 위한 삶이었습니다.

허약한 몸, 동생의 죽음, 급성 폐렴으로 죽음에 대한 직접적인 경험 등 불행한 어린 시절을 보냈습니다. 그러나 성장하면서 자신의 열등한 측면을 극복하기 위해 최선을 다했습니다. 자기의 완성을 이루기 위해 자신이 느끼는 열등감을 극복해야 한다고 강조하였습니다.

삭개오의 열등감에는 3가지가 있습니다

◆ 신체적 열등감입니다

본문 3절에 "저가 예수께서 어떠한 사람인가 보고자 하되 키가 작고"라고 하였습니다.

삭개오의 열등감은 키가 작은 신체적 문제입니다. 요즘 현대인들의 신체적 열등감은 극에 달했습니다. 자신의 외모 콤플렉스에서 벗어나기 위한 사람들로 성형외과가 붐비고 있습니다.

가난한 동네에는 이비인후과 병원이 많고 잘 사는 동네에 가면*(청담동)* 성형외과가 판을 치고 있습니다. 저도 외모 콤플렉스가 있습니다. 아무리 웃는 사진을 찍으려 해도 잘 안 됩니다. 아마 여러분도 외모에 대한 콤플렉스가 모두 있을 것이다.

삭개오는 예수님께서 여리고에 온다는 소문을 듣고 왔습니다. 그러나 사람들이 너무 많았고 키가 작아 사람들 넘어서 예수님을 볼 수 없었습니다. 작은 키에 대한 열등감은 여지없이 자신의 한계를 맛보게 합니다.

특히 청소년의 외모 콤플렉스는 대단히 심합니다. 어떤 학생은 웃는 모습이 이상하다고 상담을 받으러 온 예도 있습니다.

신체적 열등감, 장애인, 왕따, 외모 · 복장 · 모양 · 몸무게

◆ 심리적 열등감입니다

본문 3절에 "저가 보고자하되…키가 작고 사람이 많아 할 수 없어"라고 하였습니다. 신체적 열등감이 심리적 열등감으로 나타나고 있습니다.

"나는 할 수 없어"라는 생각입니다.

"나는 배우지 못했으니 아무것도 할 수 없어"

"나는 사람이 많아서 예수를 볼 수가 없어"

"나는 말하는 솜씨가 없어서 성공 할 수 없어"

심리적 열등감은 곧 잘 무력감으로 인도합니다.

나는 능력이 없어서 아무것도 할 수 없어.

나는 기술이 없어서 아무것도 할 수 없어.

나는 지성이 없어서 아무것도 할 수 없어.

나는 나이가 많으니 공부 할 수 없어.

할 수 없다는 것은 심리적 열등감을 나타내는 말입니다. 할 수 없다는 것은 곧 자기 패배의 원흉입니다. 할 수 없다는 것은 자기의 무능을 합리화시키는 말입니다.

◆ 사회적 열등감입니다

본문 2절에 "삭개오라 이름하는 자가 있으니 세리장이요, 또한 부자"

라고 하였습니다. 그런데 본문 7절에 보니 "뭇사람이 보고 수군거려 가로되 저가 죄인의 집에 유하러 들어갔도다"라고 하였습니다.

삭개오는 세리장이니 사회적 지위가 있는 사람이고 부자로 살고 있으니 경제적 형편도 좋은 사람입니다. 사회적 신분이나 경제적 부유함을 누리는 사람이지만 떳떳하지 못한 사람이며 부정하게 돈을 벌었기 때문에 모든 사람이 그를 가리켜 죄인이라고 말하고 있습니다. 사회적 관심을 끌지 못한 사회적 열등감에 꽉 차 있는 사람입니다.

아들러에 의하면 사회적 관심이란 다른 사람의 눈으로 보고, 다른 사람의 귀로 듣고, 다른 사람의 마음으로 느끼는 것을 의미합니다. 아무리 봐도 삭개오는 죄인이었습니다. 결코 그는 행복할 수 없습니다. 지위가 행복을 가져다 준 것이 아닙니다. 신분이 행복을 가져다 준 것이 아닙니다. 경제적 풍요함이 행복을 가져다 준 것이 아닙니다. 사회적 관심을 얻지 못한 사회적 열등감으로 그는 아무것도 할 수 없는 불행한 사람이었습니다.

열등감을 극복하는 방법이 제시되고 있습니다

◆ 적극적 사고입니다

본문 4절에 "앞으로 달려가보기 위하여 뽕나무에 올라가니…"라고 하였습니다. 순식간에 떠오른 기발한 생각을 했습니다. 키도 작고 사람도 많아 예수님을 볼 수 없는 열등감을 극복하기 위한 적극적인 사고입니다. 아무도 그런 생각을 못했습니다.

뽕나무로 올라가면 되겠다는 생각입니다. 그래서 신체적 열등감과 심리적 열등감을 딛고 일어났습니다. 달려가 뽕나무 위로 올라가니 예수님을 볼 수 있었습니다. 우리는 늘 환경 탓, 자기 탓의 덫에 밀려 자포자기 하는 경우가 많습니다.

◆ 목표가 분명했습니다

여리고를 지나가시는 예수님을 한번이라도 보아야 되겠다는 굳은 목표가 있었습니다. 현재의 여건은 안되지만 그의 목표를 향한 신념은 뽕나무에 올라가서라도 예수님을 보아야 되겠다는 것입니다. 목표가 있는 사람이 성취의 기쁨을 맛봅니다. 목표가 있는 사람이 성공을 하게 됩니다.

◆ 현재의 자리에서 일어났습니다

뽕나무는 그의 자리가 아니었습니다. 거리를 두어서는 안 됩니다. 관망해서는 안 됩니다.

◆ 주님과의 개인적 만남입니다

본문 5절에 "예수께서 그곳에 이르셔 우러러 보시고 이르사, 삭개오야 속히 내려오라, 내가 오늘 네 집에 유하여야 하겠다 하시니"라고 하였습니다.

본문 6절에 삭개오는 급히 내려가 즐거워하며 영접하였습니다.

주님과의 개인적 만남이 필요합니다. 그 많은 군중가운데 삭개오를 택하여 개인적인 만남을 가졌습니다. 여러분 상상해 보십시오. 얼마나 자존감이 올라갔겠습니까? 주님을 만나고 자신감을 회복하였습니다.

오늘도 열등감에 싸여 있을 때 여러분의 이름을 부르는 주님의 음성을 듣기를 바랍니다. 그러면 힘과 용기가 생기고 행복이 생깁니다.

· 만일 대통령이 여러분의 이름을 부르시면 기분이 어떻겠습니까?

· 만일 구청장이 여러분의 이름을 부르시면 기분이 어떻겠습니까?

예전에 미국 Cohen 대학교의 창립자이자 설립 총장이신 Dr. Paul Kang이 한국에 오신 적이 있습니다. 새로 교수임명장과 협정서를 가지고 오셔서 저의 이름을 호명하시며 교수임명장을 주시고 사진도 찍었습니다. 그 해 교수임명에서 본교 출신이 아닌 사람을 임명하는 것은 처음이라고 했습니다. 총장님과의 만남도 그렇게 좋은데, 주님과의 만남은 용기와 행복과 감사가 넘치게 합니다. 자존감도 회복되는 것입니다.

열등감을 극복한 사람에게 축복이 임했습니다

◆ 복은 심리적 축복입니다

이는 자기 수용이라는 건강한 자아상의 축복입니다. 본문 8절에 "… 내 소유의 절반을 가난한 자들에게 주겠사오며 만일 뉘 것을 토색한 일이 있으면 4배나 갚겠나이다"라고 하였습니다.

삭개오는 자기 자신이 누구인 줄 알았습니다. 죄인이라는 사실입니다. 자기를 알고 자기를 받아들이는 것이 자기 수용입니다. 자기 수용은 곧 건전한 자아상을 가지게 합니다. 건전한 자아상은 곧 자신을 가치 있게 느끼게 합니다. 자신에 대하여 좋게 여기고 자신을 사랑할 줄 알게 합니다. 자신의 약점까지라도 모두 수용하는 것입니다.

삭개오는 자신이 죄인이라는 사실을 수용하게 되었습니다. 열등한 자아상을 가진 사람은 항시 자신을 신뢰하지 못하기 때문에 다른 사람의 공격이 두려워 자신의 생각을 표현하지 못하고 주저하고 움츠리고 살아갑니다.

◆ **복은 영적 축복입니다**

본문 10절에 "오늘 구원이 이 집에 이르렀다"고 하였습니다. 구원(소조)은 사망에서 생명을 살리는 것입니다. 또한 구원은 위기에서 우리를 구출해내는 것입니다. 그는 죄에서 해방되었습니다.

열등감에서 벗어나야 구원의 기쁨을 누립니다.

열등감에서 벗어나야 자기 성장의 기쁨을 누립니다.

열등감에서 벗어나야 자기 가치의 기쁨을 누립니다.

열등감에서 벗어나야 소망의 기쁨을 누립니다.

역설적으로 열등감이 성공을 향한 동기부여가 되어야 합니다.

역설적으로 열등감이 자기완성을 향한 동기부여가 되어야 합니다.

역설적으로 열등감이 그 나라와 의를 향한 동기부여가 되어야 합니다.

역설적으로 열등감이 생명을 살리는 동기부여가 되어야 합니다.

역설적으로 열등감이 위험에 처한 또 위기에 처한 사람을 살리는 동기부여가 되어야 합니다.

삭개오처럼 할 수 없다는 열등감에 사로잡히지 말고 열등감을 딛고 일어서야 합니다.
키가 작아서 할 수 없다, 돈이 없어서 할 수 없다, 시간이 없어서 할 수 없다, 나이가 많아서 할 수 없다. 이런 열등감을 극복함으로 우리는 주님의 축복을 받아야 합니다.
자신의 열등한 환경에서 일어나 영혼의 파수꾼으로 주님 재림할 때까지 일하시는 영광스러운 동역자가 되어야 합니다.

정신적 외상에서 자유함을 얻게 하소서

(Trauma의 치유)

1 요셉이 시종하는 자들 앞에서 그 정을 억제하지 못하여 소리질러 모
든 사람을 자기에게서 물러가라 하고 그 형제에게 자기를 알리니 때에
그와 함께한 자가 없었더라 2 요셉이 방성 대곡하니 애굽 사람에게 들
리며 바로의 궁중에 들리더라 3 요셉이 형들에게 이르되 나는 요셉이라
내 아버지께서 아직 살아 계시니이까 형들이 그 앞에서 놀라서 능히 대
답하지 못하는지라 4 요셉이 형들에게 이르되 내게로 가까이 오소서 그
들이 가까이 가니 가로되 나는 당신들의 아우 요셉이니 당신들이 애굽
에 판 자라 5 당신들이 나를 이곳에 팔았으므로 근심하지 마소서 한탄
하지 마소서 하나님이 생명을 구원 하시려고 나를 당신들 앞서 보내셨
나이다 6 이 땅에 이년 동안 흉년이 들었으나 아직 오년은 기경도 못하
고 추수도 못할찌라 7 하나님이 큰 구원으로 당신들의 생명을 보존하고
당신들의 후손을 세상에 두시려고 나를 당신들 앞서 보내셨나니 8 그런
즉 나를 이리로 보낸 자는 당신들이 아니요 하나님이시라 하나님이 나
로 바로의 아비를 삼으시며 그 온집의 주를 삼으시며 애굽 온 땅의 치
리자를 삼으셨나이다.*(창세기 45장 1-8절)*

평범한 사람의 80~90%는 일상생활을 하다가 한 번씩 끔찍한 일을 경험하게 되는데, 이 중의 10~20%가 외상 후 스트레스를 겪게 됩니다. 아동이나 청소년의 경우 사고의 빈도는 적으나 일단 사고가 나면 PTSD의 위험성은 더 크며 일반적으로는 50대 여성에서 가장 많이 발생하고 있습니다.

눈만 뜨면 수많은 사건과 사고, 질병과 불행은 끊임없이 우리의 삶을 흔들고 예기치 않던 불안과 불안전한 환경으로 정서적 혼란까지 야기시키고 있습니다. 스트레스는 가정이나 학교, 직장 그리고 군대 어느 곳에서든 출현되며 보편화 되고, 이것이 반복되어서 그 외 충격적인 사건들이 가중되면 곧바로 정신적인 외상에 노출됩니다.

대학에 낙방하는 것도, 사업에 실패하는 것도 충격적 경험이 될 수 있으며, 폭력을 당하는 것이나 무시를 당하는 것도 충격적 경험이 될 수 있습니다. 직장에서 명퇴하거나 조퇴하는 것도 충격적 경험이며, 그 무엇보다 전쟁이나 천재지변, 화재사고, 재해나 재난을 당하는 것도 물론 충격적 경험으로 다가옵니다. 또 사랑하는 사람이 죽는다든가 자해나 자살하는 것도 충격적 경험이며, 교통사고나 사기 당하는 것, 가혹행위 등도 충격적 경험이 될 수 있습니다.

부모로부터의 언어적 학대나 정서적 방임이나 무관심도 충격적 경험이며, 학교에서 왕따를 당하거나 집단 따돌림을 당하는 것도 모두 충격적 경험이 될 수 있습니다. 군대에서 상임자에게나 동료에게 당하는 구타나 가혹행위도 마찬가지입니다. 이처럼 충격적 경험이나 반복되는 스트레스는 정신적 외상이 되어 인지적, 감정적 및 사회적응을 잘

못하게 만듭니다.

정신적 외상은 환경이나 대인관계, 그리고 정신건강의 취약성을 지니게 함으로써 마침내는 임상적인 증상이나 장애(병)로도 얼마든지 발전시킵니다.

부모의 언어폭력이나 학대, 그리고 정서적 방임들이 애착외상의 기본이 됩니다. 그리고 학교폭력이나 왕따, 집단 따돌림은 정신적 외상의 소인이 됩니다. 그러다가 이후 충격적 경험을 하게 되면 자아가 무너져 여러 가지 정신 병리를 야기합니다.

외상은 크게 5가지로 나누고 있습니다.

충격적인 일회적 외상과 자연재해 외상 그리고 반복적 외상과 애착외상, 마지막으로 반복되는 스트레스를 통한 외상입니다. 이러한 외상은 정신적 외상이 되어 우리의 삶을 지배하여 사회관계 뿐만 아니라 정신 병리를 야기합니다.

충격적인 외상에서 자유함을 얻습니다

충격적이고 일회적인 외상은 치명적입니다. 폭력이나 성폭력을 당했다든가 교통사고나 강도를 당했다든가 가까운 사람의 죽음은 크나큰 정신적 충격이 됩니다.

[욥기 1장 13-22]를 보면, 욥이 당한 정신적 외상 사건을 잘 묘사하고 있습니다. 맏형 집에서 식사를 하고 있는데, 스바 사람이 와서 소와 암나귀를 빼앗고 종들이 칼로 쳐 죽임을 당하고, 하늘에서 불이 내려와 양떼와 종들이 불에 타 죽고, 갈대아 사람이 세 그룹으로 나타나 낙타

를 약탈하며, 태풍이 불어 집 네 모퉁이를 쳐 자녀들이 한꺼번에 압사를 당하여 죽는 엄청난 충격적 사건을 경험하였습니다.

욥은 이런 충격적 사건이 한꺼번에 터져, 정신적 외상은 말로 표현할 수 없는 처지에 놓인 것입니다. 너무 기가 막혀 말문이 안 나오고 해리증상이 나올 법한데, 욥의 신앙은 절대적이었습니다. 하늘을 향하여 원망할 법도 한데, 그는 하나님의 절대 주권 앞에 절대 순종하는 신앙의 본을 지킨 것입니다. 이렇게 벌어진 모든 일에도 범죄치 아니하고 하나님을 향하여 원망하지도 않았다는 사실입니다. 그리고 욥은 "주신 자도 여호와시요, 취하신 자도 여호와시니 여호와의 이름이 찬송을 받을지어다."라고 고백한 것입니다.

엄청난 충격적 사건으로 정신적 외상을 입었지만 하나님을 향한 주권 앞에 절대 신앙으로 극복한 것입니다. 생각할 수 없고 말로 표현할 수 없는 엄두가 나지 않는 충격적 외상앞에 절대 신앙으로 자유함을 얻게 된 것입니다.

자연재해 외상에서 자유함을 얻습니다

[마 7:24-27]은 자연재해 외상을 어떻게 극복해야 하는지를 예수님께서 말씀하고 있습니다.

자연재해 외상은 지진이나 홍수, 전쟁이나 재앙, 테러 등을 말합니다. 세월호 참사나 비행기 추락도 여기에 속합니다. 몇 년 전 국소성 폭우로 경상남도 창원에서는 달리던 버스가 물속으로 곤두박질하여 타고 있던 승객 7명이 죽임을 당했습니다.

자연재해 외상에 대한 그리스도인의 태도를 기록하고 있습니다.

24절 : 그러므로 누구든지 나의 이 말을 듣고 행하는 자는 그 집을 반석 위에 지은 지혜로운 사람 같으리니

25절 : 비가 내리고 창수가 나고 바람이 불어 그 집에 부딪히되 무너지지 아니하나니 이는 주초를 반석 위에 놓은 연고요.

26절 : 나의 이 말을 듣고 행치 아니하는 자는 그 집을 모래 위에 지은 어리석은 사람같으리니

27절 : 비가 내리고 창수가 나고 바람이 불어 그 집에 부딪히매 무너져 그 무너짐이 심하니라 고 하였습니다.

비가 내리고 창수가 나고 바람이 불어 집이 무너지는 것은 강력한 태풍을 말하는 것으로 이것이 바로 자연 재앙입니다. 자연 재앙은 무서운 외상입니다. 이러한 무서운 재앙을 극복하는 길은 오직 말씀을 듣고 행하는 자라야 된다는 것입니다. 이런 사람은 정신 기둥을 반석 위에 세운자요, 지혜로운 사람이라고 말씀하고 있습니다. 평소에 말씀 위에 인격의 집을 든든히 세워야 자연재해 외상으로부터 자유로워질 수 있습니다.

말씀을 듣고 행치 아니하는 자는 모래 위에 세운 사람과 같아서 태풍이 오면 무너져 쉽게 쓰러진다고 말씀하고 있습니다*(26절, 27절)*. 그래서 자연재해 외상에서 자유롭게 살려면 오직 말씀을 듣고 행하는 자만이 가능한 것입니다.

반복적인 스트레스에서 자유함을 얻습니다

사랑받아야 하는 것이 인간입니다. 아마 모든 유기체는 사랑으로 성장한다고 해도 과언이 아닙니다.

아이가 출생 후 엄마의 사랑을 받다가 동생이 태어나면 형, 누나는 큰 스트레스를 받습니다. 엄마가 일이 바쁘다고 외갓집이나 시설기관에 맡겨 놓은 것도 엄청난 스트레스입니다. 대학에 떨어진 것도 스트레스인데 반복적으로 떨어지면 더 심각해집니다. 사업에 계속 실패해도 큰 충격이 받아 자살을 하게 됩니다. 부부간의 계속되는 갈등을 통한 스트레스도 무거운 정신적 충격이 됩니다. 경쟁사회에서 성공하지 못하여 계속 뒤쳐진다면 그것 또한 커다란 스트레스로 작용하여 정신건강에 큰 문제를 일으킵니다.

극심한 스트레스가 반복되면 뇌의 청반에 문제를 일으켜 노르에피네프린의 분비에 이상을 일으켜 내분비선의 축에 영향을 끼칩니다. 뇌간의 솔기핵*(raphe nuclei)*에 영향을 주어 세로토닌의 분비에 이상이 생깁니다. 그리고 결국 부신피질이 영향을 주어 코르티솔을 분비케 하여 여러 가지 정신병리현상을 나타나게 합니다.

외상 후 스트레스를 받은 사람들의 뇌를 보면 해마와 편도체가 활성 되고 안와전두피질의 활동이 감소되어 많은 정서적 인지적 문제를 야기합니다. 큰 사고를 경험하게 되어 사건 발생 후 3일에서 1날 이내에 정신적 후유증이 나타나면 급성 스트레스 장애라고 부르며 그 이후에도 증상을 계속 보이면 외상 후 스트레스장애*(PTSD)*라고 정의합니다.*(DSM-5, APA)*

외상 후 스트레스 장애가 걸리면 주요우울증, 알코올 남용/의존, 강박장애, 공포장애, 조울증 등 갖가지 정신장애를 함께 유발할 수 있습니다. 그래서 스트레스를 반복적으로 받을 때 병이 되지 않도록 해야 합니다.

성경에 보면 모세는 이스라엘 백성을 이끌고 애굽을 탈출하였습니다. 그러나 백성들은 모세를 원망하는 데 극에 차 있었습니다. 만나 이외에는 먹을 것이 없어 에너지가 다 고갈되었다고 외칩니다.*(민 11:6)*

이스라엘 백성은 울기까지 합니다. 모세는 하나님을 향하여, "어찌하여 종을 괴롭게 하시나이까, 백성을 내게 맡기사 나로 그 짐을 지게 하시나이까"*(민 11:11)*라며 호소합니다. 백성을 이끄는 과중한 책무를 더 이상 혼자 질 수 없다*(민 11:14)*고 하면서 마지막으로 "즉시 나를 죽여…" 달라는 간곡한 기도를 드립니다. 하나님을 향한 죽음을 각오한 기도를 드린 것입니다. 그럴 때 하나님이 응답하였습니다. 이스라엘 백성이 60만 명이었는데, 1개월 동안 고기를 먹게 하시겠다는 하나님의 약속입니다*(민 11:21)*. 반복되는 과중한 책무를 지닌 모세의 죽음을 각오한 기도가 응답된 것입니다.

또 엘리야도 이세벨이 죽이고자 하여 광야까지 도망갔습니다. 계속되는 생명의 위기를 엘리야는 눈물로 기도했습니다. "…내 생명을 취하소서"*(왕상 19:4)* 생명을 다하여 기도 했습니다. 천사가 나타나서 "일어나서 먹으라"*(왕상 19:5)* 응답하였습니다. 과중한 스트레스, 반복되는 스트레스에서 자유함을 얻는 길은 생명을 바친 간절한 기도입니다.

애착외상에서 자유함을 얻습니다

애착외상에는 양육자의 무관심이나 분리, 비교, 거절, 박탈감이나 방임 그리고 따돌림 등이 대표적입니다.

미국 소아과학회에서는 만 2살 미만에는 주 양육자를 두 번 이상 바꾸지 말라고 하였습니다. 애착외상이 되어 크게 상처를 받기 때문입니다. 반복적인 외상 사건은 애착외상이 됩니다. 가정폭력이나 성적 학대, 신체적 정서적 학대는 애착형성을 가로막는 역할을 합니다.

성경에서 요셉은 형들의 시기와 질투로 유기를 당한 자요, 방임을 당한 자요, 무시와 부당한 대우를 받은 자요, 정서적 학대를 받은 자요, 분리와 거부를 당한자요, 따돌림을 당한 자입니다. 애착외상의 전형적인 인물입니다. 형들은 요셉을 죽이려고 구덩이까지 파서 신체적 학대를 가한 자들입니다. 간신히 생죽음을 면하고 미디안 사람에게 팔려간 뒤 애굽 바로의 신하 시위대장인 보디발에게 팔려갑니다.*(창 37:18-36)*

요셉은 이처럼 정서적 학대는 물론 유기와 방임을 몸소 느끼며 따돌림을 당한 장본인입니다. 그런데 그 어떤 불평이나 호소가 성경엔 아무것도 표현되어 있지 않습니다. 그것은 당연히 인간이 가질 수 있는 정서가 숨겨져 있기 때문에 구태여 묘사할 필요가 없는 것입니다.

아주 어릴 때 학대나 방임 등 애정결핍을 당하면 애착형성을 방해받고 사춘기 이후의 대인관계에도 실패하기 쉽습니다. 애착을 가진 사람과 분리될 때, 뇌의 전대상회는 활발히 움직이고 편도체도 강하게 흥분됩니다. 그리고 전전두엽의 기능이 저하되어 자제력이 없어지고 충동성과 공격성으로 반항적인 아이로 성장할 수밖에 없습니다.

정신적 외상을 겪으면 뇌의 변연계가 쪼그라져 수면이나 불안, 그리고 충동성에 사로잡힙니다. 학대는 뇌의 기능을 제대로 작동할 수 없게 만듭니다. 여객선 세월호의 침몰은 온 국민의 마음을 빼앗아간 정신적 외상을 준 충격적 사건입니다.

한편, 최근에는 관심병사들의 여러 가지 충동성이나 공격성 그리고 자살 등의 사건들이 뉴스의 초점이 되고 있습니다. 이러한 관심병사들의 문제는 그 현상 이면에 깊이 숨어 있는 애착외상의 심리적 요인이 작용하는 데 원인이 있습니다. 우리나라 육해공군이 63만인데 그 중에 관심병사 A, B, C급이 무려 22%라고 하니 문제가 클 수밖에 없습니다.

정신적 외상을 경험하게 되면 자율신경이 흥분됩니다. 그래서 무모하게 파괴적인 행동을 하게 되고 신체적 또는 언어적, 공격성으로 과민성을 지니게 되며 커다란 분노를 표출하게 됩니다. 어떤 일에도 집중하지 못하고 잠을 제대로 못자니 문제가 될 수밖에 없습니다. 심해지면 자기가 자신이 아닌 듯한 해리성 증상도 나타납니다.

정신적 외상은 신경전달물질인 노르에피네프린이나 도파민 수준에도 문제를 일으켜 전전두피질의 통제 균형을 깨뜨립니다.

어린 시절의 학대나 무관심, 애정 박탈, 따돌림 등은 모든 애착외상이 되어 뇌 기능의 이상을 초래할 수밖에 없습니다. 요셉은 집단 따돌림을 당하여 애굽에 팔려 왔으니, 크나큰 외상을 입은 것입니다. 정상적이라면 불안하고 분노하며 형들을 죽이고 싶어 잠을 못 잤을 것입니다. 뇌 기능이 제대로 작동하지 않고 자율신경도 제 기능을 못하는 파국 앞에 서 있었을 것입니다.

그러나 요셉의 정신건강은 참으로 남과 달랐습니다. 형들의 시기와 질투, 유기, 따돌림, 인신매매, 분리를 당한 일은 결코 잊을 수 없었을 것입니다. 마음속 깊이 새겨져 있었습니다. 그래서 요셉은 자신의 큰 아들 이름을 므낫세라 하였습니다. 그 뜻은 "하나님이 나도 나의 모든 고난과 나의 아비의 온 집 일을 잊어버리게 하셨다"*(창 41:51-52)*는 의미입니다. 둘째 아들의 이름은 에브라임인데, 그 뜻은 "하나님이 나로 나의 수고한 땅에서 장성하게 하셨다"는 의미로 이름을 지었습니다. 이처럼 요셉은 그 상처를 잊지는 못했지만 하나님을 향한 믿음으로 긍정적 사고를 했음을 알 수 있습니다.

드디어 흉년이 들어 애굽으로 찾아온 형들을 만나게 될 때, 정이 많은 요셉은 형들을 향한 긍정적 사고를 찾아 볼 수 있습니다.

"당신들이 나를 이곳에 팔았으므로, 근심하지 마소서. 한탄하지 마소서. 하나님이 생명을 구원하시려고 나를 당신들 앞서 보내셨나이다." *(창 45:5)*. 또 "…나를 이리로 보낸 자는 당신들이 아니요. 하나님이시라"*(창 45:8)* 고 고백하였습니다.

커다란 애착외상을 당한 요셉은 긍정적인 사고를 통해 자신의 고난을 극복하였습니다. 마음속 깊게 응어리져 있는 아픔을 긍정적 사고를 통해 자유함을 얻은 것입니다. 그리하였기에 애굽의 총리까지 된 것입니다.

인생은 고해와 같습니다. 순풍만이 있는 것이 아니고 '유라굴로' 같은 태풍이 우리 삶을 엄습하기도 합니다. 세월호 같은 어처구니없는 참사를 당하기도 합니다. 여행을 하다가 비행기가 추락하기도 합니다. 버스를 타고 가다 추락하는 사건을 경험하기도 합니다. 느닷없는 총기사고나 폭행을 당하기도 합니다. 과중한 업무 때문에 정신적 고통을 당하기도 합니다. 외상 후 여러 가지 증상을 통해 정신건강을 잃은 사람들이 많이 있습니다.

욥은 충격적인 외상 앞에서도 "주신자도 여호와시요. 취하신 자도 여호와시니 여호와의 이름이 찬송을 받을지어다*(욥 1:21)*"라는, 이런 절대 신앙으로 정신적 외상에서 자유함을 누려야 합니다.
태풍이 몰아친 자연재해를 통해 정신적 외상을 크게 경험할 때도 예수님께서는 "누구든지 나의 이 말을 듣고 행하는 자*(마 7:24)*"가 되어야 한다고 하였습니다. 이처럼 말씀 중심의 반석 위에 세운 지혜로운 사람으로 승화되어 정신적 외상에서 자유함을 누려야 합니다.
요셉처럼 애착외상에서 정신적 외상을 경험하였지만 "하나님이 생명을 구원하시려고 나를 당신들 앞서 보내셨나이다"*(창 45:5)* "그런즉 나를 이리로 보낸 자는 당신들이 아니오. 하나님이시라."*(창 45:8)*고 고백하는 요셉처럼 긍정적 사고를 통해 정신적 외상에서 자유함을 누려야 합니다.

반복되는 스트레스 앞에서도 죽음을 각오한 모세나 엘리야처럼 기도하여 정신적 외상에서 자유함을 누려야 합니다.

우리는, 무서운 재앙을 만나도 하나님을 향한 절대 신앙으로 자유함을 얻어야 합니다. 무서운 태풍이 몰아친 재해 앞에서도 말씀에 순종하여 자유함을 얻어야 합니다. 가슴에 응어리진 애착외상의 상처가 있어도 긍정적인 사고로 자유함을 얻어야 합니다. 죽을 정도로 스트레스가 심하여 반복될지라도 생명을 다하는 기도를 통하여 참 자유함을 얻어야 합니다.

서로 사랑하라

[34] 예수께서 사두개인들로 대답할 수 없게 하셨다 함을 바리새인들이 듣고 모였는데 [35] 그중에 한 율법사가 예수를 시험하여 묻되 [36] 선생님이여 율법 중에 어느 계명이 크니이까 [37] 예수께서 가라사대 네 마음을 다하고 목숨을 다하고 뜻을 다하여 주 너의 하나님을 사랑하라 하셨으니 [38] 이것이 크고 첫째 되는 계명이요 [39] 둘째는 그와 같으니 네 이웃을 네 몸과 같이 사랑하라 하셨으니 [40] 이 두 계명이 온 율법과 선지자의 강령이니라. *(마태복음 22장 34-40절)*

기독교는 사랑의 종교입니다. 기독교는 사랑을 목적으로 하는 종교입니다. 사랑을 방면으로 하는 종교입니다. 기독교에서 사랑을 제외해 버린다면 이 세상에서 존재할 수 없는 무익한 종교에 불과합니다.

"사랑이 없으면 내가 아무것도 아니요"*(고전 13:2)*

"사랑이 없으면 내게 아무 유익이 없느니라"*(고전 13:3)*

그래서 기독교는 사랑을 본질로 하기 때문에 가장 위대한 종교입니다. 엄격히 말하면 우리의 신앙은 종교가 아닙니다. 왜냐하면 안에서 일어나는 영의 역사이기 때문이요, 수행종교가 아니기 때문입니다.

성경 본문에 어떤 율법사가 찾아와 계명 중에 어떤 것이 가장 크냐고 물었습니다. 다시 말하면 이 세상에서 가장 중요한 것이 무엇이냐고 말합니다. 바로 그것은 한 마디로 사랑이라고 예수님은 말씀하고 있습니다. 그래서 성경은 "새 계명을 너희에게 주노니 서로 사랑하라 내가 너희를 사랑한 것같이 너희도 서로 사랑하라"*(요 13:34)*고 기록하고 있습니다.

사랑은 하나님의 본질입니다

성경 본문 40절에 "이 두 계명*(사랑)*이 온 율법과 선지자의 강령이니라"고 하였습니다.

성경에 있는 율법을 모두 다 분석하고 선지자가 하신 말씀을 전부 분석해 봐도 그것은 사랑을 기초로 하여 쓴 말씀입니다. 사랑은 말씀의 기본입니다. 그것은 하나님의 본질이 사랑이기 때문입니다. 이것을 한 마디로 표현한 성경구절이 있습니다.

"이는 하나님은 사랑이심이라"*(요1 4:8)*고 하신 말씀입니다. '하나님이 사랑이시라'고 하는 말은 사랑의 근본이 하나님이시며 하나님 자신이 사랑의 본질이라는 말씀입니다. 그러므로 사랑을 알려면 먼저 하나님이 어떤 분인가를 알아야 합니다.

◆ 하나님은 먼저 하는 사랑*(선수적인 사랑)*입니다

[요1 4:19]에 "우리가 사랑함은 그가 먼저 우리를 사랑하셨음이니라"고 하였습니다.

우리 인간은 하나님을 사랑할 수 없는 존재입니다. 그러나 하나님이 먼저 우리를 사랑하셨다는 말씀입니다. 하나님이 우리의 어떤 공로를 보고 먼저 우리를 사랑한 것은 아닙니다. 우리가 똑똑해서 우리를 먼저 사랑한 것이 아닙니다. 우리가 지식이 많아서 우리를 먼저 사랑한 게 아닙니다. 우리가 기부금을 많이 내고 어려운 사람을 도와주어서 하나님이 먼저 우리를 사랑한 게 아닙니다. 이것은 즉, 우리의 환경이나 조건 그리고 행위를 초월해서 우리를 먼저 하나님이 사랑했다는 것을 증거합니다.

◆ 하나님은 독생자까지 아낌없이 주는 사랑입니다

[요1 4:9-10] "…우리가 하나님을 사랑한 것이 아니요, 오직 하나님이 우리를 사랑하사 우리 죄를 위하여 화목제로 그 아들을 보내셨음이니라"고 하였습니다.

[요 3:16]에 "하나님이 세상을 이처럼 사랑하사 독생자를 주셨으니 이는 저를 믿는 자마다 멸망하지 않고 영생을 얻게 하려 하심이라"고 하였습니다.

우리가 죄와 허물로 죽을 수밖에 없는 존재가 되었음에도 불구하고 우리를 사랑하셔서 하나님께서는 독생자까지 아낌없이 보내어 주시고 십자가 선상에서 그 사랑을 확증하여 보이셨습니다.

[롬 5:8]에 "우리가 아직 죄인되었을 때에 그리스도께서 우리를 위하여 죽으심으로 하나님께서 우리에 대한 자기의 사랑을 확증하셨느니라"고 하였습니다.

◆ 하나님은 한없이 용서해주시는 사랑입니다

[마 18:21-22]에 "그 때에 베드로가 나아와 이르되 주여 형제가 내게 죄를 범하면 몇 번이나 용서하여 주리이까 일곱 번까지 하오리이까 예수께서 이르시되 네게 이르노니 일곱 번 뿐만 아니라 일흔 번씩 일곱 번이라고 할찌니라"고 하였습니다.

하나님의 사랑은 일흔 번씩 일곱 번이라도 용서해 주는 사랑, 끝까지 용서를 베푸는 사랑입니다.

◆ 하나님은 복을 주시는 사랑입니다

[신 7:13-14]에 "곧 너를 사랑하시고 복을 주사 너를 번성하게 하시되 네게 주리라고 네 열조에게 맹세하신 땅에서 네 소생에게 은혜를 베푸시며 네 토지 소산과 곡식과 포도주와 기름을 풍성하게 하시고 네 소와 양을 번식하게 하시리니 네가 복을 받음이 만인보다 우승하여" 라고 하였습니다.

하나님의 사랑은 반드시 복이 따릅니다. 하나님의 사랑은 우리에게 복을 주시는 시작이요, 방편이며, 결과입니다. 그러므로 하나님을 사랑하는 자를 반드시 축복하십니다. 그것은 번성케 하는 복이요, 후손의 복입니다. 하나님은 복을 주시는 사랑이시기 때문에 우리의 모든 환경을 축복으로 충만케 채워주십니다.

사랑은 율법의 완성입니다

성경 본문은 두 계명을 사랑으로 일축하고 있습니다. 그리고 [롬

13:10]에서 "그러므로 사랑은 율법의 완성"이라고 하였습니다.

이 말은 사랑이 율법의 내용이요, 목적이요*(롬 10:4)*, 전부라는 말씀입니다. 사랑은 율법의 부족을 풍성하게 채운다는 말입니다. 그러면서 사랑은 율법의 종결이요, 성취라는 말씀입니다. 사랑은 율법에서의 해방이요, 자유입니다. 그래서 상담하실 때 율법의 끈으로 다시 속박시키는 우를 범하지 말아야 합니다.

어떤 고용인이 있습니다. 이 고용인은 법아래 있는 사람입니다. 계약된 대로 책임을 다하고 임금을 받습니다. 그런데 마침 이 고용인은 처녀이고 주인은 총각이었다고 가정해 봅시다.

이 두 사람이 서로 사랑하는 사이가 되어 결국 결혼하게 되었고 부부가 되었습니다. 아내가 되는 순간 그녀는 이제 종의 삶을 끝맺는 것입니다. 그녀는 더 이상 규칙이나 규율이나 법아래 있을 필요가 없습니다. 지켜야 할 규율은 없어지고 남편을 기쁘게 하는 데 시간을 쓰게 됩니다. 이젠 사랑의 법만이 있을 뿐입니다.

사랑은 율법의 완성입니다. 사랑은 율법에서의 해방입니다. 사랑은 율법에서의 자유입니다. 사랑은 죄와 사망의 법에서 해방시켜 주는 것입니다. 사랑의 법칙이 실현되면 어떠한 법도 이젠 필요가 없습니다. 우리 모두 다 사랑이 지배되는 심령이 되셨으면 합니다.

사랑은 대신관계의 근본원리입니다

성경 본문 37-38에 "…주 너의 하나님을 사랑하라 하셨으니, 이것이 크고 첫째 되는 계명이요"라고 하였습니다.

하나님 자신이 사랑이시기 때문에 우리는 하나님을 사랑해야 합니다. 그러므로 대신관계의 근본원리는 사랑입니다.

◆ 어떻게 하나님을 사랑해야 됩니까?

• *마음(heart)을 다하여 하나님을 사랑해야 합니다.(37절)*

인간의 모든 움직임이 마음에 달려 있습니다. 그래서 하나님은 마음을 다하여 하나님을 사랑하시기를 원합니다. 두 마음을 품지 말고, 한 마음으로 하는 사랑을 해야 합니다. 진실한 마음으로 사랑해야 합니다. 온전한 마음으로 사랑해야 합니다.

• *목숨(soul)을 다하여 하나님을 사랑해야 합니다.(37절)*

목숨은 헬라어로 '프시케'란 말인데, [신 6:5]에서는 성품*(네페쉬, 생명)*이라고 표현하고 있습니다. 하나님을 사랑하는 정도는 목숨*(생명)*을 바쳐서까지 해야 된다는 말입니다. 생명이란 모든 인간에게 단 하나밖에 없는 귀중한 것입니다. 하나님이 나에게 좋은 일을 주실 때에만 하나님을 사랑해서는 안 됩니다. 온갖 어려움 핍박과 비웃음을 당해도 참으며 하나님을 사랑해야 합니다. 모든 신앙의 선진들이 이 길을 밟았습니다. 영혼을 다하여 하나님을 사랑해야 합니다. 생명을 다하여 하나님을 사랑해야 합니다.

• *뜻(mind)을 다하여 하나님을 사랑해야 합니다.*

[신 6:5]에서는 '힘'*(메오드-might, power)*을 다하여 하나님을 사랑하라고 했으며, [막 12:30]에서는 '뜻과 힘'을 다하여 하나님을 사랑해야 된다고 표현합니다.

우리의 힘이 무엇입니까?

자신이 소유한 유형, 무형의 힘이 모두 우리에게 있습니다. 우리의 소유한 지식이나 돈이 있습니다. 우리가 소유한 기술과 실력과 능력이 있습니다. 우리가 가지고 있는 모든 기능을 다하여 하나님을 사랑해야 합니다.

◆ 하나님을 사랑하는 구체적인 생활은 어떤 것입니까?

• *그리스도를 사랑하는 생활입니다.*

"너희를 영접하는 자는 나를 영접하는 것이요 나를 영접하는 자는 나를 보내신 이를 영접하는 것 이니라"*(마 10:40)*

• *말씀에 순종하는 생활입니다.*

"네 하나님 여호와를 사랑하고 그의 말씀을 순종하며"*(신 30:20)*

"나의 계명을 지키는 자라야 나를 사랑하는 자니 나를 사랑하는 자는 내 아버지께 사랑을 받을 것이요 나도 그를 사랑하여 그에게 나를 나타내리라"*(요 14:21)*

• *예배를 드리는 생활입니다.*

"아버지께 참되게 예배하는 자들은 영과 진리로 예배할 때가 오나니 곧 이때라 아버지께서는 이렇게 자기에게 예배하는 자들을 찾으시느니라"*(요 4:23)*

• *기도하는 생활입니다.*

"여호와께서 내 음성과 내 간구를 들으시므로 내가 저를 사랑하는 도다"*(시 116:1)*

하나님을 전심전력하여 사랑하는 것이야 말로 신본주의 생활양식이며 축복의 생활원리입니다.

예배를 소중히 하는 생활, 말씀을 소중히 하는 생활, 기도하기를 힘쓰는 생활, 교회에 힘쓰는 생활을 통하여 그리스도를 생명처럼 사랑하시는 모두가 되셨으면 합니다.

사랑은 대인관계의 근본원리입니다

성경 본문 39절에 "네 이웃을 네 몸과 같이 사랑하라"고 하였습니다.

이 말씀은 이웃과의 대인관계의 근본원리가 사랑임을 가르쳐 주고 있습니다. 이것이 바로 서로 사랑하면서 살아야 되는 원리입니다.

우리가 서로 사랑해야 하는 이유에는, 사람은 하나님의 형상으로 만들어졌기 때문입니다. 이것이 또한 계명에 순종하는 일일 것입니다.

그러면 어떻게 서로 사랑해야 합니까?

• *자기 몸과 같이 사랑해야 합니다.(39절)*

남을 자기 몸처럼 사랑하는 것이 하나님의 원칙입니다.

남을 자기만큼 사랑*(롬 13:9)*하면 그 보다 더 큰 복이 없습니다. 그래서 사도 바울은 사랑의 빚 외에는 아무 빚도 지지 말라*(9절)*고 명령하면서 남을 사랑하는 자는 율법을 다 이루었다*(10절)*고 말씀하였습니다.*(롬 13:8-10)*

• *열심히 서로 사랑해야 합니다.(벧전 4:8)*

열심히 서로 사랑하라는 말은 꾸준히 변치 말고 사랑하라는 말입니다. 기분 좋을 때 사랑하고 기분 나쁠 때는 미워하는 것이 아닙니다.

때를 얻던지 못 얻던지 열심히 사랑해야 합니다.

• *오직 사랑으로 종노릇해야 합니다.*

"오직 사랑으로 종노릇하라"*(갈 5:13)*

사랑은 종의 자세로 해야 합니다. 사랑은 섬김의 자세로 해야 합니다. 사랑은 교만이나 욕심으로 하면 안 됩니다. 사랑은 명예나 지위를 탐해서도 안 됩니다. 사랑은 오직 종의 자세로 해야 합니다.

• *서로 사랑 안에서 용납해야 합니다.*

"사랑가운데 서로 용납하고"*(엡 4:2)*

사랑의 본질은 용서하는 것이요. 사랑의 정신이 용납하는 것입니다. 우리는 서로 형제의 죄와 허물을 용서하고 덮어 주고 감싸주어야만 합니다. 그것이 바로 사랑의 정신입니다. 그것이 바로 인간관계의 원리입니다. 그것이 바로 성공하는 사람들의 방식입니다.

• *원수도 사랑해야 합니다.(마 5:43-46, 눅 6:27-32)*

원수까지 사랑하라고 하는 것은 이웃 사랑의 극치입니다. 예수님이 십자가에서 보여 준 최고의 가치입니다. 인간이 할 수 없는 십자가의 사랑을 실현하셨습니다.

원수도 하나님의 생명이요, 하나님의 형상으로 지음 받은 존재입니다. 생명을 함부로 정죄하는 것은 파멸로 이끄는 범죄입니다.*(김정은, 장성택 처형 이후 일가족, 친척, 아이들까지 처형)*

원수까지 사랑하는 것은 생명 존중의 최고의 가치를 보여주고 실천하신 것입니다.

상담을 받으러 온 수많은 내담자들은 거의 하나님의 관계*(대신관계)*, 이웃과의 관계*(대인관계)*, 그리고 자신과의 관계가 파괴된 사람들입니다.

하나님을 사랑하라. 네 이웃을 네 몸과 같이 사랑하라.

바로 이 말씀은 하나님과의 관계회복이 사랑이요. 이웃과의 관계회복이 사랑이라는 말씀입니다.

사랑은 대신관계의 근본원리입니다. 하나님을 사랑하라는 것은 바로 그리스도를 영접하는 일이며 말씀에 순종하는 일이요, 예배를 사랑하며 기도하는 일입니다.

하나님과의 영적 관계는 바로 이러한 사랑을 통하여 이루어집니다. 그래서 우리는 마음을 다하고 목숨을 다하여 자기의 모든 힘과 능력을 다하여 하나님을 사랑해야 될 줄 믿습니다.

사랑은 자신과의 관계의 근본원리입니다. 이웃과의 관계회복이 사랑입니다. 이웃은 또 하나의 생명입니다. 이웃을 자기 몸처럼 사랑하고 이웃을 섬김의 자세로 사랑해야 합니다. 때를 얻든지 못 얻든지 열심히 이웃을 사랑해야 합니다.

자기를 사랑할 줄 아는 사람이 자기가치와 자존감을 누릴 수 있습니다. 보통 내담자들은 자존감이 낮아 있습니다. 자존감의 회복 없이는 이웃과의 관계나 하나님과의 관계를 친밀하게 회복할 수 없습니다. 천하보다 귀하고 고귀한 자기가치를 발견하는 것이 자기 사랑입니다.

자기 비하나 열등감으로부터 벗어나는 것이 바로 자기 사랑입니다. 자기 사랑은 정신기능을 회복시키는 길이요, 정신건강의 원동력입니다. 사랑을 통해 하나님과의 관계회복으로 용서와 축복 그리고 자유함을 누리며 또 사랑을 통해 이웃과는 성공하는 인간관계를 맺으며 살아야 합니다.

서로 사랑하라!

이것은 하나님을 감동시키고 이웃과 자신을 감동시켜 영적 건강과 정신건강의 주인공이 되라는 것입니다.

Part

05

우울증의 늪에서 나를 구원하소서

우울증의 늪에서 나를 구원하소서

9 여호와여 내 고통을 인하여 나를 긍휼히 여기소서. 내가 근심으로
눈과 혼과 몸이 쇠하였나이다. 10 내 생명은 슬픔으로 보내며 나의 해
는 탄식하며 나의 뼈가 쇠하도소이다. 11 내가 모든 대적으로 말미암아
욕을 당하고 내 이웃에게서는 심히 당하니 내 친구가 놀라고 길에서 보
는 자가 나를 피하였나이다. 12 내가 잊어버린 바 됨이 사망한 자를 마
음에 두지 아니함 같고 파기와 같으니이다. 13 내가 무리의 비방을 들
으며 사방에 두려움이 있나이다 저희가 나를 치려 의논할 때에 내 생명
을 빼앗기로 꾀하였나이다. 14 여호와여 그러하여도 나는 주께 의지하
고 말하기를 주는 내 하나님이시라 하였나이다. 15 내 시대가 주의 손에
있사오니 내 원수와 핍박하는 자의 손에서 나를 건지소서. 16 주의 얼굴
을 주의 종에게 비취시고 주의 인사하심으로 나를 구원하소서. *(시편 31
편 9-16절)*

최근 국내 연예인들의 자살 소식이 이어지고 있습니다. 한편, 자살의 원인으로 우울증이 주목받으면서 큰 사회문제로 대두되고 있습니다. 그들 중 크리스천이 많다는 소식에 우리는 놀라움을 금할 길이 없습니다.

한국보건 사회연구원의 우울증 실태조사를 보면 우리나라 청소년의 경우 특히 15~22세의 34.5%(*3명 중 1명*)가 우울증을 앓고 있으며 14%(*7명 중 1명*)가 치료가 필요할 정도로 심각한 상태입니다. 그리고 전체 국민의 25.3%(*4명 중 1명*)가 경증 이상의 우울 증세를 보이고 있다고 합니다. 이는 미국이나 일본 선진국에 비해 두 배 이상 되는 수준이라고 합니다.

성경 본문은 사울왕의 핍박을 받아 광야로 전전하며 도망 다니던 시기에 이 시를 쓴 것으로 알려져 있는데, 본문의 내용은 시편 6편의 형편과 똑같이 기록되어 있습니다.

다윗은 우리아의 범죄로 하나님의 징계를 받아 4년간 병상에 누웠습니다(*삼하 15:7*). 병석에서 당하는 고통이 말할 수 없을 정도인데 원수들은 반역을 일으키고 다른 사람이 아닌 아들 압살롬과 친구들까지 반역을 하니(*시 41:9, 55:13*), 육체적 심적 고통이 이루 말할 수 없었습니다.

위 성경 본문을 미국정신의학회의 정신장애진단 및 통계편람(*DSM-IV, 1994*)에 의한 우울증 진단(*주요 우울장애*)의 기준인 9가지 증상과 비교해 본 결과, 7가지가 해당됩니다. 그러므로 다윗의 병명은 우울증임에 틀림 없습니다. 그는 악한 병(*시 41:8*)이라 다시 일어날 수 없는 병으로 생각하였습니다.

우울증은 영혼을 약하게 합니다

성경 본문 9절에 "여호와여, 내 고통을 인하여 나를 긍휼히 여기소서 내가 근심으로 눈과 혼과 몸이 쇠하였나이다"라고 하였습니다. 여기서 '눈'은 몸이요, '혼'은 생명이요, '몸'은 배의 속(*Belly*)으로 가슴이나 마음을 가리키고 있습니다.

우울증은 몸이 쇠하여 신체적, 정서적 증상이 나타납니다

눈은 몸의 등불입니다*(마 6:22)*. 그래서 눈이 성하면 온 몸이 밝을 것이요. 눈이 나쁘면 온 몸이 어두워집니다*(마 6:23)*. 눈은 몸을 대표하는 기관인데 우울증에 걸리면 몸이 허약하여 여러 신체적 정서적 증상을 보여주게 됩니다.

◆ 첫째, 식욕장애가 일어납니다

건강한 사람은 필요한 음식의 양을 조절해 더 먹거나 덜 먹을 수 있으나 우울증에 걸리면 조절기능이 약해져서 식욕이 떨어지고 마침내 체중 감소가 흔히 일어납니다. 그러나 어떤 이는 너무 많이 먹어서 체중 과다 현상이 일어나는 경우도 있습니다. 이런 사람을 비정형 우울증이라 합니다.

우울증 환자는 하루 중 오전에 기분상태가 가장 저조하기 때문에 아침식사를 거르는 경우가 특히 많습니다. 먹는다 해도 억지로 입안에 밀어 넣는 느낌과 맛도 모르고 먹는 것이 대부분입니다. 그래서 환자들은 '모래를 씹는다'는 표현을 자주 합니다. 식욕이 너무 떨어져 섭취 칼로리의 양이 적을 때는 초콜릿을 먹으면 어느 정도 도움이 됩니다. 초콜릿에는 카카오라는 성분이 있는데, 이는 정신을 안정시키는 성분이 있어서 우울증에 어느 정도 효과가 있습니다. 또 기분을 좋게 하는 세로토닌의 분비를 촉진시키는 트립토판이라는 물질이 있어서 에너지의 집중력을 높이는 데 도움을 주기도 합니다.

◆ 둘째, 우울증에 걸리면 수면장애가 일어납니다

우울증인 사람들은 90% 이상이 잠을 이루지 못합니다. 왜냐하면 뇌의 수면 조절 기능이 약화되어 불면증에 시달리기 때문입니다.

수면에는 얕은 수면을 나타내는 램 수면(*rapid Eye movement*)과 깊은 수면을 나타내는 논램 수면(*Non-rapid Eye movement*)이 있습니다. 이 두 가지 수면이 하룻밤 동안 약 90분 주기로 4.5회 반복됩니다. 램 수면 시에는 잠이 깨어 있을 때와 비슷한 뇌파를 보이고 활발한 안구운동이 동반됩니다. 반면에 논램 수면 시에는 안구운동과 대뇌의 활동이 정지됩니다. 아침이 되면 차츰 램 수면의 비율이 증가해 잠에서 깨어납니다.

뇌에는 깨어 있는 상태를 유지하는 각성 중추와 뇌를 쉬게 하는 수면 중추가 있어서 이 둘의 균형이 제대로 유지되면 램 수면과 논램 수면이 적절하게 반복되면서 숙면을 취할 수 있습니다. 그러나 우울증에 걸리면, 각성 중추와 수면 중추를 조절하는 뇌의 작용이 약해지기 때문에 각성 중추의 활동이 더욱 활발해져서 쉽게 잠을 이루지 못합니다. 이럴 땐 간단한 해결책이 있는데, 따뜻한 물에 30분 이상 담그면 효과적일 수 있습니다.

◆ 셋째, 정서적 증상이 나타납니다

9절에 "근심으로 쇠한다"고 하였고, 10절에는 "내 생명은 슬픔으로 보내며 나의 해는 탄식으로 보낸다"고 하였습니다. 우울증에 걸리면 슬픔과 불안이 찾아옵니다. 다윗의 정서적 증상은 우울증을 대표하고 있습니다. 여기서 '생명'이란 말은 '생활한다'는 뜻입니다. 그러므로 날마다 슬픔이 생활화되었다는 이야기입니다.

'해'라고 하는 말은 긴 시간을 가리킨 것으로서 한두 달이 아니고 해를 넘기는 병, 그것도 한 해, 두 해가 아니고 자그마치 4년*(삼하 15:17)*이었으니 그 슬픔과 탄식이 얼마나 비참했는가를 보여주고 있습니다. 다윗은 슬픔과 탄식으로 하루하루를 보낸 것입니다.

우울증은 2주 이상 증상이 계속 나타날 때 진단되는데, 다윗의 이러한 정서적 증상은 4년이나 되었으니 아주 심각한 만성 우울증을 보여주고 있습니다.

◆ 넷째, 마음이 약하여 심리적 증상이 나타납니다

본문 10절에는 죄책감을 날마다 느끼면서 살고 있고, 9절에는 "몸이 쇠하였다"고 했습니다. 여기서의 '몸'은 히브리어로 '베텐'이라는 단어로서 뱃속*(Belly)*, 가슴, 마음을 뜻하는 말입니다. 또 10절에서는 "나의 뼈가 쇠하였다"고 하였는데, 심령의 근심은 뼈를 마르게 한다고 성경은 말하고 있습니다*(잠 17:22)*. 스트레스가 쌓이면 우리 몸의 콩팥 옆에 있는 부신에서 코티졸이라는 호르몬이 많이 분비되고 칼슘이 빠져나가 뼈가 녹게 되는 것입니다.

다윗은 이미 마음이 약하여 심리적으로 스트레스에 적응할 힘이 없습니다. 현대의 질병은 75% 이상이 스트레스에 의해 일어난다고 합니다. 스트레스가 지속되면 위험한 외부자극에 대응하기 위해 우리 몸은 에너지를 통해 스트레스에 저항하다가 심해지면 탈진해서 신체적인 질병이 여러 가지로 발생합니다.

인간은 해가 뜨면 낮에 일을 하고 해가 지면 밤이 되어 잠을 자는 생체 리듬을 갖고 살아갑니다. 이때 작용하는 것이 자율신경인데 이는 기상하면 12시간을 기준으로 하여 움직입니다. 낮에는 긴장과 각성에 관련한 교감신경이 기능하고, 밤에는 긴장을 풀고 안정을 주며, 에너지 저장 등 성장에 관련된 활동을 강화시키는 부교감신경이 작용하여 몸을 쉬게 함으로써 균형 있는 생활을 합니다.

그런데 스트레스가 심하면 불안하고 짜증이 나면서 교감신경이 활발해집니다. 혈압과 심박수가 상승하고 뇌와 심장에 혈액 흐름이 빨라져 면역기능이 떨어지고 자연치유력이 저하되어 여러 가지 질병이 양산되는 것입니다. 그리고 스트레스로 자율신경의 이상이 생겨 우울증도 찾아옵니다.

본문 11절에 "내가 모든 대적으로 말미암아 욕을 당하고 내 이웃에게서는 심히 당하니, 내 친구가 놀라고 길에서 보는 자가 나를 피하였나이다"라고 하였습니다. 다윗은 엄청난 상실감에 싸여 있습니다. 스트레스를 주는 주요 생활 사건 중에 상실은 우울증을 일으키는 큰 원인입니다. 원수들이 다윗을 모욕하고 친구들도 두려워하고, 길에서 보는 자도 자기를 피하고 있으니, 외롭고 쓸쓸하여 괴로운 심정을 토로하고 있는 것입니다.

다윗의 고통과 스트레스는 본문 13절에도 잘 나타나 있습니다. "내가 무리의 비방을 들어오며 사방에 두려움이 있나이다. 저희가 나를 치러 의논할 때에는 내 생명을 빼앗기로 꾀하였나이다"라고 하였습니다.

많은 무리들이 비방하며 사방에서 암시, 협박 등으로 공격해 오고 있으니 이 스트레스는 두려움으로 가득 차 있는 것입니다.

◆ 다섯째, 에너지가 상실됩니다

본문 11절에 "나의 기력이…쇠하도소이다"라고 하였습니다. 우울증에 걸리면 일에 대한 의욕이나 활기가 상실됩니다. 일하기도 싫고 말하기도 싫고 행동하기도 싫고 좋아하는 것도 싫고 모든 게 귀찮아 오직 혼자 있고 싶어 합니다. 그리고 빨리 지쳐 버립니다.

지금까지 활기나 의욕상실 같은 증상은 40대나 60대에서 많이 볼 수 있었습니다. 그러나 최근의 연구조사에 의하면 젊은 세대들에서도 활기와 의욕상실의 증상을 볼 수 있습니다. 특히 하루 중 아침에 기력이 없는 경우가 많습니다. 일찍 잠에서 깨지만 일어날 기력이 없습니다. 그래서 일어날 때까지 2~3시간이나 걸리는 경우가 많습니다. 에너지가 없다보니 집중력도 떨어집니다. 이는 우울증에 걸리면 뇌가 정보처리하는 능력이 저하되어 읽는 것이 힘들고 사고력도 떨어지기 때문입니다. 그리고 신경전달물질인 세로토닌의 부족으로 정보처리 기능을 제대로 할 수 없어 공부에 집중할 수 없고, 주부들은 집에서 가정 일을 거의 못하게 됩니다.

우울증은 인간관계를 파괴합니다

본문 13절에 "내가 무리의 비방을 들어오며 사방에 두려움이 있나이다. 저희가 나를 치러 의논할 때에 내 생명을 빼앗기로 꾀하였나이다" 라고 하였습니다.

9절에는 "…혼이…쇠하였나이다"라고 했는데, 여기서 말한 '혼'은 '네페쉬'로서 생명의 위기를 느끼고 있다는 표현입니다. "악한 병이 저에게 들었으니 이제 저가 눕고 다시 일지 못하리라(*시 41:8*)"고 생각하였습니다. 본문 11절에서도 "내가 모든 대적으로 말미암아 욕을 당하고 내 이웃에게서도 심히 욕을 당하니 내 친구가 놀리고 길거리에서 보는 자가 나를 피하였나이다"라고 하였습니다.

다윗은 모든 관계가 상실되고 있습니다. 영혼이 쇠하고 다시 나을 수 없는 병이라 생각하였으니 자기 자신과의 관계도 상실되고 이웃과 친구들이 나를 놀리고 욕하니 이웃과의 관계도 모두 파괴되어 있는 현실을 보게 됩니다. 그래서 우울증은 자신과, 이웃과, 하나님과, 환경과의 관계도 파괴시킵니다. 그러나 다윗은 하나님과의 관계만은 변치 않았습니다.

11절의 "욕을 당하고"는 비방을 당했다는 말입니다. '비방'은 자기와 타인을 파괴시킵니다. 12절에는 "내가 잊어버린 바 됨이 사망한 자를 마음에 두지 아니함 같고"라고 하였습니다. 이는 깨어버린 도자기를 마음에 두지 않듯이 자신이 모든 사람으로부터 고립되고 동정을 받지 못하는 처지가 되었다고 느끼는 것입니다. 13절의 '비방'은 명예를 훼손시키는 악평을 뜻합니다. 이를 악한 루머라고 합니다.

2008년 10월 대한민국의 톱스타 최진실 씨가 소중한 삶을 포기하고 목숨을 끊었습니다. 평소 우울증에 시달리다 이른바 '안재환의 사채

설'이라는 악성 루머를 견디지 못한 것입니다. 악성 댓글*(악플)*에 더욱 취약한 사람이 우울증에 걸린 사람입니다. 우울증의 15%는 자살로 이어지는데, 자살자의 80%는 우울증으로 고통 받는 사람들입니다. 또 자살자의 10%는 인격장애, 알코올 중독, 정신분열증 등이 포함되어 있습니다. 그러므로 자살은 정신병리의 결과이지 신앙의 문제로 보는 것은 매우 위험한 생각입니다.

우울증은 부정적 사고를 만들어냅니다

본문 13절에 "내가 무리의 비방을 들어오며 사방에 두려움이 있나이다"라고 하였습니다. 비방*(악성 루머)*은 결국 부정적 사고와 연결되기 쉽습니다. 우울증에 걸리면 부정적이고 비관적인 생각을 합니다. 스트레스가 심해지면 신경전달물질인 세로토닌이 고갈됩니다. 세로토닌이 분비되지 않으면 대뇌변연계가 과잉 활성되고 부정적 사고로 이어집니다. 결국 살 가치가 없다고 생각하여 자신을 공격해 자살하게 됩니다.

◆ 첫째, 자기자신에 대해 부정적입니다

"나는 열등하다, 나는 무능하다, 나는 무가치하다, 나는 사랑받지 못할 사람이다, 나는 다른 사람들로부터 버림받았다." 등의 생각을 합니다.

◆ **둘째, 자신의 미래에 대해 부정적입니다**

"나의 미래는 비관적이고 암담하다, 내가 어떤 노력을 하더라도 이 어려운 상황은 개선될 수 없다, 앞으로 상황은 점점 악화되고 나의 심리적 고통은 점점 더 커질 것이다." 등의 생각을 합니다.

◆ **셋째, 자신의 주변 환경(*세상*)에 대해 부정적입니다**

"이 세상을 살아가기엔 너무 힘들다, 주변 사람들은 너무 이기적이고 경쟁적이며 적대적이다, 나를 이해하고 도와줄 사람이 없다, 다들 나에게 무관심하며 나를 무시하고 비난할 것이다." 등의 생각으로 세상에 대해 부정적이고, 신체적으로 위축되고 고립됩니다.

성경은 생각하는 대로 이뤄진다고 기록하고 있습니다(*잠 23:7*). 그러므로 아무리 어려운 환난을 당해도 긍정적인 사고를 가져야 건강한 삶을 누릴 수 있습니다.

우울증을 치유받으려면 주께 의지합니다

본문 14절에 "여호와여 그리하여도 나는 주께 의지하고 말하기를 주는 내 하나님이시라 하였나이다"라고 하였습니다.

9 다윗은 근심으로 쇠약하고 10 슬픔으로 날을 보내며 11 대적에게 욕을 당하고 13 사방으로 두려움이 쌓여, 깊은 우울의 늪 속에서 신음하였는데도, "여호와여 그리하여도 나는 주께 의지"한다고 하였습니다. '나는'이라는 말은 이중으로 강조하는 뜻을 지니고 있습니다.

또 '의지한다'는 말은 과거완료형으로 되어 있어서 고통이 있는 그

때에, 벌써 버림을 당함과 같았던 그때에, 주를 의지하였다는 것입니다. 그리고 그 의지함이 지금도 계속 되고 있음을 나타내고 있습니다. 말할 수 없는 곤란함, 근심으로 쇠약하여 육체적 건강뿐만이 아니고 마음까지 쇠약해서 절망 가운데 있는데도 변함없이 어제나 오늘이나 주께 의지하고 있는 것입니다. 왜 다윗은 주께 의지할까요?

◆ 첫째, 주는 내 하나님이기 때문입니다

인간이 세상에 태어난 일도 그리고 죽는 일도 모두 하나님의 손에 달려 있습니다. 인간이 세상에 복을 누리며 형통하거나 고난을 당함도 하나님의 섭리에 따라 결정되는 것입니다. 어제나 오늘이나 내일도 주권적 하나님의 섭리를 알고 주의 인자하심으로 자신을 구원해주시는 하나님을 믿고 있는 신앙입니다. 어떠한 환난에서도 구원*(할라치: 잠 11:8)*을 주시는 하나님이심을 믿고 있기 때문입니다.

◆ 둘째, 주는 삶의 전체를 주관하시기 때문입니다

본문 15절에서 "내 시대가 주의 손에 있사오니 내 원수와 핍박하는 자의 손에서 나를 건지소서"라고 하였습니다. 여기서 '시대'는 히브리어로 '에트'라고 하는데 '때와 사건'을 나타내는 말입니다. 즉 일생동안 있을 모든 사건과 환경을 통틀어서 나타내는 말입니다.

다윗은 자신의 생애가 다 하나님의 섭리와 주권 하에 통치되고 있다는 사실을 깨닫고 하나님께서 반드시 자신을 위급한 상황에서 구해주실 것을 믿고 있습니다. 그러므로 원수가 해하지 못할 것도 다 알고 있습니다.

◆ 셋째, 주는 세상의 빛이기 때문입니다

본문 16절에 "주의 얼굴을 주의 종에게 비취시고 주의 인자하심으로 나를 구원하소서"라고 하였습니다. 또 [요 12:46]에는 "나는 빛으로 세상에 왔나니 무릇 나를 믿는 자로 어두움에 거하지 않게 하려 함이로다"라고 하였습니다. 주의 얼굴은 빛이시기 때문에 그 얼굴을 비추어 주신다면 어떤 어두움도 존재할 수 없습니다. 어두움이 무엇입니까. 환난이 어두움입니다*(마 24:29)*, 근심이 어두움입니다*(욥 17:7)*, 미움이 어두움입니다*(요1 2:11)*, 허망한 생각이 어두움입니다*(롬 1:21)*, 우상도 어두움입니다*(겔 8:12)*, 번뇌와 병 그리고 분노도 어두움입니다*(전 5:17)*. 그래서 어두움을 이기기 위해 빛이 필요한 것입니다.

주님은 이 세상의 빛으로 오셨습니다*(요 8:12)*. 빛이 비추면 모든 어둠이 물러갑니다. 환난도 근심도 미움도 허망한 생각도, 분노와 모든 질병도 빛이 비추면 다 물러갑니다. 바로 주님이 '세상의 빛'으로 오셨기 때문입니다*(요 8:12)*. 또한 태양의 빛은 우울증의 좋은 치료제입니다. 그래서 우울증 환자는 어두운 곳에 있으면 안 됩니다.

◆ 넷째, 주의 얼굴을 비치면 평강이 찾아오기 때문입니다

출애굽 당시 모세는 하나님께로부터 명을 받아 아론과 그 자손 제사들로 이스라엘을 축복하실 때 이렇게 하였습니다.

"여호와는 네게 복을 주시고 너를 지키시기를 원하며 여호와는 그 얼굴로 네게 비춰사 은혜 베푸시기를 원하며 여호와는 그 얼굴을 네게로 향하여 드사 평강주시기를 원하노라*(민 6:24~26)*"라고 하였습니다.

다윗은 우울의 깊은 곤고함 속에서 그 얼굴을 자기에게로 들어 비추시어 은혜 베푸시고 평강 주시기를 구한 것입니다. 그러므로 주의 얼굴을 구하는 자에게 하나님께서 반드시 평강의 복을 주실 줄 믿습니다.

우리는 흔히 인생이 순탄할 때는 잘 믿는 것처럼 보이는데. 정녕 심한 어려움이 닥치면 낙심하며 하나님을 원망하고 타락하기 쉽습니다. 다윗은 오랫동안 깊은 우울증의 늪에서 고통당해 왔습니다.

슬픔의 날을 보내며 탄식으로 해를 보내며 근심과 불안으로 세월을 보내며, 뼈가 상하여 몸을 지탱할 수 없을 정도로 기력이 쇠하였습니다. 죄책감과 생명의 위기까지 찾아왔습니다. 그럼에도 불구하고 어제나 오늘이나 변함없이 주님께 의지함으로 구원을 받았습니다.

우울증의 늪에서 나를 구원하소서! 구원은 곧 고통에서의 해방이요, 자유요, 치유입니다.

우리를 향한 하나님의 뜻

[1] 야곱아 너를 창조하신 여호와께서 지금 말씀하시느니라 이스라엘아
너를 지으신 이가 말씀하시느니라 너는 두려워하지 말라 [2] 내가 너를
구속하였고 내가 너를 지명하여 불렀나니 너는 내 것이라 네가 물 가운
데로 지날 때에 내가 너와 함께 할 것이라 강을 건널 때에 물이 너를 침
몰하지 못할 것이며 네가 불 가운데로 지날 때에 타지도 아니할 것이요
불꽃이 너를 사르지도 못하리니 [3] 대저 나는 여호와 네 하나님이요 이
스라엘의 거룩한 이요 네 구원자임이라 내가 애굽을 너의 속량물로, 구
스와 스바를 너를 대신하여 주었노라 [4] 네가 내 눈에 보배롭고 존귀하
며 내가 너를 사랑하였은즉 내가 네 대신 사람들을 내어 주며 백성들이
네 생명을 대신하리니 [5] 두려워하지 말라 내가 너와 함께 하여 네 자손
을 동쪽에서부터 오게 하며 서쪽에서부터 너를 모을 것이며 [6] 내가 북
쪽에게 이르기를 내놓으라 남쪽에게 이르기를 가두어 두지 말라 내 아
들들을 먼 곳에서 이끌며 내 딸들을 땅 끝에서 오게 하며 [7] 내 이름으로
불리는 모든 자 곧 내가 내 영광을 위하여 창조한 자를 오게 하라 그를
내가 지었고 그를 내가 만들었느니라. *(이사야 43장 1-7절)*

우리나라는 2010년 11월에 구제역이 발생하여 전국으로 확산되었으며, 339만 마리의 가축이 살처분 되었습니다. 또 AI로 인한 피해도 커 545만 마리가 살처분 되었습니다. 단군 이래 가장 규모가 크고 참혹한 가축의 재앙입니다.

반면 22개국으로 구성된 아랍권에 시민혁명이 일어나 수많은 생명을 잃고 있습니다. 몇 년 전 벤 알리 대통령의 23년 독재로 219명이 생명을 잃은 튀니지를 비롯하여, 이집트의 뭄바르크 대통령의 30년간에 이어진 독재에 시민들이 항거하다가 365명의 생명이 희생되었습니다. 이후 예멘, 바레인에도 영향을 끼쳤으며, 이번엔 그 악독한 독재자로 유명한 리비아의 카다피에 대한 42년 독재에 항거하는 시민운동이 일어나 무차별 공격으로 1,000명 내지 2,000명의 생명이 사망하는 일도 일어났습니다. 뉴질랜드는 지진으로 147명이 사망했습니다. 지구촌은 지금도 수많은 생명이 무참히 죽어가고 있습니다.

한 생명에 대한 하나님의 뜻이 성경에 잘 기록되어 있습니다. 이 말씀은 곧 우리가 어떤 존재인가? 또 어떻게 살아야 되는가를 분명히 제시하고 있습니다.

삼위일체 하나님이 창조하신 존재입니다

본문 43장 1절에 "야곱이 너를 창조하신 여호와께서 이제 말씀하시느리라" 라고 우리 인간의 존재 근원을 말씀하시고 있습니다.

생명을 향한 하나님의 뜻을 더욱 구체적으로 나타내 보이십니다.

◆ **우리는 성부 하나님이 창조하셨습니다**

"너희 중에 너를 창조하신 여호와께서 이제 말씀하시느니라"

◆ **우리는 성자 하나님이 구속하였습니다**

"너를 두려워 말라, 내가 너를 구속하였고"라고 하였습니다. 창조자의 인간에 대한 그 섭리가 죄중에 타락할 수밖에 없는 우리를 성자 하나님이 구속하셨다는 말씀입니다.

◆ **우리는 성령 하나님이 지명하여 소유하시고 계십니다**

"내가 너를 지명하여 불렀나니 너는 내 것이라"

불가항력적인 은혜입니다. 우리가 하나님을 지명한 것이 아니라 성령 하나님이 우리를 불러서 소유하고 계시다는 말씀입니다. 그래서 우리는 하나님을 "우리 하나님, 나의 하나님"으로 부르는 것입니다.

나의 나된 존재는 하나님께 달려 있습니다.

나의 나된 존재는 사람에게 달려 있지 않습니다.

나의 나란 존재는 물질에 달려 있지 않습니다.

상담을 받으러 온 내담자들은 거의 가 나란 존재를 다른 사람에게 매달려 있다고 스스로 생각하고 상처를 받는 사람들입니다. 그래서 우리는 사람으로부터 자유함을 가져야 합니다.

아내에게 매달려서는 안 됩니다.

남편에게 매달려서는 안 됩니다.

자식에게 매달려서는 안 됩니다.

부모에게 매달려서는 안 됩니다.
이웃에게 매달려서는 안 됩니다.
애인에게 매달려서는 안 됩니다.
왜냐하면, 나의 나란 존재는 하나님께 달려 있기 때문입니다.

노년기 우울증 / 자살 1위 / 배우자 상실
사람부터 분리 / 자유함을 가져야 우리는 건강하고 행복함

나의 존재는 그 누구에 의해 근거가 되는 것이 아닙니다. 나의 나란 존재의 근거가 하나님이요, 나의 나란 존재의 소유도 하나님이십니다. 그래서 우리는 성령 하나님을 통해 자유함을 항상 누려야 건강한 삶을 누릴 수 있는 것입니다.

연합 속의 독립 = 부모/자녀 : 유착 / 3살 분리

우리는 보배롭고 존귀하며 가치 있는 존재입니다

본문 43장 4절에 "내가 너를 보배롭고 존귀하게 여기고 너를 사랑하였느니라" 라고 기록하고 있습니다.

우리의 존재 가치에 대한 하나님의 평가는 절대평가입니다. 생명에 대한 사회적, 과학적 평가는 다양합니다. 인간은 단백질, 탄수화물, 지방 등의 영양분을 통해 평가한다면 인간의 가치는 날마다 타고 다니는 토큰 값에 지나지 않습니다. 교통사고가 나면 보험회사에서는 나이,

직업, 급여에 따라 그 사람의 가치를 평가합니다. 그러니까 아이나 노인에 대한 평가는 보잘 것 없습니다.

그러나 인간에 대한 하나님의 가치 평가는 대단합니다. 바꿀 수 없는 존재입니다. 값비싼 다이아몬드보다 더 보배로운 존재입니다. 그런데 여린 사람들은 자기 열등감에 휩쓸려 고통당하는 사람이 많습니다. 개중에는 자기 가치가 무너져 자존감이 상실된 사람도 많습니다. 상담을 받으러 온 사람들은 거의 자존감이 무너진 사람들입니다.

저의 상담학 지도교수님인 클라우드 타운센드 박사님은 "나에게 상담을 받으러 온 내담자들 중에는 자존감이 낮지 않은 사람들이 없다."라고 늘 말씀하셨습니다.

우리나라 청소년 상담과 관련된 여러 논문에서 75%는 자존감이 낮은 사람들이라고 보고되고 있습니다. 청소년 상담에서 내담자들은 거의 다 자기 자신을 가치 없는 존재라고 생각합니다. 그래서 상담과 심리치료에 가장 중요한 기법은 자존감을 살려주는 일입니다.

예전에 미국에서 처음 상담을 했던 사람이 있었습니다. 그녀는 간호학을 전공했는데, 미국에 와서 결혼했고 남편은 군복무 중 사병으로 사망하였습니다. 그녀는 처음 만나는 사람을 정말 잘 대해 주던 분이었는데, 그러다 시간이 지나 상대방이 다른 사람을 더 가까이 하면, 그 사람을 욕하는 스타일이었습니다.

그녀는 어느 날 무당에게 점을 보니 그녀 때문에 남편이 죽었다는 것입니다. 그로 인해 시어머니는 아들의 죽음을 모두 며느리에게 투사하였습니다. 그녀는 공부에 매진할 수 없었습니다. 집중이 안 되니 모두

F학점을 받을 수밖에 없었습니다. 그러던 어느 날 쇼핑센터에 서 있는 자신의 모습을 보았습니다. 자기가 왜 여기에 있는지 자신도 모르는 이상행동을 하는 것을 발견하면서 저에게 상담을 시작했습니다.

그녀는 상담을 시작한 첫 회기부터 자존감이 무너져 있는 것을 발견하고, 위에 기재한 본문으로 상담을 접근하였습니다. 당신은 하나님의 소유요, 하나님은 당신을 보내주어 존귀한 자로 여기신다고 말해 주였습니다. 그녀는 시어머니에 의해 무너졌던 자존감이 회복되고 살아 움직이기 시작했습니다. 결국 이것은 사람의 평가에 의해 좌절과 실패를 겪으며 문제가 야기되었던 것입니다.

우리는 자식도 평가하여 재산을 분배하고 부모도 평가합니다. 그러나 하나님의 인간에 대한 평가 방법은 사람의 방법과 다릅니다. 하나님은 노벨상을 받았느냐로 우리를 평가하지 않습니다. 물질의 소유에 따라 우리를 평가하지 않습니다. 지식의 소유에 따라 우리를 평가하지 않습니다. 어느 대학을 나왔느냐에 따라 우리를 평가하지 않습니다. 인물이 준수하냐, 미남 미녀이냐에 따라 우리를 평가하지 않습니다. 공부를 잘하느냐 못하느냐에 따라 우리를 평가하지 않습니다.

여러분, 하나님의 우리에 대한 평가는, 우리는 천하보다 귀한 존재라는 것입니다. 그래서 사람의 평가로 우리가 좌우되어서는 안 됩니다. 남의 상처 주는 말에 노예가 되어서는 안 됩니다. 하나님은 우리가 보배롭고 존귀한 존재로 보시며 하나님의 소유된 백성으로 평가하심을 믿으십시오.

우리는 하나님의 영광을 위해 창조된*(지음 받은)* 존재입니다

본문 43장 7절에 "내 이름으로 일컫는 자 곧 내가 내 영광을 위해 창조한자를 오게 하라"고 하십니다. 나의 나된 존재의 목적은 영광으로 우리 주께 영광을 돌려야 할 것입니다.

◆ 주님이 오신 목적을 이루는 일입니다

[요 10:10] "…생명을 얻게 하고 풍성히 얻게 하려는 것이라"고 하였습니다.

생명운동 · 구령운동 · 치유운동입니다. 풍성한 삶을 살아가는 운동.

예수 믿는 백성이 거의 다 잘 살아가고 있습니다.

가난을 퇴치하는 길은 예수 운동입니다.

복음이 들어가면 잘 살 수 있습니다.

◆ 예수님의 간절한 소망은 이루는 일입니다

[살전 5:23] "예수님이 강림하실 때 네 영과 혼과 몸이 흠 없이 보전되기를 원하노라" 이것은 정신 건강을 영적 건강과 똑같이 중요시하는 것입니다. 우리는 영적 건강과 마음과 정신 건강, 몸의 건강을 위해 사역합니다.

우리는 생명입니다. 우리는 하나님이 창조하신 생명이요, 우리는 하나님이 창조하신 보배롭고 존귀한 생명입니다. 우리는 하나님의 영광을 위해 살아야 되는 존재입니다. 이것이 우리를 향하신 하나님의 뜻입니다. 그러려면 우리는 생명운동을 해야 합니다. 그것은 곧 치유운동이요, 정신건강의 회복도 치유운동입니다.

공명현상과 감사의 에너지

모든 것을 위하여 하는 것은 은혜가 많은 사람의 감사함으로 말미암아 더하여 넘쳐서 하나님께 영광을 돌리게 하려함이라. *(고린도후서 4장 15절)*

공명이라는 단어는 물리학의 용어입니다. 성경이나 심리학의 용어는 아닙니다. 그러나 공명현상은 우리 삶에 깊이 사용되고 있습니다. 그래서 심리학에도 적용될 수 있고 성경에도 적용될 수 있습니다.

1940년 11월 7일 미국 워싱턴주 타코마 해협에 놓인 다리가 무너진 일이 있었습니다. 타코마 다리는 당시 엔지니어링 기술의 자존심을 건 건축물로 시속 190Km의 강풍에도 견딜 수 있도록 설계되었습니다. 그런데 이 타코마 다리가 산들바람이라고 볼 수 있는 시속 70Km의 바람에 어이없이 무너져 내린 것입니다. 이 다리가 무너진 것은 바람 때문이 아니라 공명현상 때문이었습니다.

공명현상이란?

공명현상은 하나의 진동이 다른 진동과 일치하거나 조화를 이룰 때 나타나는 반응을 말합니다. 쉬운 예로 우리가 큰 소리로 노래를 부르면 목소리 파동이 옆에 있는 크리스탈 유리잔에 전달돼 유리잔이 떨리는 현상과 같습니다.

공명현상에 대한 또 다른 예는, 놀이터에 있는 그네타기를 생각하면 쉽습니다. 아무리 높이 흔들리던 그네도 외부에서 힘을 가하지 않거나, 반대방향으로 힘을 실어주게 되면 그네는 멈춥니다. 이 그네를 밀어줄 때 가장 효과적인 방법은 그네가 충분히 뒤로 와서 멈춘 순간에 밀어주는 것인데, 이런 행동을 계속해서 하다보면 큰 힘을 들이지도 않았는데도 그네는 어느덧 높은 곳까지 올라가게 됩니다. 아주 작은 힘이지만 계속하다보면 엄청난 힘을 낼 수 있습니다. 그래서 산들바람이 강풍에 견뎌 낼 수 있는 타코마 다리도 무너뜨리게 된 것입니다.

학교에서 소리굽쇠 실험을 해본 경험이 있는 분은 공명의 원리를 더 쉽게 이해할 수 있습니다. 소리굽쇠를 치면 같은 진동수를 가진 소리굽쇠는 진동하고, 진동수가 다른 소리굽쇠는 진동하지 않습니다. 이렇게 소리굽쇠 하나를 계속치면 다른 하나의 소리굽쇠는 진폭이 더욱 커지는데, 이러한 현상도 공명이라고 부릅니다.

그러나 물리적인 공명현상 뿐 아니라 우리 삶 속에서도 공명현상을 흔히 경험할 수 있습니다. 우리가 우울한 사람들과 함께 있으면 나 자신도 우울해짐을 느낍니다. 반대로 행복한 사람들과 함께 어울리면 금방 자신도 행복감에 젖어드는데, 이런 것도 공명현상 때문입니다. 우울한 사람들이나 행복한 사람들의 집합적인 파동은 대개 혼자만의 파동보다 강하기 때문입니다.

집합적인 파동은 내 안에 잠재되어 있는 우울함이나 즐거움을 작용시켜 나 자신을 우울함 또한 즐거움의 파동으로 끌어들입니다. 이런 경우 나 자신이 강하게 저항하지 않으면 공명상태가 될 수밖에 없습니다.

여성성을 지닌 남성들은 여성들과 어울리면 쉽게 끌림을 받습니다. 슬픈 영화를 보는데 수많은 관객이 훌쩍이면 그 슬픔이 집단 파동으로 내게 와서 자신도 모르는 사이 눈물을 흘리게 됩니다. 우리는 온통 진동 에너지로 가득 찬 우주에 살고 있습니다. 그래서 우리가 어떤 에너지를 발산하느냐에 따라 동일한 에너지가 자신에게로 되돌아옵니다. 사랑이나 칭찬 그리고 감사는 강력한 에너지입니다. 이 에너지가 파동을 계속 발산하면 그 에너지는 더욱 크게 공명되어 건강하고 행복한 삶을 살아가게 될 것입니다.

우리의 삶은 에너지입니다

이 에너지는 파동으로 전달됩니다. 우주 만물은 각기 고유한 파동이 있으며 사람마다 그 사람만의 고유한 파동이 있습니다.

성격유형에도 파동이 있습니다.

성격 유형	
8유형 (지도자)	귀신 잡는 파동이 흐른다.
2유형 (조력자)	온 사랑의 파동이 흐른다.
9유형 (조정자)	온유한 자비의 파동이 있다.

◆ 내 마음 속에 떠도는 생각에도 파동이 있습니다

원효대사가 당나라로 공부하러 가던 중 한 밤중에 무덤 사이에서 잠을 자다가 목이 말랐습니다. 그때 물을 맛있게 마셨는데, 아침에 일어나니 자신이 마신 물이 해골바가지에 고인 썩은 물이란 사실을 알게 되었습니다. 그러자 갑자기 자신이 역겨워지기 시작했습니다. 그때 깨달음을 느끼고 "세상의 모든 일은 마음먹기에 달려 있다."는 명언을 남긴 것입니다. 이 말은 우리의 감정과 행동과 신체적 반응이 우리의 생각에 달려 있다는 사실을 강조하는 것입니다.

◆ 긍정적으로 생각하면 기분이 좋아지고 마음도 치료됩니다

정신의학에서 플라시보*(Placebo)* 효과라는 말이 사용되고 있습니다. 이는 치료에 상관없는 약을 사용하면서 환자에게 도움이 될 것이라고 설명하면, 환자는 이 약을 복용하고 실제로 병이 호전되는 현상을 보이는 것을 뜻합니다. 특히 심리적 문제가 있는 두통, 불안, 불면증 등의 환자들에게 치료효과가 있습니다.

플라시보 효과는 마음과 몸에 상호작용을 합니다. 그런데 이와 반대로 부정적인 생각을 하면 상태가 나빠지는데, 이런 현상을 노시보*(Nocebo)* 효과라고 합니다. 플라시보는 좋아질 것이라고 믿어서 치료효과가 나타나는 반면, 노시보는 나빠질 것이라는 믿음*(생각)* 때문에 실제로 나빠지는 현상입니다.

◆ **부정적인 생각에도 파동이 있습니다**

긍정적인 생각은 에너지요, 부정적 생각도 에너지입니다. 그 에너지는 파동으로 전달됩니다. 서로 결과가 다릅니다. 긍정적 생각은 좋은 결과의 파동을 보고 부정적 생각은 나쁜 결과의 파동을 낳게 됩니다.

한 목사님이 불광동에서 개척교회를 하던 중 옆집에서 제사 음식을 갖다 주어 먹게 되었습니다. 목사님은 감사함으로 먹었는데 아무런 탈이 없었습니다. 함께 드셨던 장모되시는 목사님은 제사 음식을 잘못 먹었다며 부정적인 생각을 하여, 그때부터 배탈이 나서 밤새 고생하고 회개했다고 합니다. 그분들이 바로 조용기 목사님과 장모님인 최자실 목사님입니다.

좋은 생각, 긍정적 생각은 파동으로 우리 몸에 전달되어 좋은 결과를 낳고, 나쁜 생각, 부정적인 생각은 그 파동이 우리 뇌에 전달되어 소뇌의 기능이 거의 정지되고, 뇌의 혈류량도 전체적으로 감소하여 우측 뇌피질의 활동이 일시적으로 감소합니다.

부정적인 생각은 심리적으로 분노, 적개심, 실망감, 근심, 불안감, 우울증과 같은 부정적 감정을 유발해 파괴적인 행동을 하게 됩니다. 부정적인 감정이 뇌의 변연계의 편도체와 우측 전전두피질의 활성화를 보게 되고 반대로 낙관적인 감정일 때는 좌측 전전두피질이 활성화됩니다. 부정적인 감정은 스트레스 호르몬인 코티졸을 분비시켜 몸을 위축시키며 우울증, 암 등과 같은 각종 질병을 만들어냅니다.

◆ 말에도 파동이 있습니다

[약 3:6]에 "혀는 곧 불이요"라고 하였습니다. 일본에서는 중학생이 초등학생을 살해하여 엄청난 충격을 주는 사건이 발생한 적이 있습니다. 이 중학생은 초등학교 시절에 선생님이 "저 아이와 놀지 마라"고 학생들에게 말하자, 그날 그 아이는 집에서 고양이를 죽였습니다. 그 후 중학생이 되어 초등학생까지 살해하는 지경에 이른 것입니다. 어떤 어머니는 형과 동생을 자주 비교하였는데, 비교당한 학생은 졸업 후 조현병으로 고통 받기도 했습니다. 이처럼 말은 파동이 있습니다. 부정적인 말은 부정적인 결과를 조래하는 것입니다.

◆ 사랑과 감사에도 파동이 있습니다

우리의 생각이나 느낌, 그리고 음악이 물의 결정체에 어떤 영향을 미치는지를 고성능 현미경으로 촬영하여 그 얼음의 결정체를 연구한 보고가 있습니다. 물을 얼려 튜브에 넣은 다음에 '사랑과 감사'란 단어를 말하였습니다. 그런 다음에 동일한 조건에서 아무 말을 하지 않은 물의 결정체와 비교해 보았습니다. 아무 말도 하지 않고 얼린 튜브는 흐리고 불투명한 모습을 보이는 반면, '사랑과 감사'라는 단어를 사용한 물의 튜브에서는 결정체가 규칙적이면서도 선명하고 정교한 아름다운 레이스 모양을 하였습니다.

다시 물로 실험하였는데, 이번 실험에서는 "너는 내게 깊은 상처를 주었어, 너를 죽여 버릴 거야!"라고 말을 건넨 후 물의 반응을 관찰하였습니다. 그 물의 결정체는 뒤틀리고 파괴되고 분열된 상태였습니다.

물의 결정체에 매우 부정적인 영향을 미친 것입니다. 이처럼 몇 마디 말로도 물의 결정체에 커다란 영향을 미치는데, 이처럼 강력한 힘을 가진 감사의 표현은 우리의 삶에 거대한 영향을 미칩니다.

성경에서의 감사는 축복의 에너지입니다

본문 15절에는 "은혜가 많은 사람의 감사함으로 말미암아 더하여 넘쳐서 하나님께 영광을 돌리게 하려 함이라"고 하였습니다.

감사하면, 이 감사는 더욱 더 큰 파장을 일으켜 '더하여 넘쳐서' 무한대의 감사를 가져옵니다. 성경적인 이 감사의 파동을 과학적으로 입증한 것입니다.

신경과학자에 의하면 감사한 기분을 느낄 때, 뇌의 혈류량이 크게 증가해 뇌의 활동이 활발해지고 모든 몸의 부위가 최적의 기능을 발휘한다고 하였습니다. 그리고 뇌의 대상회 전부와 좌뇌 간 신경절의 활동이 원활해져 집중력이 높아지며, 한 가지 생각에서 다른 생각으로 쉽게 전환하여, 기억력도 증대된다고 합니다. 뿐만 아니라 의욕이 넘치고 신체기관이 활발하게 상호협력해 나갑니다.

◆ 감사는 우리 몸의 기본 기관인 심장과 뇌에 영향을 미칩니다

감사하는 마음을 가지면 심장박동이 규칙적이고 주기적이며, 균형 잡힌 파장을 내보냅니다. 그래서 감사는 평온하고 일정한 심장박동과 심장혈관의 건강에 도움을 줍니다. 또한 면역기능을 향상시키고 신경계의 기능을 원활하게 만들며 호르몬의 균형을 불러일으킵니다.

◆ **감사는 에너지입니다**

이 에너지는 파동으로 전달됩니다. 감사를 믿으면, 공명의 파동에 의해 더 큰 감사를 불러일으킵니다. 이것은 물리학의 법칙입니다. 하물며 하나님께서도 "감사함으로 말미암아 더하여 넘친다"는 무한대의 축복을 약속하고 있습니다. 감사의 무한대 축복을 물리학의 원리에서도 입증한 것입니다.

감사는 하나님께 영광을 돌리는 길입니다

※ 과연 우리는 무엇을 감사할 것인가?

◆ **자신의 존재에 대해 감사해야 합니다**

자신을 소중히 여기는 마음이 있어야 감사가 나옵니다. 천하보다 가치 있는 인간이라는 사실을 감사해야 합니다. 나 자신의 존재가치는 자존감으로 이어집니다.

◆ **타인의 존재에 대해 감사해야 합니다**

타인이 없으면 우리의 존재까지도 무의미합니다. 타인이 존재하기에 나의 가치도 돋보이고 남을 존경하는 마음을 갖게 됩니다.

◆ **자신의 환경이나 직장에 감사해야 합니다**

· 우리 동네에 교회가 있다는 것

· 우리 가정이 있다는 것

· 우리 자녀가 있다는 것

감사가 없으면 그 사람은 불평만 늘어놓습니다. 거기에는 하나님의 축복이 없습니다. 지금 이 시간 감사를 찾아서 주께 감사하면 무한대의 축복을 주신다고 성경은 약속하고 있습니다.

◆ 나를 만드셨고 환경을 주시는 하나님께 감사해야 합니다

· 일반계시 : 달, 별, 땅 - 자연계시

· 특별계시 - 성경계시

※ 감사 Note를 만들라.*(일기장)*

· 자신, 이웃*(자녀, 친구, 타인)*, 환경, 하나님

감사하다보면 더 큰 감사를 얻게 됩니다. 감사는 무한대의 복입니다. 감사는 에너지입니다. 이 에너지는 공명현상을 통해 축복을 일으키는 원동력입니다. 감사의 에너지는 파동으로 전달되어 더 많은 축복의 원동력이 됩니다. 감사는 하나님을 움직이는 힘입니다. 그러므로 감사는 이 땅에서의 축복이요, 감사는 하나님 나라의 축복입니다. 따라서 감사는 인간의 제일 되는 목적을 이루는 첩경이자 바로 하나님을 영화롭게 하는 길이 됩니다.

감사는 현재를 보장하는 축복이요, 감사는 건강을 보장하는 축복이요, 감사는 미래를 보장하는 축복입니다.

삼위 하나님의 온전한 축복

22 여호와께서 모세에게 일러 가라사대 23 아론과 그 아들들에게 고하
여 이르기를 너희는 이스라엘 자손을 위하여 이렇게 축복하여 이르되
24 여호와는 네게 복을 주시고 너를 지키시기를 원하며 25 여호와는 그
얼굴로 네게 비취사 은혜 베푸시기를 원하며 26 여호와는 그 얼굴을 네
게로 향하여 드사 평강 주시기를 원하노라 할지니라 하라 27 그들은 이
같이 내 이름으로 이스라엘 자손에게 축복할지니 내가 그들에게 복을
주리라. *(민수기 6장 22-27절)*

하나님께서 말씀하신 이스라엘 자손을 향한 축복의 메시지가 오늘 우리의 삶에 적용되어 삼위 하나님의 축복을 받기를 소망합니다. 이 축복은 가장 확실한 축복이며 가장 온전한 축복이기 때문입니다. 하나님께서 레위 자손을 선별하여 제사장으로 세우시고 회막에서 봉사케 하시며 또한 백성을 축복하려는 권한까지 허락하였습니다. 이러한 축복의 기도는 모세 시대에 최초로 등장한 것이 아닙니다. 이미 아브라함을 축복한 멜기세덱*(창 14:17)*과 바로를 축복한 야곱*(창 47:7)*에서도 볼 수 있습니다.

신약에서도 하나님을 우리 주 예수 그리스도의 은혜와 아버지의 사랑과 성령의 교통으로 삼위 하나님에 대해 분명히 증거하고 있습니다. (고후 13:13)

오늘날 우리 성도들은 영적 제사장들이며, 만인 제사장입니다. 만인 제사장인 성도에게 부여된 권한이 바로 축복이라는 사실입니다. 고난이나 환난이나 염려나 저주가 아니라 우리 성도가 받을 권한이 바로 축복이라는 사실입니다. 가난이나 실패나 불행이 아니라 오히려 하나님께서 주신 영적 제사장인 우리 모두에게 축복의 권한이 회복되는 삶을 살아야 합니다.

성부 하나님은 만복의 근원이십니다

본문 24절에 보면 '여호와는 네게 복을 주시고 너를 지켜주시기를 원하며'라고 하였습니다.

여기에서 쓰인 여호와는 성부 하나님을 가리키는 말입니다. 성부 하나님이 축복의 근원이시기 때문에 그 축복을 주시는 권한이 있는 것입니다. [시 16:2]에서는 "주는 나의 주시오니 주 밖에는 나의 복이 없다"고 하였습니다. 성부 하나님이 주시는 축복은 이런 것입니다.

◆ 개인적인 축복입니다

"여호와는 네게 복을 주시고"라고 하였습니다. 하나님께서 개인의 결핍이 무엇인지를 알고 계십니다. 우리의 필요를 아십니다. 살아가면서 무엇이 필요한가를 다 아시고 그 필요를 채우시려고 하는 것입니다.

◆ **계대적인 축복입니다**

하나님의 축복은 아브라함, 이삭, 그리고 야곱에 이어지는 계대적인 축복입니다. [창 12:2]에서 "하나님은 아브라함에게 복을 주시고" [창 25:11]에서는 그 아들 이삭에게, 28:4절에서는 야곱에게도 복을 주셨습니다. 이처럼 하나님의 축복은 계대적인 축복입니다.

◆ **범사에 누리는 축복입니다**

[창 39:5]에서 "여호와의 복이 그의 집과 밭에 있는 모든 소유에게 미친지라"고 하였습니다. [신 14:29]에서는 "여호와께서 너의 손으로 하는 범사에 네게 복을 주시리라"고 하였습니다. [신 18:2]에서는 "하는 모든 일에 복을 주시리니라고 하였습니다.

◆ **복의 근원입니다**

[창 12:2]에 "네게 복을 주어 네 이름을 창대케 하리니 너는 복의 근원이 될지라"고 하였습니다. 하나님이 만복의 근본이시기 때문에 아브라함을 지명하여 복의 근원이 되라고 선포하는 것입니다.

◆ **지켜주시는 축복입니다**

24절에 "여호와는 너를 지키시기를 원하며"라고 하였습니다. '지키다'*(히 샤마르)*라는 단어는 때때로 파수꾼*(아 3:3)*, 목자*(삼상 17:20)*, 인간을 보호해주는 하나님*(시 12:8)*에게 쓰인 단어입니다. 하나님은 두려움이나 공포, 그리고 사탄의 지배로부터 자유케 하는 축복을 주시기를 원하고 계십니다.

우리 사회는 대단히 불안합니다. 특히 우리나라는 불안지수가 세계에서 가장 높은 나라입니다. 경제적 불안이 가중되고 있으며, 세대 간의 갈등으로 인한 불안, 고용주와 고용자 간의 갈등 등 사회적 불안도 가중되고 있습니다.

최근 미국에서의 초등학교 총기난사 사건으로 인해 큰 사회적 불안이 생겼으며, 금융위기의 불안이 잠재되어 있습니다. 종교적 갈등으로 인한 불안이 중동에서는 이미 심화된 상태입니다. 그럼에도 불구하고 하나님은 우리를 지켜주시겠다 하시며, 보호하는 축복을 주셨습니다. 이 세상 가장 안전하게 의지해야 할 분이 바로 하나님 한 분이십니다.

젖먹이 아이를 키우던 어머니도 곁을 떠날 수 있지만 하나님은 우리 가운데 계셔서*(사 29:15)* 방황할 때나, 우울할 때나, 불안할 때도 가장 안전하게 보호하시는 축복을 주신다고 약속하고 있습니다.

성부 하나님은 졸지도 않으시고*(시 123:3)* 눈동자 같이*(시 17:8)* 지키시며 지금부터 영원까지*(시 121:8)* 우리의 영혼을 지켜주십니다.*(시 25:20)*

성부 하나님의 보호케 하는 축복이 나의 힘이 되고 위로가 되어서 안전하게 살아갈 수 있는 것입니다.

만복의 근원이 되시는 하나님의 축복을 받기 위해서 우리들은 어떻게 해야 됩니까?

• *하나님을 경외해야 복을 받습니다.*

[시 128:4] "경외하는 자는 이같이 복을 얻으리라"

• *임마누엘(하나님이 우리와 함께하시다) 신앙으로 살아갈 때 복 받습니다.*

[창 26:3] "내가 너와 함께 있어 네게 복을 주고.."

• *하나님을 사랑하는 자에게 복을 주십니다.*

[신 7:13] "곧 너를 사랑하시고 복을 주사 너로 번성케 하신 땅에서 네 소생에게 큰 은혜를 베푸시며, 네 토지소산과 곡식과 포도주와 기름을 풍성케 하시고 네 소와 양을 번식케 하시리라"

[잠 8:21] "이는 나를 사랑하는 자로 재물을 얻어서 그 곳간을 채우게 하려 함이니라"

• *십일조 하는 자에게 넘치는 복을 주십니다.*

"내가 하늘 문을 열고 너희에게 복을 쌓을 곳이 없도록 붓지 아니하나 보라"

만복의 근원되시는 축복이 여러분에게 임하기를 원합니다.

성자 하나님은 축복의 은혜를 베푸시는 만복의 결재자입니다

본문 25절에 "여호와는 그 얼굴을 네게 비취사 은혜 베푸시기를 원하며"라고 하였습니다. 여기서의 '여호와'는 성자 하나님을 가리킨 말입니다. 그리스도인은 모두 은혜 아래 있습니다*(롬 6:14)*. 그 은혜 속에서 자라나고*(벧후 3:18)* 은혜 속에서 강해지며*(딤후 2:1)* 그 은혜를 남에게 끼치기도 합니다.*(벧전 4:29)*

◆ 축복을 결재해주는 은혜입니다

예수님은 축복의 통로이자 축복의 중재자이십니다. 만복의 근원이 되시는 하나님의 축복을 받으려면 예수님이 결재해야 됩니다. 그래서

[엡 1:3]에서 "그리스도 안에서 하늘에 속한 모든 신령한 복으로 우리에게 복 주시되"라고 하였습니다. [빌 4:19]에서도 "…그리스도 예수 안에서… 너의 모든 쓸 것을 채우시리라"고 하였습니다.

◆ **주의 얼굴을 우리에게 비추시는 은혜입니다**

본문에 "여호와는 그 얼굴을 네게 비취사…"라고 하였습니다. 성자 하나님은 주의 얼굴을 친히 우리에게 비추어서 어둠의 세계를 비추시겠다고 약속하고 있습니다.

지난 몇 년간을 살아가는 우리 현대인들은 불행의 시대였다고 표현하고 있습니다. 50대 이상은 38.6%, 자영업자는 44%, 저소득층은 50%가 불행하다고 응답하였습니다.*(한국일보 2012.12.31)*

불행을 느끼는 우리들에게 주의 얼굴을 비추시겠다는 것입니다. 그러면 치유가 일어나고 소망이 일어나고 건강해집니다. 주의 얼굴을 비추어야 할 근심과 걱정이 있습니까? 그러면 모든 것이 해결되면서 참 기쁨을 누리게 되는 축복이 일어납니다.

주의 얼굴을 비추시면 우리의 어두운 곳이 밝아집니다. 절망이 소망으로 바뀝니다. 분노가 기쁨으로 바뀝니다. 불행이 행복으로 바뀝니다.

◆ **주의 풍성한 축복을 받는 은혜입니다**

본문 25절에 "여호와는 네게 은혜 베푸시기를 원하며…"라고 하였습니다. 이 은혜는 하나님께서 인간에게 베푸시는 호의와 사랑을 의미합니다. 믿음도(행 8:27) 은혜요, 구원도(행 15:11) 은혜입니다. 칭의도(딤 3:2) 은혜요, 위로와 소망(살후 2:16)도 은혜입니다. 모두 하나님이 일방적으로 베푸시는 은혜입니다.

믿는 자들에게 베푸시는 이 은혜는 말로 형용할 수 없습니다. 그런데 또 하나는 복을 우리에게 주시는 은혜입니다. [히 6:14]에 "반드시 너를 복주고 복주며 너를 번성케 하고 번성케 하리라"고 하였습니다. 은혜는 믿는 자에게 값없이 주시는 축복입니다. "그리스도를 변함없이 사랑하는 모든 자에게 은혜가 있을지어다"(엡 6:24). "이 모든 일에 풍성한 것같이 이 은혜에도 풍성하라 할지니라"(고후 8:7). 이러한 은혜는 하나님의 말씀(살전 2:13)과 기도(욥 33:28)에 의해 더욱 풍성해집니다.

성령 하나님은 평강의 축복을 누리며 살게 하십니다

본문 26절에 "여호와는 그 얼굴을 네게로 향하여 드사 평강(샬롬)주시기를 원하노라"고 하였습니다.

여기서 여호와는 성령 하나님을 가리킨 단어입니다. 성령은 성부와 성자에서 나옵니다. 이러한 교리를 가리켜 '성령의 발출설'이라고 말합니다.

평강은 히브리어로 '샬롬'이고 헬라어로는 '에이레네'입니다. 이 단어는 평화, 화평, 평안, 조화의 창조자 등으로 쓰이고 있습니다. 평강은 하나님의 백성에게 전달하고자 하는 축복의 요새요, 완성입니다. 이 평강은 그 어떤 것과 바꿀 수 없는, 주님을 신뢰하는 영혼에게 주어지는 절대적 축복의 완성입니다.

성경은 하나님의 평강(렘 33:6, 시 29:119, 사 26:12, 빌 4:7)과 그리스도의 평강(학 2:9, 눅 2:14, 요 14:27, 골 1:3)을 자주 묘사하고 있습니다. 성령은 성부에게서 나오고, 성자에게서 나오기 때문에 성령 하나님은 이 평강을 우리의 삶의 축복에 적용하여 행복하게 살아가게 하는 원동력이 됩니다.

◆ **평강의 핵심은 화목과 평화입니다**

평강의 핵심은 화목입니다. [고후 5:18-19]에서 "모든 것이 하나님께로 났나니 저가 그리스도로 말미암아 우리를 자기와 화목케 하시고"라고 하였습니다. 평강의 또 하나의 핵심은 평화입니다. [눅 2:14]에 "지극히 높은 곳에서는 하나님께 영광이요, 땅에서는 기뻐하심을 입은 사람들 중에 평화로다"라고 하였습니다.

평화의 파괴범은 차별입니다. 차별이 있는 곳에는 평화가 존재할 수 없습니다. 차별을 차이로 바꿔 차별 없는 문화를 만들어야 합니다. 흑인과 백인을 차별하니까 남북전쟁이 일어나고 동서를 차별하니까 지역간의 갈등이 심화되어 가는 것입니다. 그리고 형과 동생을 차별하니 가인 신드롬도 생긴 것입니다. 모두에게 평화에 이르는 샬롬의 축복이 있어야 되며, 성령께서 주신 평강의 축복이 늘 함께 하여야 합니다.

◆ **평강의 결과는 치유요, 축복입니다**

• *평강의 결과는 근심과 두려움을 이기는 치유적 삶입니다.*

[요 14:27]에 "평안을 너희에게 끼치노니 곧 나의 평안을 너희에게 주

노라. 네가 너희에게 주는 것은 세상이 너희에게 주는 것 같지 아니하니라 너희는 마음에 근심도 말고 두려워 하지 말라"고 하였습니다.

평강에 임하면 근심이나 두려움이 사라진다는 말입니다. 다른 말로 표현하면 평강은 근심이나 두려움, 즉 불안을 치유하는 길이라는 말입니다.

[욥 4:14]에서 "두려움과 떨림이 내게 이르러서 모든 골절이 흔들렸었느니라" [욥 3:25]에 "나의 두려워하는 그것이 내게 임했고 나의 무서워하는 것이 내 몸에 미쳤구나" 26절에는 "평강도 없고 안온도 없고 안식도 없고 고난만 임하였구나" 고 하였습니다.

두려움, 떨림, 불안이 엄습하면 아무런 평강을 누릴 수 없습니다. 평강이 두려움을 이기는 치유제인 것입니다.

◆ 평강의 또 하나의 결과는 축복의 열매이자 완성입니다

평강은 성령의 교통으로 이어지는 축복의 완성입니다.

인간이 궁극적으로 추구하는 것이 평강입니다. 그래서 이스라엘 사람들은 인사할 때 샬롬이라고 하는 것입니다.

성부 하나님이 만복의 근원이 되셔서 우리를 복 주시고 계대적인 복과 범사의 복이 우리 삶에 넘치기를 소망합니다.

성자 하나님이 친히 주의 얼굴을 우리에게 비추시어 축복을 결재해 주시어서 하늘의 신령한 것뿐만 아니라 우리의 모든 쓸 것을 아시고 그 필요까지 채워주시는 역사가 일어나기를 소망합니다.
성령 하나님께서 지금부터 영원까지 불꽃같은 눈으로 우리를 감찰하시며 우리의 영혼을 지키시며 평강의 복으로 우리의 삶을 완성케 하는 기쁨을 누리시기를 소망합니다.
참으로 행복하게 살아가며 참으로 풍요로워지며 참으로 건강하게 살려면 삼위일체 하나님께서 주신 온전한 축복뿐입니다.

성령께서 주신 복의 완성은 평강입니다.
성령께서 주신 확실한 복의 증거는 평강입니다.
성령께서 주신 온전한 복의 결과는 평강입니다.
성령께서 주신 평강은 불안을 이기는 축복의 열매입니다.
성부 하나님의 복을 만끽하고, 성자 하나님이 복을 결재해 주시며, 성령 하나님께서 평강의 복으로 우리의 삶을 채워주시는 삼위일체 하나님의 온전한 복을 누려야 합니다.

인간관계의 원리

1 우리 강한 자가 마땅히 연약한 자의 약점을 담당하고 자기를 기쁘
게 하지 아니할 것이라 2 우리 각 사람이 이웃을 기쁘게 하되 선을 이루
고 덕을 세우도록 할지니라 3 그리스도께서 자기를 기쁘게 하지 아니하
셨나니 기록된바 주를 비방하는 자들의 비방이 내게 미쳤나이다 함과
같으니라 4 무엇이든지 전에 기록한 바는 우리의 교훈을 위하여 기록된
바는 우리의 교훈을 위하여 기록된 것이니 우리로 하여금 인내로 또는
성경의 안위로 소망을 가지게 함이니라 5 이제 인내와 안위의 하나님이
너희로 그리스도 예수를 본받아 서로 뜻이 같게 하여 주사 6 한 마음과
한 입으로 하나님 곧 우리 주 예수 그리스도의 아버지께 영광을 돌리게
하려 하노라 7 이러므로 그리스도께서 우리를 받아 하나님께 영광을 돌
리심과 같이 너희도 서로 받으라. *(로마서 15장 1-7절)*

카네기 연구소에서 성공한 사람들을 조사했는데 성공의 가장 큰 원인이 인간관계였다고 대답한 사람이 95%였습니다. 이에 반해 하버드 대학교에서 실패한 사람 4,000명을 조사했는데, 실패의 가장 큰 원인이 인간관계였다고 대답한 사람이 90%에 이르렀습니다. 전문적인 지

식이나 능력 부족은 10%에 지나지 않았습니다. 결국 인생의 성공과 실패는 능력에 의해서 좌우되는 것이 아니라 인간관계에 의해서 결정된다는 사실입니다.

인간관계는 성공뿐만 아니라 치유의 원동력입니다. 인간관계가 와해될 때 뇌의 변연계는 과잉 활성되어 침울한 기분이나 짜증이 나고 부정적 사고를 가지며 우울증으로 나타나기 쉽기 때문에 인간관계는 정신건강의 초석으로 작용되고 있습니다.

강한 자는 약한 자를 담당해야 합니다

본문 1절에 "우리 강한 자가 마땅히 연약한 자의 약점을 담당하고…"라고 하였습니다. '담당하다'는 헬라어로 바스타조*(bastad'zo)*인데 예수님께서 십자가를 지시고*(요 19:17)*라고 할 때 사용된 단어입니다. 그 뜻은 '무거운 짐을 짊어지다', '인내하여 참는다', '병을 제거한다' 등의 의미를 지니고 있습니다.

그러나 더 적절한 의미로는 '이해하고 돕는다'는 의미로 사용하는 것이 좋은데, 상담에서는 경청하고 공감적 이해로 '도와준다'는 것이 더욱 현실적인 뜻입니다. 한마디로 설명하면 '보듬어 준다'는 것이 더욱 실제적인 우리말의 표현이 될 것입니다.

◆ 교회에서 믿음이 강한 자는 약한 자의 약점을 담당해야 합니다

본문에서 말하는 원래의 뜻은 강한 자는 믿음이 강한 자를 의미합니다. 믿음이 강한 자는 당연히 교회 생활을 오래 하고 신앙이 좋고 영적인 힘을 겸비한 사람을 말합니다. 교회생활을 하다가 중도에 포기하는 사람을 만나 보면, 모든 게 강한 자와 약한 자의 인간관계에서 오는 실족에 의한 것임을 보게 됩니다. 분명히 알아야 할 것은 '나중 된 자'가 '먼저 된 자'가 될 수 있다는 성경의 가르침을 본받아야 합니다. 믿음이 있는 자가 초신자의 약점을 드러내거나 질투나 시기를 일삼을 때, 그 누구도 원만한 교회생활을 할 수 없습니다. 믿음이 오래된 자가 성경을 무기로 믿음이 약한 자에게 상처를 주는 일을 흔히 보게 됩니다. 성경의 권위를 자신의 신앙방법으로 해석하며 '정신병을 모두 귀신 들렸다든가', '자살을 믿음의 부족함 때문이라든가', '실패하는 사람은 죄가 있다든가' 하는 식의 표현은 매우 위험한 편견으로 문제를 야기할 수 있습니다.

◆ 강한 자는 사회적 약자를 담당해야 합니다

사회적 약자는 사회적 힘이 없는 사람들입니다. 오늘날 우리는 사회에서 갑(*甲*)과 을(*乙*)의 관계를 맺고 살아갑니다. 갑의 횡포가 심할 때, 사회는 갈등을 겪습니다.

강한 자들이 사회적 약자의 소리를 듣고 공감하고 이해하여 돌봐 줄 때 갑과 을의 인간관계는 원만하게 유지될 수 있습니다. 강하면 부러진다는 말이 있습니다. 과유불급(*過猶不及*)이라는 사자성어는 '지나침은 모자람만 못하다'는 뜻입니다.

오늘날 국민의 *67%(3명 중 2명)*는, 우리사회의 양극화 현상을 해소하려는 노력이 강화되고 있는 느낌이라고 대답합니다. 사회적 약자의 권리를 찾기 위해 노동자는 노동조합을 만들고 여성들은 여성단체를 조직하고 장애우들도 필요한 조직을 만들고 있습니다.

사회적 약자를 배려하기 위해 전철이나 백화점 주차장 등에서도 별도의 자리를 만들어놓고 있습니다. 사회적 약자의 소망이나 권리가 무시될 때, 데모나 폐업 등을 하며 사회적 불만을 표현합니다. 사회적 약자의 아픔이나 욕구불만이 국가의 불행을 낳을 수도 있습니다. 사회적 약자를 담당하는 것은 그들의 아픔을 듣고 이해하고 배려하며 보듬어주기 위한 것입니다. 선진국일수록 사회적 약자의 권위가 보장되어 행복한 삶의 질을 마련하는 경우가 많습니다.

◆ **강한 자는 경제적 약자를 담당해야 합니다**

예수님이 오신 목적은 "생명을 얻게 하고 풍성케 하심"*(요 10:10)*처럼, 풍성한 삶은 경제적인 문제나 삶의 질적인 문제까지 포함합니다.

우리나라는 GNP 2만 6천불 시대를 넘어서 살고 있습니다. 그러나 하우스푸어는 물론 실비푸어, 에듀푸어가 넘쳐나고 있습니다. 경제적 약자를 돌보기 위해 사회복지제도가 있는 것입니다. 또한 경제적 약자를 담당하기 위해 사회적 기업이 생겼습니다.

우리나라는 사회적 기업이 1,000곳을 넘어섰습니다. 고용노동부에 따르면 2007년 7월에 사회적 기업 육성법 시행 후 6년 만에 인증을 받은 사회적 기업이 1,012곳으로 집계됐습니다. 사회적 기업의 종사자 수도 2만 2,000명을 돌파했으며, 이 중 사회적 약자인 고령자와 장애우 등이 전체의 60.6%를 차지하고 있습니다. 복지와 고용을 결합하고 일하는 복지를 추구하는 사회적 기업의 증가는 무척 고무적인 현상입니다. 사회적 기업은 취약계층에게 사회 서비스와 일자리를 제공하는 공익성에 우선을 두면서 영리를 추구하는 기업으로서 이익의 3분의 2 이상을 사회에 환원합니다. 무엇보다 사회적 약자들이 외부의 도움 없이 생계를 꾸려갈 수 있게 일자리를 마련해준다는 점에서 복지사각지대를 해소하고 고용문제의 해결도 기대하고 있습니다.

강한 자들이 사회적 약자들의 아픔과 권리를 들어주고 공감하면서 이해하고 도와주는 것이 행복한 삶으로 가는 길이요. 약한 자들의 치유와 회복에 도움을 주는 일입니다.

◆ 강한 자는 병든 약자를 담당해야 합니다

예수님께서는 천국복음을 전파하시며 "모든 병과 모든 약한 것"을 고치시었습니다*(마 4:23)*. 그리고 "각종 병으로 고통당하는 자, 귀신 들린 자, 간질하는 자, 중풍병자들"을 고치셨습니다.*(마 4:24)*

◆ 육체적 약자를 담당해야 합니다

육체적으로 병든 자를 담당하는 사람이 강한 자입니다. 병원일 수도 있고 의사일 수도 있습니다. 의료보험제도를 허락한 국가*(정부)*일 수도 있습니다. 육체적 질병을 지닌 자는 모두 약자입니다.

최근의 조사에 의하면 병원의 35% 정도가 거의 노인들입니다. 나이가 들면 육체적으로 노화되어 힘이 없는 약자가 됩니다. 뇌가 노화되면 뇌세포는 물론이거니와 수상돌기, 시냅스, 수용체 등의 퇴화와 감소가 일어나고 세포막도 퇴화하고 호르몬 수치도 감소하거나 변화가 일어납니다. 노화는 뇌 화학 물질의 수치도 감소시키거나 변화시킵니다. 그리고 뇌세포 내의 리포푸신*(lipofuscin)*과 같은 노폐물이 축적되어 활성산소의 축적 등을 일으킵니다.

최근에는 노인들을 위한 요양소나 요양병원이 늘고 있습니다. 육체적 약자를 담당하는 것은 강한 자의 몫입니다. 그들을 이해하고 돌보는 것이 강한 자가 담당해야 할 몫입니다.

◆ 심리적, 정신적 약자를 담당해야 합니다

"너희 중에 약한 자와 병든 자"*(고전 11:30, 9:22)*와 [마 4:23]의 '약한 자'의 표현은 곧 심리적으로 연약한 자입니다.

2011년의 우리나라 정신장애 유병률은 16%*(577만 명)*이었으며, 평생 유병률은 27.6%*(10명 중 3명)*이었습니다. 또한 알코올과 니코틴을 제외한 1년 동안의 정신장애 유병률은 12%*(10명중 1명)*였고, 평생 유병률은 14.4%*(6명중 1명)*이었습니다.

인격장애로 고통 받는 자가 많이 있습니다. 세계적 통계에 의하면 15.3% 정도로 알려져 있습니다. 그러나 실제로는 훨씬 더 많다는 것이 전문가들의 일반적 의견입니다.

인격장애란 지각하고 느끼고 행동하는 방식이 정상에서 벗어난 이상 성격을 말하는데, 이런 사람들은 타인과의 인간관계의 형성방식에서 심각하게 벗어난 행동양식을 취합니다. 미국정신의학회에서 발간된 DSM-5*(2013.6)*에서는 크게 3가지 범주로 구분하여 설명하고 있습니다.

첫째 범주는, 괴이하고 엉뚱한 행동의 인격장애입니다. 여기서는 의심 많은 편집성 인격장애, 비사고적인 행동의 분열성 인격장애, 괴이한 행동의 분열성 인격장애가 있습니다.

둘째 범주는, 극적이고 감정적이며 변덕스러운 행동을 하는 인격장애입니다. 여기에는 공격성 행동의 반사회성인격장애, 불안정한 행동의 경계성 인격장애, 사교적 행동의 연기성 인격장애 그리고 자기중심적 행동의 자기애성 인격장애가 있습니다.

셋째 범주는, 불안하고 두려워하는 행동의 인격장애입니다. 여기에는 고립적 행동의 회피성 인격장애, 복종적인 행동의 의존성 인격장애, 완벽주의적 행동의 강박성 인격장애가 있습니다. 그리고 이와 다른 인격장애가 있는데 다른 약물조건에 기인한 인격의 변화와 다른 특이성 인격장애, 비특이성 인격장애가 있습니다.

심리적 스트레스는 육체적, 정신적 질병의 75% 이상을 차지하고 있습니다. 강한 자는 병든 약자를 담당해야 합니다. 의사일 수도 있지만 상담자도 심리적, 정신적 고통을 받은 자를 치유할 의무를 지니고 있습니다. 그들의 연약함을 이해하고 공감하며 돌보아서 치유에 힘쓰는 우리가 되어야 합니다.

인간관계의 원리는 이웃을 기쁘게 하는 일입니다

본문 2절에 "우리 각 사람이 이웃을 기쁘게 하되 선을 이루고 덕을 세우도록 하리라"고 하였습니다.

◆ 자신이 먼저 기쁨을 소유해야 이웃에게 기쁨을 줄 수 있습니다

[고후 2:2] "…또 무리를 대하여 나의 기쁨이 너희 무리의 기쁨인 줄 확신함이로다"고 하였습니다. 나 자신의 기쁨이 넘쳐야 합니다.

우리 주변에는 업무능력이 뛰어나고 대인관계가 원만하며 늘 활기찬 모습의 즐겁게 살아가는 사람들이 있습니다. 개인적으로 사회적으로 크고 작은 성공을 거머쥔 잘 나가는 사람들의 비결은 다름 아니라 뇌의 세로토닌(*serotonin*) 신경을 늘 활성화시킨 사람들입니다.

세로토닌은 뇌의 신경전달물질로서 몸과 마음을 활기차고 기쁘게 살아가게 만드는 행복물질입니다. 나의 뇌에 세로토닌 신경물질을 활성화시켜서 나의 기쁨이, 남의 기쁨이 되는 작용을 하도록 합시다.

◆ 공명현상으로 더욱 많은 기쁨을 남에게 줄 수 있습니다

[고후 7:13]에 "…디도의 기쁨으로 우리가 더욱 많이 기뻐"한다고 하였습니다.

기쁨은 에너지입니다. 에너지는 파동을 가지고 있습니다. 그래서 기쁨은 남에게 훨씬 더 많은 기쁨을 줍니다. 그러나 기쁨을 자신의 유익을 위해 쓰는 도구로 삼을 때 그것은 힘을 잃어버립니다. 그래서 예수님은 본문 15:3절에 "자기를 기쁘게 하지 아니하였나니"라고 하였습니다. 자기를 위한 기쁨은 미숙한 인격자요, 자기 욕심에 빠진 자이기 때문입니다. 자기중심적인 기쁨은 타인과의 인간관계를 파멸로 이끌어 갑니다.

◆ 이웃을 기쁘게 하는 기쁨은 사랑으로 충만한 기쁨이어야 합니다

[몬 1:7]에 "내가 너희 사랑으로 많은 기쁨과 위로를 얻었노라"고 하였습니다. 기쁨은 사랑으로 충만해야 합니다. 사랑을 전제로 한 기쁨만이 남을 기쁘게 하는 원동력입니다. 사랑이 없는 기쁨은 진정한 기쁨이 아닙니다. 사랑 가득한 가슴이 우리 이웃에 많은 기쁨을 선물할 수 있습니다.

◆ 이웃을 기쁘게 하는 것은 상대를 대접하는 행위입니다

인간관계의 황금률이 있습니다. "무엇이든지 남에게 대접을 받고자 하는데로 너희도 남을 대접하라"*(마 7:12, 눅 6:31)*입니다.

대접하다의 원어는 포이에오*(poievw)*인데 '베풀다'의 뜻입니다. 사람의 본능은 다른 사람이 자신에게 베풀어 주었으면 합니다. 남이 자신에게 베풀 때 저절로 기쁨이 넘칩니다. 그래서 상대에게 기쁨을 주는 것은 상대를 대접하는 행위입니다.

◆ 이웃을 기쁘게 하는 것은 선을 이루고 덕을 세우는 일입니다

본문 2절에 "…이웃을 기쁘게 하되 선을 이루고 덕을 세우도록 할지니라"고 하였습니다.

성경에 보면, 주의 일을 염려하며 어찌하여야 주를 기쁘게 할까?*(골전 8:32)* 하는 자가 있습니다. 장가 간 자가 세상을 염려하며 어찌하여야 아내를 기쁘게 할까?*(고전 8:33)* 하는 자도 있습니다. 시집 간 자가 세상을 염려하여 어찌하여 남편을 기쁘게 할까?*(고전 8:34)* 하는 자도 있습니다.

이런 사람들은 선을 이루기 힘듭니다. 신앙의 덕도 세울 수 없습니다. 진실로 네 이웃*(약자)*을 기쁘게 하는 것은 정신건강의 제일가는 조건입니다. 네 이웃을 기쁘게 하는 자는 정서가 안정된 자요, 원만한 인간관계를 맺는 자입니다. 네 이웃을 기쁘게 하는 자는 감정과 지성을 잘 조절하는데서 생깁니다. 인간관계를 이루는 일은 이웃의 필요를 알고 채워 주는 그런 관계가 이뤄질 때, 선을 이루고 덕을 이룰 수 있습니다.

인간관계의 원리는 서로 수용하는 일입니다

본문 7절에 "이러므로 그리스도께서 우리를 받아 하나님께 영광을 돌리심 같이 너희도 서로 받으라"고 하였습니다.

강한 자나 약한 자나 우리 모두가 지녀야 할 인간관계의 원리는 서로 수용하는 일입니다. 수용은 있는 그대로 받아주는 것입니다. 성격이나 환경 그리고 습관이나 문화를 있는 그대로 받아주는 것입니다.

◆ 서로 다른 성격을 그대로 수용해야 합니다

인간관계를 결정짓는 것이 바로 성격입니다. 성격유형은 에니어그램*(Enneagram)*에서 9가지로 구분하여 설명합니다. 모든 성격마다 강점이 있는 반면에 약점도 있습니다. 이런 점을 받아들이지 않은 때, 부부 살능이나 조직의 갈등, 사회적 갈등까지 야기합니다. 갈등을 해결하고 치유하는 유일한 길이 서로 수용하는 일입니다.

1유형은, 개혁자형으로 합리적이고 원칙적이며 완벽주의 사람입니다. 모든 성격유형 중에서 타고난 부지런함과 근면을 바탕으로 빈틈없이 근검절약하는 유형이지만 융통성이 없고 고지식하며 과도한 비판과 지적을 하는 약점을 지니고 있습니다.

2유형은, 조력자형으로 정과 사랑이 많고 다정다감하며 이타주의 성격입니다. 모든 성격 중에서 가장 친절하고 따뜻한 강점을 지니고 있지만 오지랖이 넓고 의존적이며 남을 조종하는 약점을 지니고 있습니다.

3유형은, 성취인으로 유능감과 융통성을 지니며 실용주의적이며 성과주의자입니다. 모든 성격유형 중에 가장 최고를 지향하고 성공지향적인 강점을 지니고 있습니다.

4유형은, 예술가형으로 창의력과 직관력을 지니며 자유와 감수성이 풍부합니다. 예민하며 특별한 심미주의자로서 모든 성격유형 중에서 가장 풍성한 상상력과 독창적인 감성을 지니는 강점을 지니고 있지만 시기심과 감정기복이 심한 약점을 지니고 있습니다.

5유형은, 탐구자형으로 지적이고 통찰력 있고 조용하며 모든 성격유형 중에서 가장 천성적이고 관념적인 사고에 능합니다. 정신 집중력이 뛰어나다는 강점을 지니고 있지만, 고립적이고 방관적이며 인간관계가 가장 서툴다는 약점을 지니고 있습니다.

6유형은, 충성인으로 헌신적이고 성실하며 신뢰성을 지닌 사람입니다. 모든 성격유형 중에 가장 준비가 철저하고 신중한 강점을 지니고 있지만 의심이 많고 불안해하는 약점을 지니고 있습니다.

7유형은, 열정인으로 행복하고 낙천적이며 열정적인 사람입니다. 모든 성격유형 중에서 가장 동시다발적으로 일을 한꺼번에 처리하며 즐기는 강점을 지니고 있지만 산만하고 책임감이 부족하다는 약점을 지니고 있습니다.

8유형은, 지도자형으로 힘이 강하고 지배적인 사람으로서 모든 성격유형 중에서도 가장 독립적이며 타고난 카리스마를 지닌 사람입니다. 타협을 못하고 욱하는 성격의 약점을 갖고 있습니다.

9유형은, 조정자형으로 평화롭고 편안하며 포용력 있는 사람으로 모든 성격유형 중에서 가장 원만한 인간관계를 맺는 유형입니다. 그러나 우유부단하고 꿈적도 않는 곰 같은 고집을 지닌 약점을 갖고 있습니다.

이처럼 성격유형은 모두 각기 다르게 지어졌기에, 서로를 이해하고 수용하는 원만한 인간관계를 맺는 것은 성공과 행복, 치유로 가는 지름길인 것입니다.

◆ 현실적인 환경을 서로 수용하는 일입니다

[빌 4:11-12] "내가 궁핍하므로 말하는 것이 아니니라 어떠한 형편에 든지 나는 자족하기를 배웠노니*(빌 4:11)* 나는 비천에 처할 줄도 알고 풍부에 처할 줄도 알아 모든 일 곧 배부름과 배고픔과 풍부와 궁핍에도 처할 줄 아는 일체의 비결을 배웠노라"*(빌 4:12)*고 하였습니다.

어떠한 환경이든지 수용하지 않으면 원망과 불평이 뒤 따르고 다시 죄에 물들며 자살까지 이르게 마련입니다. 환경을 수용하는 자만이 감사가 나오고 기쁨이 넘칩니다. 현실이 어떠한 것이든지 수용하는 사람은 정서적으로 안정된 건강한 사람입니다.

사업이 망하고 배우자가 사망하고 직장에서 쫓겨나고 대학에 낙방하고 말할 수 없는 병에 시달릴지라도 그러한 현실을 수용하는 사람만이 정신건강을 유지하는 첩경이 됩니다.

상담을 받으러 온 수많은 내담자들은 거의 현실을 수용하지 않고 투사와 거부 등의 심리 방어기제를 사용하며 스스로 고통을 만들어 자신을 해치고 있습니다. 현실을 수용하는 사람은 긍정적인 사고방식을 지니고 있기 때문에 어떠한 현실적인 아픔도 떨쳐버릴 수 있습니다.

◆ **서로 다른 문화와 가치관의 차이를 수용하는 일입니다**

부부도 서로 다른 문화와 가치관을 가지고 한 몸을 이루었습니다. 그래서 갈등이 일어나는 법입니다. 서로 다른 것을 수용하지 않고서는 행복할 수 없습니다. 한 나라 안에서도 지역마다 그 문화가 다릅니다. 경상도 문화, 제주도 문화, 전라도 문화, 충청도 문화, 서울-경기도 문화가 다 다르기 마련입니다.

미국에서도 똑같은 교육을 받지만 백인 문화와 흑인 문화로 크게 나뉘집니다. 우리나라에서도 한민족이지만 북한 문화와 남한 문화가 다릅니다.

지금 우리사회는 다문화사회를 이루며 살아가고 있습니다. 따라서 다문화가족이 만들어지면서 많은 문제를 야기하고 있습니다. 부모의 양육방식이나 교육방식에 따라 또는 매스컴의 영향에 따라 그 사람이 가지고 있는 가치관이 다를 수밖에 없습니다.

서로 다른 문화나 가치관의 차이를 우리 모두가 이해하고 수용할 때 부부관계도 행복할 수 있고 그 사회도 안정을 이룰 수 있습니다.

◆ 서로 수용하는 것은 결국 하나님께 영광을 돌리는 일입니다

본문 15:7절에서 "이러므로 그리스도께서 우리를 받아 하나님께 영광을 돌리심같이 너희도 서로 받으라"고 하였습니다.

하나님께 영광을 돌리는 일은 바로 서로 수용하는 일입니다. 예수님께서는 십자가에서 죄 많은 인류를 향해 우리의 죄를 짊어지고 모두 수용하여 하나님께 영광을 돌리셨습니다. 우리의 죄를 일일이 정죄치 않으시고 그대로 수용함으로써 우리 죄를 사하여 주셨습니다.

수용 없이는 용서도 있을 수 없습니다. 수용이 안 되면 용서도 안되는 것입니다. 수용이야말로 용서의 길이요, 치유의 궁극적인 길입니다. 서로 수용하는 길은 하나님께 영광을 돌리는 위대한 사역입니다.

강한 자는 약한 자를 보듬어 주어야 합니다. 강한 자는 힘 있는 사람입니다. 그러나 모든 힘은 상대적입니다. 상호관계에 따라 강한 자가 되고 약한 자가 됩니다. 왜냐하면 무명한 자 같으나 유명한 자요, 가난한 자 같으나 부유한 자요, 아무것도 없는 자, 같으나 모든 것을 가진 자(*고후 6:9-10*)이기 때문입니다.

강한 자는 바로 우리들입니다. 우리는 서로 약한 자를 담당해야 합니다. 우리는 약한 자를 이해하고 돌보아주어야 합니다. 우리는 서로 약한 자의 아픔을 경청하고 공감하며 이해해 주어야 합니다.

우리는 서로 약한 자를 보듬어 주어야 합니다. 이것이 바로 인간관계의

기본원리이며 상담자의 기본기술입니다.

그리고 우리는 서로 이웃에게 기쁨을 주어야 합니다.

우리는 이웃에게 더러운 말을 내지 말아야 합니다.

우리는 이웃에게 악독과 노함과 분냄과 훼방을 주지 말아야 합니다.*(엡 4:20-31)*

우리는 이웃에게 아픔과 절망과 시기와 슬픔을 주지 말아야 합니다. 우리는 서로 상처를 주지 말아야 합니다.

오히려 우리는,

서로 행복을 주는 기쁨을 주어야 합니다.

사랑을 주는 기쁨을 주어야 합니다.

회복을 주는 기쁨을 주어야 합니다.

풍요로움을 주는 기쁨을 주어야 합니다.

희망을 주는 기쁨을 주어야 합니다.

선과 덕을 세우는 기쁨을 주어야 합니다.

대접하는 기쁨을 주어야 합니다.

치유하는 기쁨을 주어야 합니다.

우리가 서로 기쁨을 주는 인간관계는 상대방의 필요를 채워주는 원리인 것입니다. 이제 우리는 서로 있는 그대로 수용하며 살아가야 합니다.

우리는 서로 다른 성격과 문화와 가치관을 수용하며 살아가야 합니다.

우리가 서로 수용하는 것은 용서의 첫 걸음이며, 치유의 원동력이며, 성공과 성장의 디딤돌입니다.

우리가 서로 갈등을 해결하는 것 역시 수용에서 출발합니다. 원수를 사랑하는 것도 수용입니다. 사회적 갈등을 회복하는 것도 수용입니다. 동서화합의 원리도 수용입니다. 서로 수용하는 인간관계는 하나님께 영광을 돌리는 인간의 궁극적 목적이기도 합니다.

이웃을 보듬어 주는 인간관계…
이웃을 기쁘게 하는 인간관계…
이웃을 서로 수용하는 인간관계의 원리야말로 성공의 지름길이요, 행복과 화목의 길이요, 치유의 원동력이 됩니다.

Part

06

너희 믿음대로 되라

이것들을 생각하라

8 마지막으로 형제들아, 무엇이든지 참되고, 무엇이든지 경건하고, 무엇이든지 의롭고, 무엇이든지 거룩하고, 무엇이든지 사랑할 만하고, 무엇이든지 칭찬할 만하고, 무슨 덕이나 무슨 칭찬이 있거든 이것들을 생각하여라. *(바른성경) (빌립보서 4장 8절)*

8 Finally, brethren, whatever things are true, whatever things are noble, whatever things are just, whatever things are pure whatever things are lovely, whatever things are of good report, if there is any virtue and if there is anything praise-worthy-meditate on these things *(NKJV)*

인간은 생각하는 존재입니다. 그래서 늘 생각하고 하루를 선택하며 행동하며 살아갑니다. 그런데 오늘날 과학자들의 연구결과에 의하면 정신질환이나 질병, 행동장애 중 75~98%는 그 원인이 '사고방식'*(매일의 생각)*에 있으며 20~25% 정도만이 환경이나 유전에 의한 질병이라고 합니다. 이처럼 사고방식이 많은 질병의 원인으로 작용되고 있습니다. 이미 상담심리치료에서는 사람의 부정적 사고, 왜곡된 사고, 비합리적 사고가 우울증, 불안, 분노, 중독 등의 정신장애를 일으켜서 상담과 심리치료에 적용하고 있습니다. 이번에는 사고 즉 생각이 우리 몸에 어떻게 작용하는지를 신경생물학적 입장에서 그 원리를 살펴보도록 하겠습니다.

생각은 대뇌피질의 기능입니다

대뇌를 싸고 있는 피질을 대뇌피질이라고 합니다. 대뇌의 신경세포는 150억 개에 이릅니다. 대뇌는 전체 뇌 부피의 80% 이상을 차지하며, 그 중에서도 가장 바깥쪽을 둘러싸고 있는 대뇌피질은 성격, 창조성, 의식 등에 관여합니다. 대뇌피질은 사람과 다른 동물의 차이를 결정짓는 주역이기도 합니다.

대뇌피질은 네 부분으로 나누어져 있습니다. 머리 앞쪽 이마 부위를 전두엽, 정수리를 두정엽, 머리의 측면을 측두엽, 뒤통수 쪽을 후두엽이라고 합니다.

전두엽은 책임감, 야망, 창조성 등 인간 고유의 고차원적인 심리를 창출해냅니다. 측두엽이 청각을 통해 언어를 이해하고, 형태와 그림을 인식한 후 모든 정보들을 축적합니다. 전두엽과 측두엽을 합쳐서 '연합영역'이라고 부르는데, 연합영역 중에서도 앞쪽에 위치한 전두연합영역은 인간의 이성이 탄생하는 부위입니다. 후두엽은 눈으로 받아들인 시각정보를 축적합니다. 그리고 두정엽은 몸에 사물에 닿았을 때 감각과 통증을 느끼거나 근육의 수축을 조절합니다. 후두엽과 두정엽을 합쳐서 '감각영역'이라고 부릅니다.

생각은 DNA 구조를 변형시킵니다

전체적인 생명분자의 흐름은 DNA 〉 RNA 〉 단백질로 이어집니다. DNA가 RNA를 만들고 RNA가 단백질을 만들어 세포의 운명을 결정합니다. 그리고 세포핵 속에 DNA가 있습니다. 실제로 생각에 의해 DNA가 변형된다는 사실이 과학 연구를 통해 밝혀졌습니다.

우리가 미래에 대해 부정적인 생각*(예를 들어, 확실한 근거도 없이 누군가가 부정적으로 말하거나 나쁜 짓을 저지른 것만 같은 생각)*을 품는다면, 그 유해한 생각이 우리의 뇌에 변화를 일으킵니다. 그러면 우리의 뇌는 부정적인 방향으로 접속되고 이후 부정적인 사고가 진행되어. 이로 인해 우리의 몸과 마음은 스트레스 상태에 빠지고 질병이 발생하게 됩니다.

하버드 의대 허버트 벤슨에 의하면 부정적인 생각은 스트레스로 이어지고, 스트레스는 우리 몸에 내재된 신체 본연의 치유 능력에 악영향을 끼친다고 하였습니다. 그래서 심신 질병의 75%가 스트레스에서 기인한다고 합니다. 결국 유해한 생각은 우리의 뇌를 병들게 합니다.

국제적 인지도가 있는 비영리 연구기관인 하트매스연구소는 스트레스 감소법을 연구하여 의료계에 많은 도움을 준 바 있습니다. 현재 이 연구소는 '일정한 심장 진동파에 따른 국소적 · 전신적 효과가 DNA구조 변화에 미치는 영향'이라는 실험을 진행하고 있습니다.

연구 결과, 분노, 공포, 좌절 등의 감정이 DNA의 변화에 직접적인 영향을 미치는 것으로 밝혀졌습니다. 즉 우리의 생각과 감정에 의해 DAN 구조가 변화된다는 것입니다. DNA의 변화는 곧 단백질의 고장으로 연결되는데, 최근 학자들은 보통사람의 98%가 단백질의 고장으로 질병이 발생하고 2% 정도는 선천성 유전질환이라고 주장하고 있습니다.

예를 들면, 마음속에 분노, 공포, 좌절 등의 감정이 차오를 때 DNA의 첨단이 짧아집니다. 이에 다양한 DNA 코드가 비활성화되고, DNA 코드의 비활성화는 유전정보 발현의 감소로 이어집니다. 이로 인해 우리 몸에서는 양질의 유전 단백질이 합성되지 않습니다. 우리가 부정적인 감정에 휩싸이면 우리의 몸 또한 부정적인 영향을 받습니다.

생각은 유전자를 활성시킵니다

유전자가 들어있는 본체가 DNA입니다. 이 DNA는 세포핵 속에 들어있습니다. DNA에는 유전자들이 약 25,000개 있고 이들 유전자로 인해 단백질이 만들어져서 사람이라는 구조를 만듭니다. 현재 많은 연구자들은 DNA 속 유전자의 90% 정도가 체내와 체외 환경에서 발생하는 신경신호에 의해 활성될 것이라고 추정하고 있습니다.

실제로 유전자가 망가져서 생기는 암이 전체 암의 20% 정도이고 나머지 80%는 유전자는 멀쩡한데 유전자 발현을 조절하는 기능에 문제가 생겨서 발병하는 것으로 보고 있습니다.

세포의 기능을 결정하는 것은 DNA 개체가 아니라 DNA부터 생성된 유전자 산물입니다. 이 유전자 산물이 단백질과 RNA입니다. 그래서 단백질이 세포의 기능을 결정합니다. 유전자들이 여러 개 있으면 거기에 RNA가 만들어지는 단백질이 생성됩니다. 어떤 종류의 단백질이 얼마나 만들어지느냐에 따라 세포의 성질이 결정됩니다. 그런데 유해한 사고를 품을 때 생성되는 담백질은 건전한 생각을 품을 때 형성되는 단백질과 모습도 다르고 기능도 다릅니다. 유해한 사고는 신경신호의 형성을 저해하고 유전자 발현과정에 문제를 일으켜 바람직한 단백질의 모습으로 형성되지 않습니다. 그래서 생각은 유전자를 활성화시키는 원동력이 됩니다.

과학은 우리의 생각과 또 거기에 깃든 감정이 여러 복잡한 과정을 통해 일단의 유전자 그룹을 활성하거나 억제한다는 사실을 밝혀냈습니다. 우리는 일련의 정보, 사실, 경험, 삶 속에서 일어나는 사건들을 인지하여 받아들인 후 '사고' 과정을 통해 그 각각에 의미를 부여합니다.

염색체 안에는 고정 배열된 유전자들이 있을 것입니다. 그런데 그 중 어떤 유전자가 어떤 식으로 활성되는지는 '의식'의 역할에 달려있습니다. 우리가 어떤 생각을 품고 외부에서 들어오는 정보에 어떤 의미를 부여하는지에 따라 특정 유전자의 활성, 비활성화가 좌우됩니다. 생각은 말과 행동으로 이어집니다. 그리고 말과 행동은 더 많은 생각과 선택으로 이어집니다. 이처럼 끝없는 사이클이 반복되면서 생각은 점점 커져갑니다.

우리 안에 크랩 유전자로 불리는 일종의 스위치 유전자가 있는데 생각*(사고)*을 통해 우리는 크랩 유전자의 스위치를 올리기로 선택하는 것입니다. 그러니까 사고*(생각)*는 신경신호인 것입니다.

어떤 정보가 전기적 · 화학적 신호의 형태로 뇌의 전두엽에 도달하면 그 신경신호는 고도로 증폭되고 활성화됩니다. 이때의 자극으로 인해 세포 안에 특별한 단백질이 방출되고 크랩 유전자의 스위치가 'on' 상태가 됩니다. 마치 우리가 전기 스위치를 켜고 내리는 것처럼 크랩 유전자의 스위치를 올리고 내리기로 선택할 수 있는 것입니다.

생각의 기본은 언어입니다

고도의 사고에는 언어가 필수적입니다. 그리고 사고가 가능해야 비로소 지성이 탄생하기 마련입니다. 이런 사고 능력은 모든 생물 가운데 오로지 사람만이 갖고 있습니다. 언어를 알아듣거나 문자를 읽는 능력과 이들의 의미를 해석하는 능력 사이에는 엄청난 차이가 있으며, 후자의 경우 고도의 정보처리능력이 필요합니다.

언어의 이해는 '베르니케 영역*(Wernicke's area, 측두엽의 위쪽 뒤편에 위치하고 있으며, 오늘날 음성언어의 입력, 이해와 밀접한 관련이 있다고 알려져 있는 장소)*'이라고 불리는 장소에서 이루어집니다. 그리고 언어의 형성은 '브로카 영역*(Broca's area. 전두엽의 아래쪽 뒤편에 위치하고 있으며, 현재 언어를 관할하는 장소 가운데 하나로 알려져 있다)*'이라고 불리는 장소에서 관장합니다.

그럼 '언어와 관련된 정보의 획득→ 발신의 흐름'을 대략적으로 살펴보겠습니다.

청각 · 시각 · 체성 감각으로 얻은 정보는 통합되면서 베르니케 영역으로 보내지고, 이곳에서 언어의 이해나 지성의 처리를 받습니다. 그 정보는 다시 브로카 영역으로 보내지고 언어로 형성되어, 전두엽의 운동 뉴런을 매개로 입술이나 손을 움직임으로써 언어를 밖으로 내보내게 됩니다. 언어의 정보는 '감각령 〉 베르니케 영역 〉 브로카 영역 〉 운동령'으로 전달됩니다.

이런 일련의 흐름은 한 군데만 이상이 생겨도 언어 정보의 획득이나 발신이 순조롭게 진행되지 못합니다. 가령 후두엽에 이상이 생기면 시각을 인식할 수가 없습니다. 실제로 눈에 이상이 없어도 보지 못하게 된다는 뜻입니다.

또 베르니케 영역에서는 인지나 해석과 같은 지적 처리를 하기 때문에, 이곳이 손상을 입으면 설령 문자를 읽거나 누가 어떤 말을 했는지 그 차이는 알더라도, 그 내용을 이해하지 못하거나 사고하는 작업이 불가능해서 치매에 가까운 상태에 빠집니다.

브로카 영역이 손상을 입으면 무슨 말을 하고 싶은지 결정은 내릴 수 있지만, 그것을 언어로 표현할 수 없게 됩니다. 또 전두엽인 운동령에 장애가 일어나면 손이나 입술을 물리적으로 움직일 수 없게 됩니다. 사고의 중심은 베르니케 영역에서 이루어집니다.

생각의 작업은 좌뇌에서 주로 이루어집니다

대뇌는 언뜻 보기에는 좌우대칭으로 이루어져 있습니다. 그러나 그 기능에는 좌우에 큰 차이가 있습니다. 사고 작업에서 중심적인 역할을 하는 베르니케 영역, 또 언어 형성 작업에서 중심적인 역할을 하는 브로카 영역은 90% 이상이 좌뇌피질을 주로 사용합니다. 즉 왼쪽이 우위에 서 있다는 것입니다. 극히 일부의 사람만이 좌우의 뇌가 거의 비슷하게 활동하며, 우뇌가 우위인 사람은 거의 없습니다.

우위에 선 쪽, 그러니까 좌뇌의 베르니케 영역이 손상을 입으면 언어와 관련된 지적 기능의 대부분은 소실되고, 논리적인 사고가 불가능해집니다. 그러나 이러한 기능이 100% 소실되는 건 아니라는 점에서 미루어보면, 우뇌도 일부 기능을 보좌하고 있는 듯합니다.

우뇌의 기능으로는 음악, 비언어적인 시각 패턴 인식, 제스처, 소리의 억양, 공간인지 등이 있습니다. 좌뇌를 우위 반구, 우뇌를 열위 반구라고 부르는데, 이는 언어나 사고능력 측면에서 본 것으로, 예술성과 같이 우뇌 쪽이 우위인 경우도 있습니다. 좌뇌에서 언어나 사고 처리를 한다는 사실은 신생아 때 이미 결정됩니다. 그렇지만 왜 좌뇌인지 그 이유는 아직 밝혀진 바 없습니다.

뇌졸중의 경우, 병소*(病巢, 병원균이 침입하여 조직이 허물어진 부분)*가 우뇌에 있는 경우보다 좌뇌에 있을 때, 증상이나 후유증이 더 무거운 경우가 많습니다. 이는 언어나 사고능력에 큰 손상을 입을 뿐만 아니라, 오른손에도 마비가 오므로 오른 손잡이의 경우 글씨를 쓸 때 또 다른 핸디캡으로 작용하기 때문일 것입니다. 뇌졸중의 경우 좌뇌에 병변이 있는 쪽이 우뇌에 있는 경우보다 증상이 더 심한 경우가 많습니다.

여기 놀라운 사실이 있습니다. 부정적인 감정 및 DNA 코드 비활성화로 인한 참혹한 결과는 사랑, 기쁨, 존중, 감사 등의 감정으로 만회할 수 있다는 것입니다. 실례로 해당 기관의 연구 결과, 긍정적인 생각과 행복한 감정을 품은 HIV 양성 환자들의 경우 그렇지 않은 환자보다 30만 배나 더 높은 면역 수치를 보였습니다.

이 연구 결과가 전하는 중요한 메시지는 "우리가 하나님의 형상대로"*(창 1:26)* 즉 본연의 설계대로 사랑을 주고받는다면 우리의 삶은 더 나아질 것이며, 심지어 체내 DNA 구조까지 향상시킬 수 있다는 것입니다.

우리가 부정적인 결정을 내릴 때에도 DNA는 변형됩니다. 유해한 생각에 잠기기로 선택할 경우, 이를테면 누군가를 용서하지 않겠다는 생각, 원한, 짜증 혹은 현재 잘 살고 있지 못하다는 느낌 들을 마음에 품을 때, 유전자 발현과정이 올바르지 않아 역시 체내 DNA가 변형됩니다. 또한 DNA 변형은 유전정보 발현 과정에도 영향을 줍니다. 이러한 변화는 결국 부정적인 방향으로 뇌 구조 변형을 야기합니다.

대저 그 마음의 생각이 어떠하면 그 위인도 그러한즉 그가 네게 먹고 마시라 할지라도 그의 마음은 너와 함께 하지 아니함이라 *(잠 23:7)*

인간의 뇌는 우리가 어떤 생각을 갖느냐에 따라 그 반응이 다릅니다. 뇌는 생각하는 대로 되는 것입니다. [잠 23:7]의 말씀이 이를 증거하고 있습니다. 긍정적인 생각은 뇌의 건강, 정신건강을 이루고 부정적인 생각은 정서적 장애*(우울, 불안, 분노)*들을 일으킵니다. 이때 우리의 뇌는 즉각적인 보호 태세를 갖춥니다. 낮은 질의 유해한 생각이 떠오르면 우리의 뇌는 그것을 '부정적인 스트레스'로 인식합니다. 이렇게 인식된 스트레스는 몸을 통해 스트레스 증후를 나타내기 시작하고 각종 병으로 인도합니다.

인간의 뇌는 반응에 의해 조형됩니다

우리는 삶의 다양한 사건 및 외부 환경의 자극에 끊임없이 반응합니다. 이처럼 '자극과 반응'의 사이클이 지속될 때 우리의 뇌가 조형되는데, 삶의 질을 향상시키는 방향으로 조형되기도 하고 반대로 삶의 질을 떨어뜨리는 부정적이고 유해한 방향으로 조형되기도 합니다.

결국 우리의 뇌는 생각과 선택(의식)과 반응에 따라 긍정적으로든 부정적으로든 변화됩니다. 이 과정을 가리켜 뇌 조형(Brain Architecture)이라고 합니다. 그런데 이 용어에는 뇌 구조의 변화에 따라 몸과 마음의 건강 상태가 진작되거나 악화된다는 역학적 설명도 내포되어 있습니다.

성경과 과학 모두가 보여주는 사실은 우리가 사랑과 낙관주의에 반응한다는 것입니다. 만일 우리가 부정적인 생각을 품고 부정적인 선택을 한다면 생각의 질은 현저히 떨어질 것입니다. 바꿔 말하면, 뇌 조형의 질이 낮아진다는 뜻입니다. 병리적인 관계뿐 아니라 정신적 문제, 육체적인 질병에도 영향을 끼칩니다.

뇌는 우리를 통제하지 못합니다. 우리가 뇌를 통제합니다. 우리가 어떤 사고를 갖느냐에 따라 뇌를 다스립니다. 행·불행도 사고에 달려 있습니다. 건강과 질병도 사고에 달려 있습니다. 건강한 사고는 건강한 뇌를 만들기 때문입니다.

생각(사고)은 뇌의 스위치를 켜는 일입니다. 하루 5~16분 정도라도 묵상하거나 기도하고 부정적인 생각을 제어하고 집중하면 뇌의 전두엽이 개선되어 행복한 삶을 살아갈 수 있습니다.

반면에 부정적인 생각이나 부정적인 감정, 부정적인 결정을 하게 되면 우리 몸의 DNA 구조를 변형시키고 단백질의 고장을 일으켜 유전정보의 발현과정에 영향을 끼쳐 뇌는 부정적인 방향으로 조형되고 우리는 수많은 질병에 걸립니다.

행복하고 건강하게 살고 싶으십니까?
성경에서 '생각지침서'에 해당하는 말씀이 여기 있습니다.
"마지막으로 형제들아, 무엇이든지 참되고, 무엇이든지 경건하고, 무엇이든지 의롭고, 무엇이든지 거룩하고, 무엇이든지 사랑할 만하고, 무엇이든지 칭찬할 만하고, 무슨 덕이나 무슨 칭찬이 있거든 이것들을 생각하여라" *(바른성경) (빌 4:8)*
더불어 서로 사랑하라*(요1 4:12)*, 항상 기뻐하라*(살전 5:16)* 하므로, 우리의 뇌가 건강하게 조형되어야 합니다. 그러면 건강한 생각의 원동력이 되고 행복한 삶이 보장되며 전인건강, 정신건강의 삶을 살아가는 축복이 될 것입니다.

플러스 알파의 축복

(Abundant Blessing)

16 다섯 달란트 받은 자는 바로 가서 그것으로 장사하여 또 다섯 달란트를 남기고… 28 그에게서 그 한 달란트를 빼앗아 열 달란트 가진 자에게 주라 29 무릇 있는 자는 받아 풍족하게 되고 없는 자는 그 있는 것까지 빼앗기리라. *(마태복음 25장 14-30절)*

예수님께서는 열 처녀 비유를 말씀하시고 계속해서 달란트를 비유로 말씀하고 있습니다. 사도들이 재림을 앞두고 어떻게 준비해야 하는지를 열 처녀 비유로 교훈하셨다면, 위 본문은 달란트 비유를 통해 성도들이 사명을 가지고 열심히 주님의 재림을 준비해야 된다는 것을 강조하고 있습니다.

주님이 언제 재림하실지 알지 못하는 상황에서 갑자기 오셨을 때 주님과 더불어 즐거움을 누리는 축복 있는 자와 반대로 쫓겨나 통곡하는 자의 두 부류로 나누어진다는 사실을 말씀하고 있습니다. '어떤 사람이 타국에 갈 때'라고 하면서 비유로 말씀을 시작합니다. 어떤 사람은 곧 주님을 의미하며, 타국에 갔다는 것은 주님께서 이 땅을 떠나 승천하시니 것을 의미합니다.

그리고 주님께서 자기 종들에게 자기소유를 맡기셨는데, 이는 주님이 재림할 때까지 이 세상에 부재하실 동안 성도들에게 맡기신 주의 모든 사명과 은사 또는 재능을 가리킵니다.

달란트는 원래 중량을 다루는 저울을 의미하는 단어였으나 중량의 측정 단위에서 화폐 단위로 발전하였습니다. 원래 달란트는 무게로는 약 34kg에 해당*(출 38:25)*하며 돈으로 환산하면 6,000데나리온의 가치에 해당됩니다. 그 당시 노동자 하루 품삯이 1데나리온이었다는 사실을 감안한다면 1달란트는 노동자가 약 20년 벌어야 되는 거액인 셈입니다. 달란트의 비유를 통해 플러스 알파의 축복이 되기를 소망합니다.

각자 재능에 따라 고유한 달란트를 받았습니다

본문 14절에 "…그 종들을 불러 자기 소유를 맡김과 같으니"라고 말씀하시면서 본문 15절에 "각각 그 재능대로 하나에게는 금 다섯 달란트를 하나에게는 두 달란트를, 하나에게는 한 달란트를 주고 떠났다"고 말씀하고 있습니다.

모든 재능은 하나님이 거저 주시는 은혜입니다. 재능은 헬라어로 듀나미스인데, 능력 · 힘이라는 의미입니다. 뇌 발달에 따라서 사람의 능력이 다를 수 있고 태어나면서 가질 수 있는 능력이 있는 반면에 어떤 사람은 성장하면서 발달되는 능력이 있을 수 있습니다. 왜냐하면 뇌는 쓰면 쓸수록 발달하기 때문입니다. 우리는 성도가 소유하는 성령의 은사 뿐 아니라 모든 사람들이 제각기 갖고 있는 재능, 즉 선천적인 소질이나 기술까지도 하나님께서 주신 달란트임을 알아야 합니다.

그러나 재능은 사람마다 모두 다릅니다*(15절)*. 어떤 사람은 지능적인 면에 남다른 재능이 있는 자도 있고, 예술적 재능이나 운동신경이 발달하여 뛰어난 재주를 갖고 있는 자도 있습니다. 예수를 믿고 성령을 통해 받는 은사도 역시 각양각색입니다*(참조, 롬 12:6-7)*. 그러나 그 모든 재능과 성령의 은사 그리고 사명은 하나님 한 분에 의해서 주어진 것임을 우리는 알아야 합니다.

결국 그 재능은 주인을 위한 것입니다. 우리는 관리자일 뿐 입니다. 주인이 종들에게 달란트를 맡긴 목적은 주인의 재산을 유용하게 관리하도록 하기 위한 것입니다. 즉 종들이 맡은 재산은 그들 자신을 위한 것이 아니라 주인을 위해서 재물을 잘 관리하여 재산을 보호하고 증식하려는 것입니다. 이 달란트는 오늘날 하나님께서 주의 몸 된 교회를 위해 나누어 주신 성령의 은사와 상통할 뿐만 아니라 하나님께 받은 각양의 선한 은사들이나 재능을 잘 사용하여 충성스럽게 일할 때*(참조, 엡 4:12)* 하나님의 축복은 임하게 됩니다.

한 달란트 받은 자는*(악하고 게으른 종이라)* 책망받았습니다

◆ 감정적 박탈과 이탈 행동을 하는 자입니다.

본문 18절에 "한 달란트 받은자는 가서…"라고 하였습니다. '가서'로 번역된 아펠돈의 원형은 아페르코마이인데 이 뜻은 어떤 사람으로 인해 떠나버린다는 것을 의미하는 동사입니다*(22:22, 막 12:12, 요 6:66)*.

이처럼 한 달란트 받은 자는 주인에 대하여 섭섭한 감정을 가지고 주인으로부터 등을 돌려 떠나버린 것입니다. 이는 주인에 대한 종의 감정적 박탈과 이탈의 행동을 잘 나타내 보인 것입니다. 그래서 주인을 위해 일을 하지 않고 한 달란트를 묻어둔 것입니다. 게으른 자입니다. 반면에 다섯 달란트 받은 자가 "바로 가서"*(16절)*라는 동사는 포류데이스의 원형인 '포류오마이'인데 이는 자신의 길을 가거나 출발하는 동사입니다.*(2:22, 막 16:12. 눅 1:39)*

한 달란트 받은 자는 적은 달란트를 맡겼다고 심리적으로 불평하는 자요, 감사하지 않는 자입니다. 주인에 대해 감정이 박탈된 사람입니다, 주인에 대해 존경심도 없고 관계 형성도 잘못된 사람입니다.

◆ **투사***(책임전가)***하는 자입니다**

책임을 전가하는 자입니다. '당신은 굳은 사람'이라서 그냥 땅에 묻어놓았다는 것입니다. 열심히 일하지 않는 사람들은 무슨 일이 일어나면 남을 탓하기 쉽습니다. 투사는 정신병의 심리방어기제입니다. 투사는 받아들일 수 없는 충돌이 생길 때 외부로 돌리는 심리기제입니다.

집안 일이 잘 안되면 조상 탓으로 돌린다거나 어떤 좋지 않은 일이 생길 때, 자기의 잘못을 인정하기보다는 남의 탓으로 돌려버려야 마음이 편해집니다.

아담은 자신의 범죄에 대해 초조와 불안함을 느꼈기 때문에 하나님께서 그에게 주신 아내에게 죄를 투사시킴으로써 그것에 대해 자신을 방어하였습니다. 한 달란트 받은 자도 주인을 향해 '당신은 굳은 사람'이라면서 책임 전가를 하고 있습니다. 굳은 사람이란 강퍅하고 완강하여 가혹하고 냉정한 사람이라고 평가하는 것입니다. 일은 하지 않고

제도를 탓하거나 사회 환경을 탓하거나 사람을 탓하는 것은 결국 자기 불행을 자기 스스로 만드는 일입니다.

◆ **두려움을 갖고 있는 자입니다**

본문 25절에 "두려워하여 나가서 당신의 달란트를 땅에 감추어 두었나이다"라고 하였습니다.

불안은 정신병리의 근본입니다. 신경증이나 정신증을 만들어내는 것입니다. 정신적 불안은 모든 일을 주저하게 만들고, 결단을 내리지 못하게 됩니다. 불안의지가 강해지면 공포반응이 일어나 정신건강을 유지할 수 없습니다.

◆ **열등감을 지닌 자입니다**

열등감을 지닌 사람은 자신을 신뢰하지 못하고 항상 다른 사람의 공격이 두려워 자신의 생각을 표현하는 것을 주저하고 움츠리는 것입니다. 한 달란트를 그냥 땅에 묻어둔 태도는 열등한 자아상을 지닌 태도입니다.

"우리들 스스로 보기에도 메뚜기 같으니 그들이 보기에도 그와 같으니라"*(민 13:27-14:10)*

가나안 땅을 정탐하고 돌아온 12명의 정탐꾼 중에 열 정탐꾼은 그들이 보고 온 땅을 악평하고 자신들이 능히 올라가서 이길 수 없다고 고백합니다. 또 그들은 자신들을 메뚜기 같다고 고백하여 불평과 원망 속에 빠지게 됩니다. 이러한 일들은 열등감이나 낮은 자존감의 발로이기 때문에 자신과 모든 것을 부정적으로 생각합니다.

◆ 악하고 게으른 종입니다

본문 26절에 "악하고 게으른 종이다" 책망하였습니다. 또 무익한 종*(30절)*이라고 하였고 있는 것까지 빼앗기며*(28절)* 바깥에 내어 이를 갈며 슬피우는 존재가 되어버렸습니다.

다섯 달란트 받은 자는 풍성한 축복을 누린 자입니다

본문 16절에 "바로 가서 그것으로 장사하여 또 다섯 달란트를 남기고"라고 하였습니다. 20절에서도 "다섯 달란트 받은 자는 다섯 달란트를 더 가지고" 왔다고 하였습니다. 21절에서는 다섯 달란트 남긴 자를 향해 작은 일에 충성하였다고 칭찬하며 더 많은 것을 맡기시겠다고 하시고 주인의 즐거움에 참여하라고 하였습니다. 그리고 29절에서는 한 달란트 맡은 자의 것까지 빼앗아 다섯 달란트 받은 자에게 주어 풍족케 되는 축복을 받은 것입니다. 다섯 달란트 받은 자의 태도와 믿음은 한 달란트 받은 자와는 전혀 다른 특성을 지닌 자입니다.

◆ 주인의 뜻을 아는 자입니다

다섯 달란트 받은 자는 달란트를 맡기실 때 "바로 가서 그것으로 장사"*(16절)*한 것은 주님의 뜻을 잘 아는 통찰력이 있는 자입니다. 주님의 기대와 바람을 충족시킨 자입니다. 우리가 받은 은사와 재능을 주신 것도 주님인 줄 알고, 노력하여 더 많은 열매 맺기를 원하는 주님의 기대를 이루어내는 사람인 것입니다.

◆ 믿음이 있는 자입니다

바로 가서 행하는 믿음이 있는 자입니다. 하면 된다는 믿음의 소유자입니다.

◆ 자존감이 있는 자입니다

나는 다섯 달란트를 가지고 큰 능력(*듀나미스*)을 행할 수 있다는 자존감이 강한 자입니다. 자기 자신을 어떻게 보고 어떻게 생각하고, 어떻게 느끼느냐는 대단히 중요한 일입니다. 자존감이 낮으면 자신의 정신 기둥이 무너지게 됩니다. 어려움이 닥치면 견뎌 낼 힘이 약하기 때문입니다. 자존감은 어떤 일을 할 수 있는 심리적 에너지의 근본입니다. 아무리 믿음이 크다고 할지라도 자존감이 없으면 헛일입니다. 자존감이 크기 때문에 바로 가서 장사할 수 있었던 것입니다.

가나안 땅을 탐지하고 돌아온 여호수아와 갈렙은 그 땅은 심히 아름답고(*민 14:7*) 여호와께서 그 땅을 우리에게 주시리라(*14:8*), 그 땅의 거민은 우리 밥(*14:9*)이라고 하며, 그들을 두려워 말라(*14:9*)고 자신만만하게 보고한 것은 자존감이 있는 사람의 모습입니다.

◆ 긍정적 사고를 하는 자입니다

여호수아와 갈렙은 자존감이 강하며 긍정적인 사고방식과 긍정적인 삶의 태도를 취하고 있습니다. 건전한 자존감은 사회생활과 가정생활,

업무수행, 대인관계 등 삶의 전반에 긍정적인 영향을 미치지만 건전하지 못한 자존감과 열등감은 한 달란트 받은 사람처럼 악하고 게으른 종으로 전락되며 무익한 종으로 비참한 운명을 맡게 됩니다. 긍정적 사고는 뇌를 건강하게 할 뿐만 아니라 삶의 능력을 만들어내는 활력소가 됩니다.

◆ 현실을 수용하는 자입니다

현실을 있는 그대로 받아들이는 태도는 정신건강의 원동력이 됩니다. 있는 대로 환경을 이해하고 수용하며 그 환경에 얽매이지 않고 불평하지 않으며, 자신의 일을 즐기며, 자신의 환경에 적절히 조화를 하여 살아가는 자입니다. 현실에 대한 불평불만은 부적응의 근본이 되고 정신건강을 해롭게 합니다.

다섯 달란트 받은 자는 있는 그대로 현실을 받아들이고 열심히 일하는 자입니다.

◆ 문화명령을 수행하는 자입니다

성경은 일하기 싫거든 먹지도 말라고 하였습니다. '장사하며'라는 뜻은 헬라어인 엘가사토로서 일하다, 노력하다, 행하다, 장사하다의 의미를 지니고 있습니다. 또한 노동하다 행하여 성취하다의 뜻을 지니고 있습니다. 신약에 41회나 나오며 장사하다는 의미로 번역된 곳은 여기뿐입니다. 다섯 달란트 받은 자는 그것으로 열심히 일하고 적극적으로 성실히 수행하여 열 달란트(*두 배*)의 이윤을 남겼습니다.

◆ **풍성한 축복을 받는 자입니다**

주인의 즐거움에 참여하는 축복을 받게 되었습니다. "네 주인의 즐거움에 참예할지어다"*(21절, 23절)*. 주인은 종을 칭찬하며 자신이 기쁨에 동참케 하였습니다. 참으로 충성된 종을 위해 마련된 주인의 기쁨은 그 동안의 수고와 고난과는 족히 비교할 수도 없는 큰 영광입니다. 주인의 인정을 받아 주인과 함께 보좌에 앉아 음식을 나누며 귀한 손님으로 대접을 받는 것입니다. 이처럼 주님의 명령을 좇아 열심히 일하는 자들에게는 하늘의 기쁨이 예비되어 있습니다. 그 기쁨은 종들의 성실함에 대한 충분한 보상이며, 동시에 주님께서 친히 그 기쁨 속에 참여하시는 교제이기에 모든 축복의 절정이라 할 수 있습니다. 이러한 귀한 축복이 여러분에게 있기를 바랍니다.

한 달란트를 빼앗아 열 달란트 있는 자에게 주는 플러스 알파의 축복을 받게 되었습니다. 다섯 달란트 받은 자는 열 달란트의 이윤을 남겼습니다. 본문 28절에 "한 달란트를 빼앗아 열 달란트 가진 자에게 주어라"라고 말씀하십니다.

어떻게 보면 한 달란트를 빼앗아 열 달란트 가진 종에게 주라는 말씀은 지나친 처사처럼 보일 수도 있습니다. 그러나 달란트를 사용하지 않고 묻어 두는 자에게 더 이상 그것을 보관하게 할 가치가 없습니다. 주인은 악하고 게으른 종의 일거리를 빼앗아 충성된 종에게 넘겼습니다. 이처럼 하나님의 축복은 충성스럽게 일하는 자들에게 주어집니다. 쓰지 않으면 뇌도 작동되지 않습니다. 그러므로 우리가 우리의 사명이나 소유, 그리고 능력을 사용하지 않는다면 하나님께서는 우리의 능력을 영원히 거두어 가실 수도 있습니다.

우리는 각자 재능에 따라 하나님에게서 고유한 달란트를 받았습니다. 그래서 누구나 자기 소유가 있습니다. 자기 소유는 자신이 가장 가까이서 쓸 수 있는 재능이요, 사명이요, 물질입니다. 그것이 한 달란트, 두 달란트, 다섯 달란트일 수도 있습니다.

하나님께서 애굽에서 고통당하는 이스라엘 백성을 구원하기 위해 모세를 세웠는데, 모세는 아무도 내 말을 듣지 않을 것이며, 나를 믿지 않을 것이라고 하였습니다. 그때 하나님이 나타나서 하시는 말씀이 "네 손에 있는 것이 무엇이냐? 그가 가로되 지팡이니이다"라고 대답할 때, 그것을 땅에 던지라고 하자 곧 뱀이 되는 능력을 베푸신 것입니다. 자기가 소유하고 있는 그 자체가 능력을 만드는 것입니다.

한 달란트 받은 사람처럼 나의 소유와 재능을 묻어 놓아서는 안 됩니다. 한 달란트 받은 자처럼 남을 탓해서는 안 됩니다. 한 달란트 받은 자처럼 불평불만해서는 안 됩니다. 한 달란트 받은 자처럼 불안해 해서도 안 됩니다. 한 달란트 받은 자처럼 게을러서도 안 됩니다. 한 달란트 받은 자처럼 사명이나 재능을 묻어놓아서도 안 됩니다.

다섯 달란트 받은 자처럼 바로 가서 장사하여야 합니다.

바로 가서 재능을 사용하여야 합니다.

바로 가서 자기 소유를 사용하여야 합니다.
바로 가서 자기 은사를 사용하여야 합니다.
바로 가서 사명을 사용하여야 합니다.
바로 가서 치유상담사역을 행하여야 합니다.
바로 가서 열심히 일하니 결산할 때 두 배의 축복을 받았습니다.
그리고 거기에 한 달란트 받은 자의 것까지 합쳐서 더 풍성한 축복을 누리게 된 것입니다. 한 달란트는 20년간 벌 수 있는 노동자의 임금에 해당되는데 이것까지 받게 되었으니 플러스 알파의 축복입니다. 작은 일에 충성하였다는 주님의 칭찬을 받을 뿐만 아니라, 주님의 기쁨의 반열에 함께 참여하는 축복까지 누리게 되었습니다.
사람마다 재능이 다 다릅니다. 사명이 다 다릅니다. 소유가 다 다릅니다. 은사가 다 다릅니다. 묻어 놓지 말고 열심히 다 쏟아놓으십시오. 내게 있는 것을 그대로 사용할 때 플러스 알파의 축복을 받습니다.
내가 가진 것을 그대로 열심히 사용할 때 플러스 알파의 축복을 받습니다.
내게 주어진 사명을 그대로 일상에 사용할 때 플러스 알파의 축복을 받습니다.

너희 믿음대로 되라

"이에 예수께서 저희 눈을 만지시며 가라사대 너희 믿음대로 되라 하신대 그 눈들이 밝아진지라…" *(마태복음 9장 29-30절)*

이스라엘 북부에는 10년 전 로켓탄 공격을 당한 마을이 있었습니다. 로켓탄이 이미 공중을 날고 있을 때는 집에 있는 아이들을 보호하기 위해 할 수 있는 일이 아무것도 없었습니다. 이런 상황은 사람들에게 엄청난 불안감을 일으켰습니다.

신앙이 없던 이스라엘 사람들은 불안해서 잠도 못 자고, 화를 내고, 공황 상태를 보는 반면 신앙이 있던 이스라엘 사람들은 달랐습니다. 사이렌 소리를 듣고 로켓탄이 날아온다는 것을 알았지만, 그들은 방공호 안에 모여서 다 같이 찬송가를 불렀습니다. 찬송가는 그들의 마음을 진정시켜 주었습니다. 신앙이 없는 사람들과 달리 잠도 잤고 화도 내지 않았습니다.

신앙이 없던 사람들에 비해 찬송가를 불렀던 사람들이 더 많이 살아남았습니다. 신앙이 없던 사람들은 불안해서 길거리로 나가거나 어리석은 행동을 했고, 결국 죽임을 당하는 일이 더 많았습니다. 그에 반해 하나님을 믿고 기도한 사람들은 불안과 위험에 잘 대처했고, 더 많이 살아남았습니다. 인류의 역사를 돌이켜 보면 이런 사례들이 얼마든지 더 있습니다. 믿음이 인간의 마음에 뭔가 긍정적이고 희망적인 뇌의 스위치를 켜며, 생존에 더 유리하게 작동한다는 것입니다.

믿고 기도할 때 뇌 전체가 크게 활성됩니다

6,000개 이상의 뇌를 SPECT 영상으로 촬영한 미국의 기독교 정신의학자인 에이멘 박사는 신의 존재를 느끼는 지점을 우측 측두엽이라고 주장하는 반면, 뇌와 영성 간의 관계를 20년간 연구한 미국의 신경의학자인 앤드루 뉴버그는 신과 만나는 장소가 측두엽이 아니라는 것을 밝혀냈습니다.

오랜 시간동안 명상을 한 성직자의 뇌를 스캔했더니, 활발하게 작용하였으며 그 중 가장 큰 차이를 보인 곳이 전두엽이었습니다. 전두엽은 정보의 중계소 역할을 하는 시상과 연결되면서, 어떤 대상에 집중하게 만듭니다. 이어서 두정엽의 활동도 증가하기 시작합니다. 우리가 십자가와 같은 시각적 이미지를 보고 있다면, 측두엽 아래쪽에 있는 시각계도 함께 활성됩니다. 또 전두엽은 뇌의 감정을 담당하는 변연계와 연결되어 더없는 행복함과 고요함 등을 느끼게 해줍니다. 기도나 명상이 극에 도달하면, 이번에는 시상과 두정엽의 활동이 점차 줄어듭니다. 이때 우리는 시공간의 감각을 잃고 무아지경에 빠질 수도 있습니다.

명상이나 기도를 통해 행복감과 고요함이 점점 증가하다가 어느 순간, 신비한 영적 체험이 일어날 수도 있습니다. 이때 자극과 진정을 담당하는 자율신경계가 활성화되면서 엄청난 에너지와 극도의 행복감을 느끼게 됩니다*(KBS, 2015)*. 이 모든 과정은 뇌의 한쪽이 아니라 양쪽에서 동시다발적으로 일어나는 매우 복잡하고 역동적인 과정입니다. 즉, 종교나 영적 체험에 관여하는 곳은 뇌의 특정한 부위가 아니라 뇌 전체라는 것을 알 수 있습니다.

뇌 속에는 단 하나의 갓 스팟*(신과 만나는 장소)*이 있는 게 아니라 뇌의 수많은 부분이 모두 영적 체험의 일부이며, 그래서 신과 만나는 장소가 우리 뇌 전체를 말하는 것이라 생각합니다. 21세기 최첨단 과학은 우리의 뇌 전체가 신과 만나는 장소라는 사실을 밝혀냈습니다. 물론 갓 스팟이 신이 있다는 증거는 아닙니다.

믿고 기도하면 뇌의 미상핵이 활성됩니다

미상핵은 우리가 사랑에 빠질 때나 쾌감을 느낄 때 활성화되는 곳입니다. 2008년에 덴마크의 오르투스 대학 연구팀이 신실한 기독교 신자 20명을 실험하였습니다. 실험 대상은 21~32세의 성인 남녀로 정신건강에 전혀 이상이 없는 건강한 사람들입니다. 이들이 눈을 감고 마음속의 하나님께 기도할 때, 뇌를 MRI로 촬영하였습니다. 그런데 하나님께 기도하는 동안 뇌의 미상핵이 가장 활발하게 반응하였습니다. 또 다른 실험에서는 산타클로스에게 기도하게 했더니, 이때는 이 부위가 활성되지 않았습니다. 연구팀은, 하나님은 실제로 존재한다고 믿는 반면에 산타클로스는 가상의 인물이라고 생각하기 때문이라는 결론을 내렸습니다.

믿느냐 믿지 않느냐는 곧 인간 뇌의 활동방식 뿐만 아니라 뇌의 형태까지 바꾸는 강력한 힘입니다. 한편 하나님을 믿는 사람들의 전두엽이 일반인에 비해 훨씬 두껍다는 것이 밝혀졌습니다.

믿고 기도하면 뇌는 생각대로 이루어집니다

"대저 그 마음의 생각이 어떠하면 그 위인도 그러한 즉"*(잠 23:7)*

믿음은 Part 5에 거론한 플라시보 효과와 흡사합니다. 성경에 보면 [마 9:29]에 "가라사대 너희 믿음대로 되라"고 하였고 [히 11:1]에서는 "믿음은 바라는 것들의 실상이요"라고 증거하고 있습니다. 믿음이 긍정적이면 마음에 평안을 주고 불안이 없어지며, [약 5:15]의 말씀처럼 "믿음의 기도는 병든 자를 구원하리니"라고 합니다.

믿음의 힘은 강력합니다. 긍정적인 믿음은 사람을 살리기도 하고 부정적인 믿음은 사람을 죽이기도 합니다. 긍정적인 믿음을 갖게 될 때, 뇌에서는 행복과 기쁨과 평화로운 호르몬과 신경전달물질을 분비하지만 부정적인 믿음일 때, 뇌는 비상상태가 되어 생명과 건강에 문제를 일으키게 되고, 면역력이 떨어지는 병에 걸리거나 극단적일 때는 뇌가 쪼그라들어 죽음에 이르기도 합니다.

믿고 기도하면 신경전달물질이 분비되어 치유가 빠릅니다

"믿음의 기도는 병든 자를 구원하리니 주께서 그를 일으키시리라 혹시 죄를 범하였을지라도 사하심을 받으리라" *(약 5:15)*

신경전달물질이란 신경세포 간의 의사소통을 하는 화학물질로서 믿음과 직접적으로 연관되어 있는 것은 바로 도파민과 세로토닌, 그리고 옥시토신 호르몬입니다. 믿음은 이처럼 정신생물학적인 작용을 하고 있습니다. 인간의 뇌는 신경세포인 뉴런과 뉴런을 연결하는 시냅스가 있는데 뉴런은 1,000억 개, 시냅스는 1,000조 개에 이릅니다. 또한 신경전달물질만 해도 100 종류가 넘습니다.

믿음과 관련된 신경전달물질은 바로 도파민입니다. 도파민은 사랑에 빠질 때 분비되는데, 이때 페르몬과 노르에피네프린 등이 분비되어 쾌락중추를 자극하고, 심장이 빠르게 뛰면서 흥분을 느낍니다.

기도와 명상을 할 때 도파민이 분출되는 것은 사랑에 빠질 때와 믿음에 몰두한 상태가 흡사하다는 것을 의미합니다. 도파민은 공부하거나 일을 할 때 분비되면 기분 좋은 성취감을 맛보게 해줍니다. 도파민이 분비되면 백혈구가 증가하면서 면역기능이 강화되어 건강을 유지하는데, 도파민이 부족하면 면역기능이 떨어져, 염증과 심장병 등을 유발하며, 주의력 결핍으로 산만해지고, 조현병이나 우울증도 유발합니다.

믿음과 관련된 두 번째 신경전달물질은 세로토닌입니다. 세로토닌 신경은 시상하부, 대뇌의 변연계를 중심으로 뇌 전체에 뻗어 있으며 신경말단에서 세로토닌을 방출하여 행복감을 느끼게 합니다. 그래서 세로토닌은 행복한 신경전달물질로서 천연 항우울제라는 별명을 가지고 있습니다. 프로작과 같은 우울증 치료제는 세로토닌이 잘 흡수되도록 도와주는 약입니다.

도파민이 분비될 때는 연인들이 격정적인 사랑으로 비유할 수 있고 세로토닌이 분비될 때는 안정적이고 평화로운 느낌의 사랑으로 비유할 수 있습니다. 세로토닌이 부족한 사람들은 매사의 걱정이 많아 불안감을 느끼고 공격적이며, 화를 참지 못하고 충동조절이 어려우며, 의욕을 상실하고 우울증에 빠지게 됩니다. 또한 음식에 집착하는 폭식증이나 불면증, 자살충동에 빠지기도 합니다.

마지막으로, 믿음과 관련된 신경전달물질은 옥시토신입니다. 옥시토신은 여성들의 출산과정에 통증을 완화시키고 자궁을 수축시키며 모유가 잘 나오도록 촉진시켜 주는 모성 호르몬으로 알려져 있습니다. 옥시토신은 사랑의 묘약으로 불리는데, 인간관계의 호감이나 애정을 갖게 하며, 정서적인 유대감에 큰 영향을 미쳐 친근하고 다정하며 신뢰감 있는 관계 형성으로 인도하고 스트레스를 줄여 불안감을 낮춥니다. 그러나 옥시토신 수치가 낮아지면 분리불안이나 거식증, 불감증을 일으킵니다.

믿음은 도파민을 분비시켜 쾌감을 느끼게 하고 세로토닌을 분비시켜 행복을 느끼며, 옥시토신을 분비시켜 사랑을 느끼도록 합니다. 스트레스를 받고 살아가는 현대인들에게 믿음은 뇌 전체에 영향을 주어 뇌를 위로해주고 용기와 희망을 주는 신경전달물질을 분비해 결국 치유와 정신건강의 지름길이 됩니다.

믿음의 도는 평온하고 능력을 발휘합니다

본문의 말씀처럼 "이에 예수께서 저희 눈을 만지시며 가라사대 너희 믿음대로 되라 하신대 그 눈들이 밝아진지라…"고 하였습니다. 눈을 뜨는 기적을 체험하신 것입니다.

[마 21:22]에 "너희가 기도할 때에 무엇이든지 믿고 구하는 것은 다 받으리라"고 하였습니다.

활동으로 발생한 전류를 뇌파라 말합니다. 기도나 명상을 할 때 어떤 이는 깊은 희열을 느꼈다고 하는데, 이는 도파민의 수치가 올라간 증거입니다. 그리고 어떤 이는 안정과 평화스러움을 느꼈다고 하는데 이는 세로토닌의 화학적 변화가 활성화되었다는 증거입니다. 그러면 과연 우리가 기도하거나 명상할 때, 뇌의 어느 부위에서 뇌파 또는 화학적 변화가 나타나는지를 주목할 필요가 있습니다.

기도나 명상 시 나오는 뇌파는 알파파로서 8~13 헤르츠 정도인데, 머리가 제일 맑고 긴장이 완전히 풀리거나 이완된 상태일 때 발생되는 뇌파입니다.

뇌파는 그 주파수와 진폭에 따라 분류합니다.

첫째는 가장 느린 뇌파인 델타파로 0.2~4 헤르츠로서 깊은 수면 중에 발생되는 뇌파입니다.

둘째는 잠이 막 들기 전에 발생되는 느린 뇌파로 4~8 헤르츠로서 졸음파로 알려진 세타파인데, 꾸벅 졸 때나 꿈꾸는 듯한 이완상태에서 발생되는 뇌파입니다.

셋째는 긴장이 완전히 풀리고 이완된 상태에서 발생되는 안정파로 알려진 알파파로서 8~13 헤르츠의 뇌파입니다. 평온하고 안정된 때, 학습에 집중할 때, 쾌적한 상태에 있을 때 나타나는 뇌파입니다.

넷째는 하루 활동할 때 나타나는 베타파로 13~30 헤르츠로서 스트레스파인데, 긴장, 불안, 흥분상태, 공부나 일 등 정신적 작업을 할 때 발생되는 뇌파입니다. 이 베타파는 우리가 이야기하고, 듣고, 만져보고, 바라보고, 냄새 맡고, 오감으로 사물을 알아차릴 때 빠르게 움직이는 뇌파입니다. 하루 동안 대부분의 사람들은 긴장과 불안의 베타파 상태를 유지합니다. 델타파나 세타파는 잠이 들 때나 꿈을 꿀 때만 나타납니다.

다섯째는 복잡한 인지적 활동을 할 때 나타나는 아주 빠른 고주파인 감마파로서 30 헤르츠 이상을 유지하여 극도의 각성과 흥분 시에 발생하는 뇌파입니다.

뇌파의 변화가 가장 큰 부위는 전두엽인데, 그 중에서도 이마 제일 앞쪽의 전전두엽입니다. 전두엽은 인간의 뇌 부위 중에서도 가장 인간다운 기능을 하는 곳으로 지각하고 판단하고, 계획하는 뇌의 CEO 역할을 하는 곳입니다.

그런데 알파파의 원천은 더 깊은 곳에 있습니다. 바로 뇌간 망상체 부활계입니다. 여기에 자극이 가해지면 망상체의 활동이 활발해지고 활동신호가 발사되어 대뇌피질의 각 부분으로 전달됩니다. 그 자극에 의해 신피질이 활동합니다. 반대로 부활계가 휴식하고 있을 때는 신피질의 활동신호가 발사되지 않고 두뇌 활동은 휴식으로 들어가게 됩니다. 깨어 있을 때와 잠들어 있을 때의 뇌파 차이는 여기에서 비롯된다고 보는 것입니다.

알파파에도 3종류가 있습니다. 우리가 잠들기 전 멍 해졌을 때의 주파수는 7~8 헤르츠로 비교적 낮습니다. 우리가 막 잠을 자려고 휴식하며 멍하게 있을 때는 슬로 알파가 나오는데, 흔히 이를 세타파라고도 부릅니다. 이때 어떤 문제에 집중하면 미드 알파 상태가 되어 반짝 무언가 떠오르기도 합니다.

어떤 재미있는 소설을 읽고 있어서 누가 불러도 들리지 않을 때 나오는 뇌파의 주파수는 12 헤르츠 이상으로 아주 높은 진동을 보이는데, 이를 패스트 알파라 합니다. 주로 절체절명의 궁지에 빠져 심신이 모두 극도의 긴장에 이를 때 나타나는 뇌파입니다.

그 중간인 9~11 헤르츠 상태를 미드 알파라 부릅니다. 이 미드 알파 상태가 반짝 사고나 기억의 회상에 크게 위력을 발휘합니다. 바둑이나 장기에 열중했을 때, 또 연주자가 어떻게 연주할까를 구상하고 있을 때도 미드 알파가 나옵니다. 이 미드 알파는 독창성이나 상상력과 관계가 있어서 믿을 수 없을 만큼 큰 능력을 발휘합니다. 끊임없이 미드 알파파 상태를 유지하기는 곤란하며, 가장 중요한 때 미드 알파파 상태를 만드는 것이 중요합니다. 미드 알파 상태가 되면 그 누구도 받을 수 없을 만큼의 뇌력을 발휘합니다. 그래서 믿음의 기도는 능력을 발휘하기도 합니다.

뇌가 이완된 상태에 있을 때 어떤 문제를 생각하면 순식간에 미드 알파 상태가 되어 아이디어가 떠오릅니다. 스트레스 상태에서는 베타파가 움직이기 때문에 어떤 아이디어도 떠오르지 않습니다.

믿음의 기도는 알파파를 발휘합니다. 알파파는 심신의 건강을 유지하고 노화를 방지합니다. 뿐만 아니라 업무나 공부의 능력을 비약적으로 높여줍니다. 하나님께 드리는 기도는 이처럼 대단한 위력을 가진 가장 합리적이고 이성적인 행위인 것입니다.

이처럼 믿음의 생물학적 증거를 통해 하나님에 대한 믿음은 뇌를 위로하고 행복하게 해줍니다. 믿고 기도하는 것은 뇌 건강에 있어 뇌 활동 방식뿐만 아니라 뇌의 형태까지 바꿀 수 있는 힘입니다. 긍정적인 믿음으로 살면 뇌에서는 기쁨과 사랑의 화학물질이 나와 삶을 건강하게 만듭니다. 기도는 능력이 됩니다.

성경은 이렇게 말씀하십니다. "너희가 기도할 때에 무엇이든지 믿고 구하는 것은 다 받으리라"*(마 21:22)*. "믿음의 기도는 병든 자를 구원하리니"*(약 5:15)*. 왜냐하면 기도는 하나님의 능력이면서 또 한편 뇌력*(알파파)*를 발생시키기 때문입니다.

"믿음은 바라는 것들의 실상이요 보지 못하는 것들의 증거"*(히 11:1)*라고 하였습니다. 믿음은 강력한 힘입니다. 믿고 기도할 때 기적의 힘이 나타납니다. 뇌는 믿는 대로 그대로 이루어집니다. 믿음은 정신생물학적 작용을 통해 치유와 정신건강을 부여합니다. 도파민을 분비시켜 쾌감을 느끼게 합니다. 세로토닌을 분비시켜 행복감을 느끼게 합니다. 옥시토신을 분비시켜 사랑을 갖게 합니다. 믿음은 안정되고 평안한 뇌파를 발생시켜 뇌력*(뇌의 능력)*을 발휘하게 합니다. 기적을 만듭니다.

플러스 알파의 축복을 받기 위해 믿음의 기도를 통해 승리하여야 합니다. 믿음의 기도를 통해 건강이 회복되고 치유가 일어나야 합니다.

믿음의 기도를 통해 정신건강이 회복되어야 합니다.
믿음의 기도를 통해 사업의 꿈이 이루어지고, 행복이 가득 넘쳤으면 좋겠습니다.
바라는 대로 뇌는 기능합니다.
믿는 대로 뇌는 기능합니다.
이럴 때 치유의 기적은 일어납니다.
다시 한번 믿음의 기도를 통해 플러스 알파의 축복이 평생 함께 하길 소망합니다.

뇌를 회복하라

"내 영혼을 소생시키고 자기 이름을 위하여 의의 길로 인도하시는도다. *(시편 23편 3절)*

고대 그리스 시대*(BC 335년경)*에는 철학자 아리스토텔레스의 견해에 따라 인간의 마음이 심장에 있다고 하였습니다. BC 400년 의사의 아버지인 히포크라테스는 모든 사고가 뇌에서 이루어진다고 했습니다. BC 170년 로마의 의사 갈렌은 인간의 마음은 심장이 아니라 뇌이며 뇌가 우리의 사고를 조절하여 정서나 기억을 담당한다고 주장한 최초의 학자입니다. 약 200년이 지난 오늘날에야 비로소 뇌가 우리의 기분을 조절한다는 갈렌의 이론을 받아들이게 되었습니다.

마음이 어디 있냐고 물으면 가슴에 손을 대고, 정신이 어디 있냐고 물으면 머리에 손을 대던 때가 엊그제 같은데, 세월은 참으로 빠르게 흐른다는 것을 통감합니다. 왜냐면 이제 사람들이 마음과 정신을 물으면 뇌를 가리키기 때문입니다.

최근 들어 뇌 과학에 관련된 서적들이 급격히 늘어나고 그와 관련된 강의가 큰 인기를 끌고 있는데, 이는 뇌 과학의 발전이 우리의 손에 쉽게 닿아 있고, 인간의 마음이나 정신을 이해하고 탐구하는 데 결정적인 역할을 하고 있기 때문이다.

요즘 많아지고 있는 우울증이나 자살 충동들은 모두 뇌에서부터 시작됩니다. 인간의 희로애락이 뇌에서부터 나오고, 부정적인 생각이나 먹고 자고 분노하고 공격하는 것들도 모두 뇌에서부터 나온다는 사실을 볼 때, 이제는 뇌를 모르는 채 살아갈 수 없는 시기가 되었습니다.

기독교는 인간의 영혼에 가장 심층적인 관심을 갖고 있지만 오히려 마음이나 정신을 소홀히 하는 경향이 있습니다. 이는 심리학자에게 마음을, 그리고 정신의학자에게 정신 분야를 뺏겨 버렸기 때문입니다.

[시 23:3]에는 "내 영혼을 소생시키며"라고 했는데, 영혼의 프시케, 소생의 이아트레이아가 합해진 단어가 정신의학(*Psychiatry*)이며, 정신의 기능은 뇌(*Brain*)에서 담당합니다. 또 하나님은 우리 영혼을 지극히 사랑하시어 주님이 재림할 때까지, "너희 영과 혼과 몸이 흠 없이 보전"(*살전 5:23*)되기를 간절히 소망하고 있습니다. 그리고 [잠 14:10]에서는 "마음의 고통을 자기(*oneself*)가 알고"라고 하였는데, 자기는 히브리어로 '네페쉬' 입니다.

이처럼 성경은 영혼이라는 단어를 구약에서는 네페쉬로, 신약에서는 프시케로 사용하였습니다. 많은 부분에서 이를 뇌로 표현하고 있으며 아울러 뇌 정신건강 분야에서 사용합니다.

뇌는 마음과 정신의 기관이요, 행동을 결정하는 곳입니다. 우리가 생각하고, 느끼고, 행동하고, 기억하고, 유대 관계를 맺고 신앙생활을 하는 것도 모두 뇌의 기능이며, 먹고 자는 것도 뇌의 기능입니다. 불안하고 우울한 것도 뇌의 기능으로, 뇌 기능 없이 인간은 살아갈 수 없습니다. 행복한 가정도 뇌의 기능입니다.

예수님도 이 땅에 "내가 온 것은 양으로 생명*(조에)*을 얻게 하고 더 풍성히 얻게 하려는 것이다"*(요 10:10)*라고 했습니다. '조에'라는 단어는 살아있는 동안의 생명을 뜻합니다. 그래서 인간의 생과 사를 판단하는 기준은 심장이 아니라 곧 뇌가 멈추었을 때, 곧 사망이라고 진단하는 것입니다. 뇌가 없는 생명은 존재할 수 없습니다.

일할 때, 잠잘 때, 말할 때, 들을 때도 뇌는 쉼 없이 움직입니다. 물건을 살 때, 팔 때도 뇌는 움직이며, 교육할 때, 설교할 때, 심방할 때, 모든 목회 과정에도 뇌는 움직입니다. 그 외 모든 행위가 동반되거나 생각을 가질 때도 뇌는 움직입니다. 또 감정적으로 우울할 때, 불안할 때, 충동적일 때, 분노할 때도 뇌는 움직입니다. 뇌의 기능 없이 인간은 한 순간도 살 수 없습니다. 이처럼 뇌는 우리의 삶이요, 정신이요, 과학입니다. 뇌를 바로 아는 것이 상담과 치유, 신앙과 인간관계에 지대한 역할을 하며 전 생애에 나침반이 되기도 합니다.

뇌 기능은 사랑으로 회복*(치유)*합니다

사랑은 뇌기능을 향상시키는 원동력입니다. 사랑은 뇌의 신경전달물질인 세로토닌을 분비하고 옥시토신을 분비하는데, 옥시토신은 사랑의 호르몬 또는 신뢰의 호르몬이라고 부르기도 합니다. 또 사랑은 해마에서 BDNF*(뇌 신경영양인자)*를 분비함으로써 시상하부에서의 스트레스 호르몬의 분비를 억제하여 질병을 예방케 합니다.

사랑은 해마의 치상회에서 새로운 신경세포를 만들어줍니다. 오래된 신경세포를 새로운 신경세포로 바꾸어주면 뇌는 다시 원기를 회복하게 됩니다. 신생 뉴런은 스트레스에 예민하여 부서지기 쉬운데, 잘 자라나기 위해서는 1개월 정도 시간이 걸립니다.

뇌 기능은 학습(*배움*)으로 회복합니다

새로운 학습은 기억의 시스템을 바꿈으로써 뇌 기능 향상에 커다란 역할을 합니다. 학습기억은 해마를 중심으로 움직이며, 절차기억은 대뇌기저핵의 선조체를 중심으로 움직이고 신념기억은 편도체를 중심으로 움직입니다. 10~20세 때는 전체 기억 중 학습기억이 70%이며, 신념기억은 20%를 차지하고 30세까지는 학습기억이 안정적입니다. 그 이후에 학습기억은 30%, 신념기억은 60%가 되며 60세 이후에는 완전히 바뀌어 버립니다.

나이가 들면서 자기가 알고 있는 몇 가지의 고정된 학문적 지식이나 신념에 고착되기가 쉽기 때문에 우리는 끊임없이 새로운 학습을 통해서 뇌 기능을 향상시켜야 합니다. 그래서 새로운 지식 습득이 가장 좋은 정신운동이 됩니다. 그 외에 신문을 읽거나 큐티를 하거나 독서를 하는 것도 중요하며 새로운 자격증에 도전하거나 외국어를 연수한다거나 평생교육원이나 문화센터를 통해 새로운 학습을 시작하는 것이 뇌 건강에 좋습니다.

뇌 기능은 스트레스를 이김으로 회복합니다

뇌의 가장 큰 적은 스트레스입니다. 현대인의 질병 75%가 스트레스로 인한 것입니다. 스트레스를 받으면 시상하부에서 CRH를 분비하고 뇌하수체에서 ACTH를 분비시키며, 부신에서 코티졸을 분비하여 우울증을 일으킵니다. 스트레스로 해마의 신경세포도 파괴됩니다.

따라서 스트레스 호르몬의 억제를 위해서는 뇌의 신경영양인자 BDNF가 생성되도록 하는 것이 최우선입니다. 그것이 사랑이요, 운동입니다. 운동은 먼저 신경전달물질을 활발하게 합니다. 예를 들어 우울증은 세 가지 신경전달물질의 결핍에 의하여 나타나는데, 세로토닌, 도파민, 노르에피네프린입니다.

하지만 운동을 하면, 세 가지 물질의 수치는 높아집니다. 노르에피네프린의 경우는 즉시 수치를 높아지게 하여 우리의 의식을 깨어 있게 합니다. 그리고 자기 존중감과 충동억제에 중요한 역할을 하는 세로토닌의 수치를 증가시켜 스트레스를 감소시킵니다. 거기에 엔돌핀의 수치를 높여 만족과 행복감까지 느끼게 합니다. 따라서 운동요법은 우울증 치료에 매우 효과적입니다.

또한 운동은 뇌 세포의 발달과 성장에 필요한 뇌 신경영양인자를 촉진시킵니다. 유산소운동은 2주 동안 매주 두세 번씩 30분 동안 천천히 달리기만 해도 인지기능이 향상됩니다.

또한 정신운동은 뇌를 젊게 합니다. 가장 좋은 정신운동은 새로운 지식을 습득하는 것입니다. 뇌는 사용하지 않으면 뇌 기능을 잃어버린다는 것을 기억해야 합니다. 학습은 뉴런에 매우 실제적인 효과를 줍니다.

뇌는 인식의 기관이요, 감정의 기관입니다.

뇌는 행동의 기관이요, 전 인격의 기관입니다.

뇌는 기억의 기관이요, 학습의 기관입니다.

뇌가 건강하게 회복되어야 진정 하나님의 형상되고 지음 받은 인간의 모습대로 살아가는 것입니다. 결국 뇌의 회복은 영혼의 변화*(살전 5:24)* *(영과 혼의 보존 / 정신건강)*입니다.